笑う戦後史

高坂文雄 著

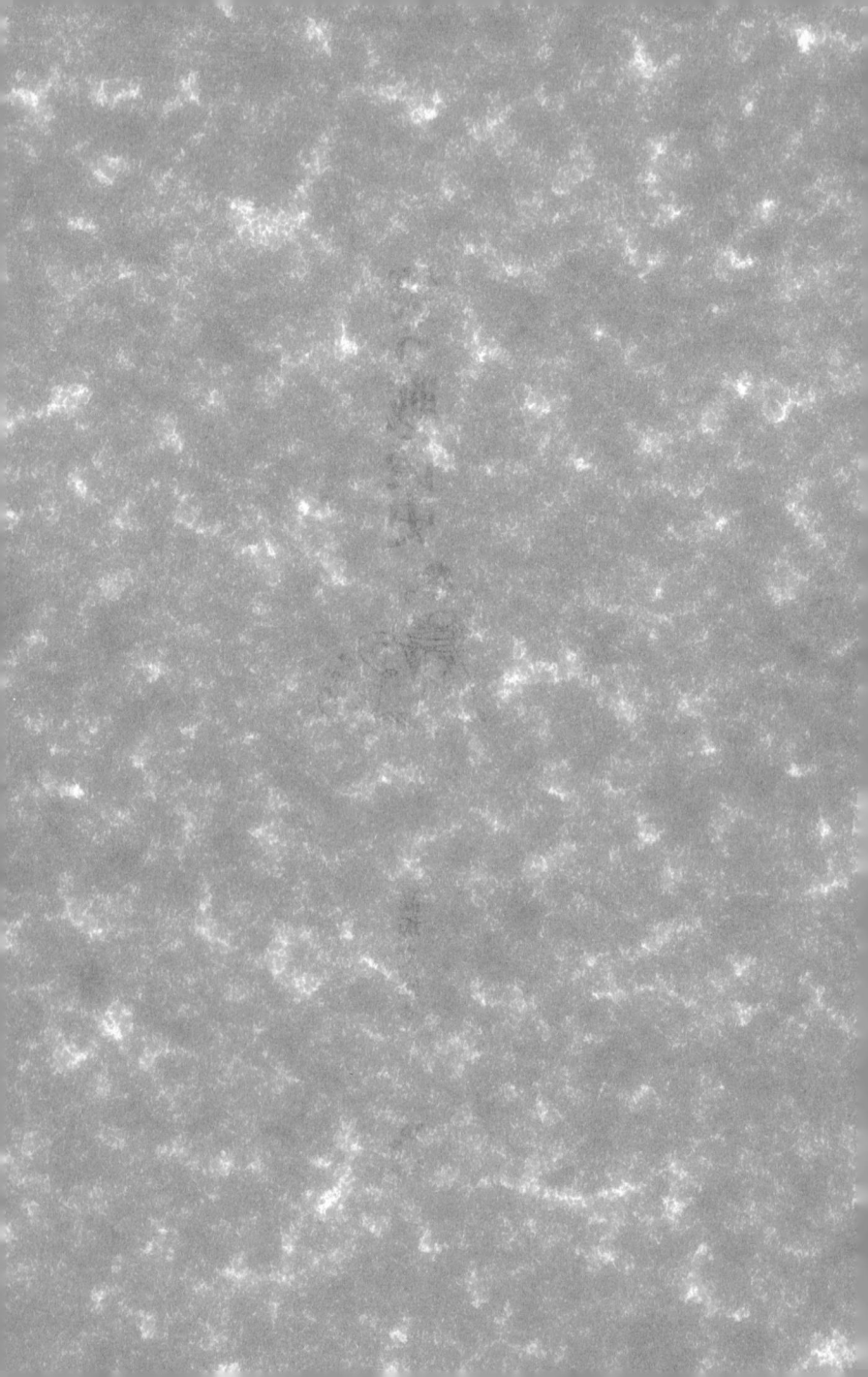

笑う戦後史＊目次

序論

1 ナンセンス漫画 5
2 笑いと微笑 10
3 変換と接合 11
4 場当たり主義と作品の自律 16
5 冬眠と我慢会 22

I 昭和二九年(一九五四)

二重橋事件……1回(昭和二九年一月五日) 32
バラック……16回(昭和二九年一月二〇日) 37
ウィンドウ破り……27回(昭和二九年一月三一日) 42
日本登山隊のマナスル登頂……121回(昭和二九年五月六日) 45
吉田茂と漫画家……126回(昭和二九年五月一一日) 48

ゴミ戦争……………………143回(昭和二九年五月二八日) 51

Ⅱ　昭和三〇年代(一九五五〜一九六四)

人身売買……………………430回(昭和三〇年三月一七日) 56
ソ連抑留者の帰国……………………466回(昭和三〇年四月二二日) 59
ハエと漫画……………………490回(昭和三〇年五月一七日) 63
浮気な亭主……………………539回(昭和三〇年七月六日) 66
小学生の自殺……………………540回(昭和三〇年七月七日) 68
空前の横領事件……………………878回(昭和三一年六月一六日) 70
さまざまな雨具……………………1229回(昭和三二年六月九日) 76
ヒバチ屋さんのパフォーマンス……………………1761回(昭和三三年一二月一日) 80
犯人扱いされた少年……………………1824回(昭和三四年二月七日) 85
特急寝台「あさかぜ」に強盗……………………2122回(昭和三四年一二月二一日) 88

慈雨台風／漫画家の視線（一）……2335回(昭和三五年七月二七日) 91
雨中の選挙演説／漫画家の視線（二）……9569回(昭和六一年六月二四日) 94
与野党、奇妙な関係／漫画家の視線（三）……6217回(昭和四八年一月三〇日) 97
コンゴ動乱……2387回(昭和三五年九月一七日) 102
ステテコ姿のフルシチョフ……2708回(昭和三六年八月一一日) 110
カンニング……2913回(昭和三七年三月一〇日) 114
幼児の事故多発……2946回(昭和三七年四月一二日) 119
生放送のテレビ番組……3279回(昭和三八年三月一八日) 123
花見酒……3300回(昭和三八年四月八日) 126
目を突きそうな傘の先……3352回(昭和三八年五月三一日) 130
ハトをひき殺した若者……3418回(昭和三八年八月五日) 134
金の卵……3527回(昭和三九年二月二四日) 138
東京オリンピック……3561回(昭和三九年三月二九日) 145

銀行内部の盗難事件続発……3585回(昭和三九年四月二二日) 149
東京の水飢饉……3697回(昭和三九年八月一三日) 153

Ⅲ　昭和四〇年代（一九六五〜一九七四）

泥沼都議会……3943回(昭和四〇年五月四日) 158
続発した飛行機事故……4201回(昭和四一年三月九日) 162
国民各位へのお願い／吉田茂の国葬（一）……4681回(昭和四二年一〇月三〇日) 167
葉巻／吉田茂の国葬（二）……4682回(昭和四二年一〇月三一日) 171
下手な泣き売……4976回(昭和四三年一一月一六日) 173
都会のマラソン／環境汚染（一）……5056回(昭和四四年二月二四日) 176
金魚が死んだ／環境汚染（二）……5537回(昭和四五年九月二八日) 178
死刑囚再審特例法案……5172回(昭和四四年七月一一日) 181
蟷螂の斧／学生運動（一）……5219回(昭和四四年九月四日) 183

ストッキングに火／学生運動（二）……5275回（昭和四四年一一月一四日） 186
爆弾テロ／学生運動（三）……5902回（昭和四六年一二月二七日） 188
捨て子と選挙……5297回（昭和四四年一二月一〇日） 191
海水浴場の大腸菌数……5486回（昭和四五年七月二八日） 194
劇画家と漫画家……5488回（昭和四五年七月三〇日） 196
大幅な石油値上げ……5650回（昭和四六年二月二四日） 201
四選された佐藤首相……5791回（昭和四六年八月一一日） 205
田中角栄首相の誕生……6055回（昭和四七年七月一一日） 210
テルアビブ国際空港の乱射事件……6059回（昭和四七年七月一五日） 212
ハワイ旅行……6068回（昭和四七年七月二六日） 218
箱根に山賊が出没……6171回（昭和四七年一一月二九日） 221
八年の愚行……6214回（昭和四八年一月二五日） 224
あいついだ異変騒ぎ……6337回（昭和四八年六月二三日） 229

落雷事故多発……………………………………6375回（昭和四八年八月七日） 233
インフレ下の日常生活／田中角栄の時代（一）……6433回（昭和四八年一〇月三一日） 236
買いだめ／田中角栄の時代（二）……………6450回（昭和四八年一一月二一日） 239
取付け騒ぎ／田中角栄の時代（三）…………6471回（昭和四八年一二月一七日） 243
所信表明の拒否／田中角栄の時代（四）……6635回（昭和四九年七月二四日） 249

Ⅳ　昭和五〇年代（一九七五〜一九八四）

うやむやになった金脈問題／田中角栄の時代（五）……6873回（昭和五〇年六月七日） 254
沖縄海洋博覧会………………………………6910回（昭和五〇年七月二二日） 258
アメリカからのニュース／ロッキード事件（一）………7060回（昭和五一年二月一四日） 261
すっかり定着した中流意識…………………………8796回（昭和五八年九月六日） 267
小型機突っ込む／ロッキード事件（二）…………7092回（昭和五一年三月二四日） 270
三木おろし／ロッキード事件（三）………………7135回（昭和五一年五月二〇日） 273

刑事被告人の立候補／ロッキード事件（四）……7252回（昭和五一年一〇月二二日）276
円高……7533回（昭和五二年一〇月二九日）278
東京サミット……7728（昭和五四年六月三〇日）281
「あるまじき行為」……8000回（昭和五五年一〇月一五日）285
通り魔事件……8195回（昭和五六年六月一九日）288
キノコ狩り……8264回（昭和五六年九月二九日）298
大国日本はきらわれ者？……8267回（昭和五六年一〇月二日）303
……8268回（昭和五六年一〇月三日）303
「侵略」と「進出」／教科書問題（一）……8499回（昭和五七年七月二八日）310
……8500回（昭和五七年七月二九日）310
教科書会社の献金／教科書問題（二）……8235回（昭和五六年八月五日）317
学校の荒廃……8650回（昭和五八年二月一九日）320
ゴールデンウィーク……8984回（昭和五九年五月八日）328

V　昭和六〇年代（一九八五〜一九八八）

社会党……958回（昭和六一年七月九日）334
双羽黒と清原選手……962回（昭和六一年九月二〇日）341
アジア大会の金メダル数……963回（昭和六一年一〇月三日）346
NTT株……975回（昭和六二年三月一八日）350
黙禱……988回（昭和六二年九月一八日）355

あとがき　369

装幀　北村武士
カバー　加藤芳郎氏愛用のペン

笑う戦後史

「おじさん、ぼくたち、いつ帰って来るの？」
「帰って来るって？　どうしてまた、行かない先から、帰ることなんか考えたんだい」

（魯迅「故郷」より、竹内好訳）

序論

四コマ漫画『まっぴら君』は、昭和二九（一九五四）年一月五日から毎日新聞の夕刊に連載を開始し、平成一三年六月まで連載された。現在は作者が病気療養中のため休載している。ここでは連載一万回を記念して刊行された全一〇巻の『まっぴら君』を対象に、四コマ漫画の笑いを論じる。

連載一万回目は、昭和天皇が逝去される十一ヵ月ほど前の昭和六三（一九八八）年二月一二日。したがって、ほとんどが新聞記事を素材として作られているこれら厖大な作品は、第二次世界大戦後の昭和史のユーモラスな証言になっている。新聞をにぎわす世相を題材に四コマ漫画を作る漫画家を論じる必要上、多くを新聞記事に頼りながら、日本社会の変貌の一端にも触れる結果となった。作者と社会の関わり方の中にこそ、わずか四コマに豊かに盛り込まれる笑いの根源があったからである。

作者が題材としたものには、歴史的な出来事もあれば、ささやかな美談もある。むごたらしい殺人事件もある。すべて加藤芳郎という漫画家の視点でとらえたもので、歴史的な事件だからといっておおげさな身振りで扱われているわけではない。残酷な殺人事件も新聞の論調とは趣を異にして、殺人者の息づかいを身近に感じる作品になっていたりする。だから歴史の証言とは言っても、これらの作品から昭和の戦後史は再構成できない。

しかし、ここで取り上げた作品には、昭和のある日ある時を髣髴《ほうふつ》とさせる力はある。私たちは改めて漫画家の視線と自分の視線を重ねたり比べたりして、過去を見直せるだろう。という意味は、この漫画家が単に時事的な題材を取りあげているからではない。肝心なのは、その見すえ方である。事件や出来事に自分の主義や主張を押しつけるのではなく、それらを鏡にして、作者は虚心に自分の姿を映し出そうとしている。この漫画家の見すえ方、振る舞い方は、私たちの鏡として働くに十分なだけ、澄んでいる。

幸い、私の相手にするのは四コマ漫画である。そこには、いまどき珍しく手作りの味わいが残っている。現代のテクノロジーを駆使した蜃気楼《しんきろう》よりも素朴だとしても、断然歯ごたえがある。はっきりした肌ざわりとぬくもりがある。大言壮語の代わりに軽妙な線とわずかなセリフがある。たまには、あくびをしたりおならをするけれども、それもご愛嬌だ。

いや、それは時にはご愛嬌ではすまない。それどころか、それらの振る舞いは、秩序に激しく揺さぶりをかけることもある。それともちょっと遠慮して言えば、人の信じこんだ秩序に疑問符を投げつけるぐらいのことはする。たとえば、右上のコマのように。

これは、昭和四九（一九七四）年四月一三日の作品の最後のコマ。この燕尾服の男は、これから「下品館」で、そのオープン記念に「シッチャカメッチャカ儲けちゃう法」と題して講演するのである。

作者は大胆にも、迎賓館《げいひんかん》の落成式のおこなわれたその当日の夕刊にこの作品をぶつけている。この『まっぴら君』と対称的な位置、つまり新聞を閉じれば重なり合う対社会面の右上隅に、テープカットをおこなう田中首相の写真入りで、落成式を報じる記事が割り付けられている。

作者は迎賓館をこきおろしているのではない。そこに日本文化の粋《すい》が集まっていようと、世界最高を誇る美が顕現していようと、だからどうだというのか。精神の自立と柔軟さを保つために、作者はただ軽信を警戒するのみである。

1 ナンセンス漫画

『まっぴら君』には、『サザエさん』のように決まったキャラクターが毎回登場するわけではない。私たちは毎晩、違った人相、違った職業のまっぴら君に会う。やくざだったり、零細企業の社長だったり、警官だったり、空き巣だったり、時の総理大臣だったり、高校生だったり、老人だったり、男だったり、女だったりする。

しかし連載を開始した当初は、まっぴら君とおぼしき青年が毎回のように登場していた。連載開始に先立つ四日夕刊の『まっぴら君』を紹介する囲み記事で、「二十五、六才で独身」と作者自身が紹介している青年である。ところが半年もたつと、他の登場人物たちの中に紛れこんでしまう。時事問題をあつかおうとすると、固定したキャラクターでは手におえなくなってきたらしい。

顔なじみのいた方が読者は親しみをもちやすいのだが、それをあえてしなかったのは、加藤芳郎らしい漫画家魂の発露であろう。その選択のなかに、逆に『まっぴら君』が長く続くことになった理由が潜んでいる。

ということは、たとえ顔なじみがいなくても、一方で読者は作者の描く線から、それがまぎれもなく『まっぴら君』であるのを承知しており、気心の知れた相手であることを疑っていないということだ。これは新聞の四コマ漫画にとっては大事なことである。結局、『まっぴら君』の読者は毎晩、加藤芳郎とじかに接しているといえる。変装し、変身するほどに、手を変え品を変えてそそくさと舞台に現われるほどに、その本当の姿形が露わにならざるをえないわけだ。

そうであるかぎり、作者の加藤芳郎を論ずることもできるだろう。サザエさんの作者は恒久的な舞台装置を作ってその背後に身を隠したが——だからこそ『サザエさんの正体』(清水勲、平凡社)のように磯野家の歴史を探求することも可能だったわけだ——まっぴら君の作者はドーラン一枚で身を隠している。

加藤芳郎は、ナンセンス漫画の作者ということになっている。清水勲氏の著わした『漫画の歴史』(岩波新書)には、ナンセンス漫画について次のような言及がある。

いわゆる「短気・のん気」「あわて者・臆病」「やせ・デブ」といった人間の性格・性癖・体質などにまつわるものをテーマにする漫画である。重役・管理職・平社員といった資本主義社会のもたらすきびしい人間能力の選別・等級化がそうした人間性を見つめる機会を生み出したのかもしれないし、重苦しく矛盾に満ちた社会から一時的に逃避するための幻想を求める芸術運動（たとえばシュールレアリスム）などと連動したものなのかもしれない。漫画集団の前身である新漫画派集団は、昭和七年の結成当時、世界的に流行していたこのナンセンス漫画というジャンルを売り物にして漫画界の主流になっていった。

「ナンセンス漫画」は漫画家の空想・想像力が生み出す〝人工的〟笑いの世界であった。

新漫画派集団には近藤日出造、横山隆一、杉浦幸雄らが属しており、漫画集団はこれを母体に敗戦後に結成されたもので、ここに加藤も名を連ねることとなった。

加藤の作品がどの程度、先輩漫画家に倣《なら》うものか、私にはわからない。しかし『まっぴら君』が、ここに引用した人間の外見的な性格・性癖・体質などを題材としていないことは確かである。そのような属性で笑いを誘うには、なじみのキャラクターを必要とする。『まっぴら君』の優れた作品は、心理的制約のある判断や常識的行動に潜む機械的な仕組みを捉えて笑いの俎上《そじょう》に載せている。それは空想にもとづく人工的なものではなく、観察にもとづく微妙な実験である。時には、微妙すぎて読者の私には理解できないものもある。たぶん、新漫画派集団の当時より、ナンセンス漫画は加藤らの手により洗練される方向に向かったといえるのだろう。

ナンセンスの定義として大変に優れていると思われる文章があるので、ここに引用しておく。あらゆる漫画にいえることだろうが、『まっぴら君』のナンセンスは「かえって、中身がないようにみえ」たために、あまり高く評価されてこなかったように思われる。

赤の立場から白を——あるいはまた、白の立場から赤を諷刺するものの眼には、対立物である赤と白との闘争そのものを、身をもって生きる作業が、かえって、中身がないようにみえるのではないかとわたしはおもいます。ナンセンスというものは、赤のコモンセンスや白のコモンセンスの通用しなくなった場所で——すなわち、対立物が、対立したまま、統一されてるような状態のなかで、はじめて呱々の声をあげることができるものなのです。すくなくともこれまでわたしは、ナンセンスを諷刺のおわったところからはじまるものとして——諷刺よりもヨリ高い次元に立つ、中身のつまったものとしてとらえてきました。（「諷刺とナンセンス」『花田清輝全集』第十三巻、講談社）

2387回の作品論（一〇三頁）で論じたように、ナンセンスは、「赤のコモンセンスや白のコモンセンス」をどちらも御破算にして、赤の立場と白の立場に見方の変更を迫る。赤も白も自分たちを取り囲む広大無辺のナンセンスの闇があることを忘れるなら、いずれ自らの崩壊を招く結果になるだけであって、ナンセンス漫画は、この広大無辺の闇に対して行なわれた一つの敬礼である。

ストーリーについて一言しておこう。ストーリーは読者を導く手すりに似ている。手すりがあれば、読者は楽だし、何より安全かもしれない。広大無辺の闇を覗きこむ際には是非とも必要だろう。手すりもなしに深淵を覗きこめば、めまいを感じてその深淵に吸い込まれてしまう危険がある。しかし『まっぴら君』はストーリーを利用するには機敏すぎる。機敏でなければ、フロイトが指摘するように、注意力にまじまじ見つめられて、そのナンセンスさをもったいぶった顔つきで指摘されてしまうだろう。そもそも狭い部屋で（つまり短い四コマの空間で）竿《さお》のように長い刀を振り回すのは滑稽だし、勝負にならない。

むしろ作品中にストーリーめいたものがあるときは、そのストーリーによって笑いを喚起するのではなく、ストーリー自体が笑いの対象になっていることを覚悟した方がいい。ストーリーには合理的精神が宿っており、理性があって謹厳かつ鈍重だから、軽快で敏捷な『まっぴら君』がいつもからかう相手だ。例はいくらでもあるだろう。ここでは、後で詳しく論じる５４８８回を示そう。これは、地域の教育審議会が、ある劇画を有害と断じて排斥しようとしたときのもの。作品は、教育者たちとも劇画家とも無縁の場所に「対立物が、対立したまま、統一されてるような状態」で立っている。

5488回（昭和45年７月30日）

2　笑いと微笑

笑いについては、さまざまな見解があって、一筋縄でいかないものの、人がおかしいときに笑ったり微笑《ほほえ》んだりすることだけは間違いのないところである。あいにく、「おかしい」という言葉の意味は驚くほど多様で、しかも、何をおかしいと思うかは十人十色だから、この言葉の意味の多様さに準じて、やはり笑いや微笑みは一つ一つ違うものになる。

幸福と不幸は当事者にははっきり区別のつく状態であろうが、たとえ不幸でも笑ったり微笑を浮かべることはできる。円高による為替差損で打撃をこうむったオモチャ業界を扱った７５３３回（二一七九頁）など、その典型例である。

悲しいときも同様で、嗚（泣）いたカラスがもう笑うと冷やかされた経験は誰しもあるだろう。心情的な痛みではなく肉体的な痛みを感じている時でも、思わず笑ってしまうことはある。あとで紹介する精神科医のレイモンド・ムーディーは、笑いには痛みを緩和する作用があるとすら書いている。ノーマン・カズンズの信じがたいような経験もよい例である（『笑いと治癒力』岩波同時代ライブラリー）。これが激痛になると、さすがに笑ったり微笑したりするのは無理だと思うものの、それだって泰平の世に慣れた弱虫の思いこみに過ぎないのかもしれない。瀕死の重傷を負いながら平然と高笑いする英雄豪傑たちのお話は、私たちの思っているより真実に近いかもしれない。今日では、医療処置の施しようがない末期癌の患者の積極的な延命に、笑いが効果的であるとする見解は一般的になっている。怒っていたはずなのに、つい笑ってしまうことだってある。おかしさを感じられれば、人はいつだって笑ったり微笑んだりできるものらしい。

この自在な印象は、他の生理的反応には見られない。痛みを感じている人間が不機嫌になっても、悲しんでいる人間が怒り出しても、傍目には、微塵《みじん》も自在さは感じられないはずである。そこにはいささかも飛躍がなく、それどころか機械的な動きを察知して、周囲の人をも不愉快にしたり、悲しませるのがせいぜいだ。

笑ったり微笑んだりできないのは、それではどのような場合だろうか。それはおかしくないか、それとも、おかしさをおかしいと表明できない場合である。「物事を観照し評価する気持で、……より客観的に賞美（広辞苑の「おかしい」の項）」できる精神状態にない時、人はにこりともせずに、いわゆる笑えない現実の中で窮屈な思いをするほかはない（そんなときでも微笑を忘れない女性がいるなどと言い始めれば、きりがない）。それがどんな世界か、私が言うまでもなく誰でもごぞんじだろう。

3　変換と接合

加藤芳郎は『まっぴら君』の制作にあたって、おもに新聞記事を題材としている。その際に、ペンは言うまでもないとして、そのほかに鋏《はさみ》と糊《のり》の代わりに二つの道具を愛用している。それは、変換と接合と名づけられる方法である。

変換は、広い見方をすれば全作に見られるもので、世間を騒がせた事件や注目を浴びている人物を漫画の世界へと移し変えるために用いる工夫をさす。事件や世相を切りとるために使う鋏と考えてもいい。

接合は、一見なんの関係もない事件や世相を結びつけることである。いわば糊のようなものだ。記事と記事のこの強引な結びつけ、思いがけないもの同士の接着は、それだけで漫画の世界らしさを創りだす。ただし、つきつめれば、接合も変換の一部であって、ただ変換過程が作者の内部でなく、現実のうちにあらかじめ存在している。さぞ、作者には偶然の符合が不思議とも思えるだろうが（だから、この接合からは、作者の偶然にたいする関心が生まれる）、実は作者の変換が外部の世界に投影されただけである。

ガラスと氷の外見の類似と、割れるという属性を利用した27回の作品（四三頁）、散水したり洗車するときに使うホースと男性性器の類似性をあつかった539回の作品（六七頁）などが、接合を使った典型である。背景にある記事を知れば、誰しもすぐ納得するだろう。

変換は認識あるいは認識手段そのものであって、一般的な言い方をすれば、比喩で言い表わす際に私たちも用いている。ただし、この作者の場合、笑わせるのが目的だから、その認識が漫画家独自の傾向をもつのはもちろんである。言い換えれば、私たちの作るすべての比喩が愉快とは限らないが、漫画家としては、それでは困るのだ。ここでニーチェの言葉を引用しよう。

感官知覚の基礎になっているものは、譬喩であって、無意識的な推論ではない。類似のものを類似のものと同一化すること——一方の事物と他方の事物とにおける何らかの類似性を見つけ出すこと、これが、根源的な過程である。……混同ということが、根源的な現象なのである。
（「哲学者の書」『ニーチェ全集』第三巻、二六六頁、理想社、傍点は原文）

『まっぴら君』の制作はこの「根源的な過程」にほかならない。時として、この混同は、それに気づいた振りをすることによって作品を形成することもある。たとえば、昭和四〇（一九六五）年の泥沼都議会を諷刺した一連の作品では、政治家の愚行が、何物にもたとえようがないとばかりにこきおろされている（３９４３回、３９５７回など――３９４３回の作品は一五八頁で論じる）。ここに見られる比喩の放棄ないし変換の見直しは、混同を利用していることを逆説的に明かしている。

そもそも作者は、単なる比喩的認識をもって作品とするつもりはない。そのような外見の作品も

2058回（昭和34年10月18日）

あるが、要するに毎打席ヒットを打つわけにはいかなかっただけのことである。その例として2058回（前頁）の作品をあげよう。

これは社会党が、昭和三四年一〇月に鈴木茂三郎の率いる左派と西尾末広を中心とした右派に分裂した際の作品。西尾派は翌年、民社党の前身に当たる民主社会党を結成した。分裂を伝える当日の新聞で識者が予言したとおり、弱体化した社会党をよいことに、自民党は党内の権力争いにうつつを抜かすようになる。あとでそれにちなむ作品（2322回、一九頁）を示す。

それはともかく、作者は、社会党の分裂を蚊柱《かばしら》の分裂にたとえて、それをもって作品とするつもりではなかった。その分裂騒ぎを眺めてたたずむ、無力な男のドラマに比重をかけようとしたはずである。無力な政党の主導権争いを眺める、無力な男の心中は、決して単純ではない。疲れて立ち尽くした男の目に入ってきた蚊柱のイメージは、深読みすればそれなりに面白いものがある。しかし、ここでは、それは読者の感傷となるほかはないだろう。この作品では無力な政争をしばし眺めて立ち去る男の心中は、十分に表現されていない。

本当は、比喩的認識は作品に奥行きを生むしかけ以上ではないのだ。だから、私たちは作品の背景に、二重橋で起きた圧死事件を遠望したり、得意げに演説するフルシチョフ首相を思い浮かべたりするが、前景ではまったく別のことが起きている。

前景と後景のあいだの広がりこそ、小さな四コマを興味の尽きない広い舞台にする。その間に起こるずれ、干渉こそ、かくれんぼ、追いかけっこ、取り違えなど、二重構造に基づく笑いの基本的要素を生みだす。私たちは、舞台上で演じられる構造的な右往左往、それとも時には実際に身体的な追いつ追われつを面白がるわけだ。それは意味もなく裸足で走りまわって笑い転げる子供の遊びと異なるところはない。遠景には、腹立たしい世相や悲惨な事件や一国の首相のあきれた演説があるが、さらにその遠景には、私たちの遠い過去、二度と戻らぬ子供時代があって、漫画はその遥かな遠景を前景へと回転するしかけなのかもしれない。追いかけっこも取り違えも、私たち自身が、自分の子供時代の感じ方を思い出せばこそ成立するのである。混同などという見方そのものを忘れさせるのが漫画だということになる。これら走る登場人物たちの姿は、それだけで読者を童心に帰らせる力をもっているではないか（左上）。

私は、まず変換や接合の対象となった事件あるいは世相を、作品の背後から探り出す作業をして作品論を開始した。作品とその素材となった事件や世相のあいだには、笑いの文学の作者たちを論じた柳田國男の言葉を借りれば、「己を空《むな》しうし、任務に純一な」態度の漫画家がいるばかりである。それについては個々の作品を見て納得していただくほかはない。

なお、言うまでもなく作者は新聞記事を絶対的な前提として受け取ってはいない。必要なら、その紙面を修正して作品の素材としているし、時にははっきり紙面の批判を作品としている。紙面からの引用が多い私の考察が、現象に流されて考現学的な印象を与えることがあるとしたら、それはもっぱら私の不手際のためであって、加藤芳郎および『まっぴら君』の関知するところではない。

4　場当たり主義と作品の自律

『まっぴら君』は、ほぼ三日以内の新聞紙面の話題を材料としている。なかには例外的にかなり古い記事を題材としているように見える作品もあるが、その多くは私がもっと新しい制作動因を見落としているからであろう。『まっぴら君』の作者の場当たり的な態度は徹底している。

劇作家の飯沢匡《いいざわただす》が『武器としての笑い』（岩波新書）のなかで、「目先には目をくれずに高風を持する」日本の芸術界の態度に憤慨している箇所がある。飯沢の憤慨はもっともであって、場当たり的に作られた作品が駄作と決まっているわけではない以上、私たちは場当たり的とか、当て込みという言い方で批判したつもりになるのは慎むべきであろう。

実を言えば、私自身が目先の問題には目もくれないのをよしとする風潮によって養われた物の見方をするので、この作品論も、間違いなく場当たり的ではない。つまり『まっぴら君』の個々の作品は、新鮮さが勝負の場当たり的な態度で作られたものであったが、その作品と背景を論じる私自身の立場は、気の抜けたビールよりもひどい高風の持し方である。それでも、場当たり的に作品を制作する作者の態度をそれだけで批判しても意味がないことは、少なくとも明らかにするつもりである。

『まっぴら君』の作者として加藤芳郎が持する場当たり的な態度は、まずなにより、当面の関心事に注意を払っている眼前の当事者を爆笑させる、機知の作者の態度に通じるものである。彼がうまい機知を生み出すかどうかは、第一に彼自身がどれほど当事者であるかに依存しているのであって、うまい機知を作ろうとばかりに当面の関心事をそっちのけでは、周囲の爆笑を得られないどころか失笑を買う。爆笑を得る機知の作者がとった態度こそ、新聞紙面に目をやった読者と現在を共有している漫画家が、自分に課した第一の鉄則だった。

現在と言いうるのは何日ぐらいか、私自身分からない。しかし、二日遅れでも三日遅れでも、時には一カ月遅れでも大した問題ではないので、肝心なのは、作者が読者とそれを共有しているかどうかである。現在を生きる感覚、同時代者としての感覚、この漫画家はそれを尊重しているのだ。読者が新聞を開くのは疑えない事実だから、それで十分ではないか。現実との生きた関係、現実に対するしなやかな配慮の維持。ユーモアのすべてはそこにかかっている。

当面の関心事に注目している当事者は、目先の一事しか眼中にないわけではない。機知に思わず吹き出したときの経験を思い出してみれば、それはわかるはずだ。吹き出してしまったのは、決して目先の一事を作者が突いたためではないのに気づくはずである。目先の一事にとらわれ、それしか眼中にない人に、笑うことはできない。機知の作者の材料にされることはあってもだ。

つまり、私たちの配慮は、現在のなかで通常は八方に目配りされており、しかも自在に一点に集中できる柔軟性をもっている。そこにある緊張とゆとりこそ、現実との生きた関係を明かしていると同時に、笑いを笑える根拠ともなる。機知は一瞬にせよ、その緊張を解くからだ。おそらくこの緊張が保持する現在性は、あとから復元するのは不可能だし、語るのも困難だ。ただたった今も同じような現在性を自分がもっているからこそ、類推できるのである。他人と一緒に笑う、笑いの共有は、この現在性の共有を確認させてくれる数少ない機会であって、『まっぴら君』の目指すのもまさにそのような笑いである。

加藤芳郎が変換と接合にこだわったのは、素材の変換や接合が四コマの世界に奥行きを生むとともに、素材の確認が、現在性の共有を確認させてくれる契機となるからである。しかも世相を素材にできるなら作品の材料には事欠かない。事件も出来事も尽きることはない。言い換えれば、笑いの種は無尽蔵にある。

それなら、それらの事件や出来事の当事者を笑い者にすればよいのかと反問してみれば、立ち往生してしまう。安易な諷刺は、まずそのような笑い者を作ることから始めるだろうが、それが許されるのは、相手が権威や権力をもっていればこそだ。もともと言論の自由がこの世を謳歌している現代に諷刺を金科玉条にするのは、本当はかなり辛いことである。ナンセンス漫画はこの意味において加藤にとって必至なのである。作者が彼ら当事者を単に笑い者にするために題材としているのではないことは、個々の作品に当たってみればすぐにわかる。笑いの種が尽きないとしても、それで料理する漫画家の側が、少しでも楽になるわけではない。

『まっぴら君』には言うまでもなく多くの諷刺作品がある。やはり、大半は政治権力が対象になっている。なかには腹立たしさが手に取るようにわかる作品もある。自民党総裁選出をめぐる権力争いに怒りをぶつけた2322回の作品など典型的な例で、『まっぴら君』らしからぬ生々しさが先行しているから、これを諷刺作品と呼ぶのはためらわれる。加藤にはときどきそのような生理的なあからさまな反応を作品とした例はあるものの、全体をとおして見れば、それらは例外的で、大半の作品では、作者は作品の自律に心を砕いている。普段、作品の自律に全力を傾注すればこそ、ときとして激しい生理的な反応をストレートに表明する作品を作る気になるのかもしれない。

作品の自律性を手に入れるために工夫する努力は、時にはあきれるほど執拗《しつよう》である。逆に言えば、それほど作品の自律性は、この漫画家にとって重大だった。この漫画家の第二の鉄則がそれである。時評的な漫画作品を作るほどに、一方で作品を世相や作者の生活から分離したい欲求は強くなるに違いない。それはなぜだろうか。その理由を『まっぴら君』の秀作はすべてひそかに明かしているといえる。

たとえば、諷刺のつもりで当てこすりをするとしよう。単なる当てこすり、つまり自律できない

2322回（昭和35年7月14日）

作品の当てこすりでは、当てこすりを言う当人（つまり作者）から見れば、嫌悪すべき事件、逃れたい事態に依存した作品にしかならない。嫌悪すべき事件、逃れたい事態に依存した作品にどれほどの意味や力があるだろうか。それぐらいならいっそ黙っている方がいい。もちろん、そんな諷刺は責任ある批判とはなりえない。結局、作品を自律させなければ、すべてはフイになってしまう。人を爆笑させるべく当事者たらんとした努力すら無に帰する結果となる。

だから『まっぴら君』というタイトルには意味深いものがある。なぜなら、どれほどまっぴら御免をこうむりたい事件も、一面から見れば、当事者であることを証明すべく作品を作る結果になるからだ。そこで当事者として作者のたくらむのは、みずからを笑いの対象として新聞記事の視線や読者の常識を覆《くつがえ》そうと試みることだ。たとえ諷刺するにしても作品の自律が前提だから、諷刺が利いていないないなどという批判も可能になる。諷刺は指さしてするのが普通だからだ。しかし、作者は生々しいストレートな批判に満足する気持ちはまったくないのである。漫画家として発言するつもりなら、その作品が、まず漫画作品になっていなければならない。この素朴で健康な確信を遵守《じゅんしゅ》する点において、加藤芳郎は紛れもなく漫画家である。

作品の自律性に対する必然的な要求は、似顔絵の拒否とも密接に関わる。『まっぴら君』にはさまざまな政治家や有名人が登場している。政治家は主に諷刺の対象として登場し、俳優や関取や小説家などの有名人は主に死去に際して登場する。彼らは、当然のことながら一定の特徴を押さえて描かれているものの、それは、おちょぼ口、大きな額の空白、濃いまつげ、いかつい顎《あご》、そんなものだけで暗示されるにとどまる。現在的な話題として取り上げられるせいもあって、それで十分なのである。似ていないことはないし、現に読者はそれが誰かを直ちに判別する。けれども最低条件を備えただけだ。似顔絵として完成させる気持ちを作者は最初から持っていない。それはいわゆる「へたうま」とはまったく関係のない話である。そもそも似顔絵によってその顔の持ち主に依存したいと思わないのだ。

どこまでもそっくりさんを描こうという情熱は、この漫画家にとってはかなり奇妙な熱意と見えるだろう。作者としては依存ではなく借用、それよりもむしろ借景《しゃっけい》程度で済ませたい。会場で見るより迫力には欠けるだろうが、自分の家の窓からだって花火は見えないことはない。『まっぴら君』では、似顔絵然として吉田茂や田中角栄を髣髴とさせたら、そこには、はっきり作者の敬愛の念が表明されている。そこにも素朴で健康な確信があるが、それがどんなものかは言うまでもないだろう。

作品の自律性に関する問題は奥が深い。作者の求める笑いの質とも関係してくるからだ。依存した作品は、笑いの対象として事件や出来事の当事者たちが必要である。ところが『まっぴら君』では一見外在的な事件の当事者を諷刺しているように見えて、実際には漫画家自身の影を笑いの対象としている作品が多い。例えば、7092回（二七一頁）など典型的な例である。漫画家は世間が注目している人物に自分を投影し、それを作品としている。この作品にはかなり毒があるが、それが不快でないのは、作品自律の工夫に加えて、作者自身の影が演じることで解毒《げどく》してくれるためである。自分の生活から笑いの種を探し出して、それを新聞種になった事件や出来事の前景で演じるのである。その時、私たちが笑うのは虚実皮膜《きょじつひにく》のうちにいる作者であり、さらに一歩を進めて、漫画家自身をも含めた私たち自身である。この笑いは作品を自律させせない限り実現できない。本当は、作品の自律を作者が第二の鉄則としたのも、そのためである。

5　冬眠と我慢会

結局、どれほどまっぴら御免をこうむりたい事件も、当事者であることを証明すべく作品をつくらねばならない。それは何も自虐的な倫理や偽善的な論理のためではない。今しがた書いたように作品の生み出す笑いの質に関わる根本的なことである。

変換は、周知の事件や出来事を漫画の世界に移し変える作業のことだが、その作業の内部には、いわばその方向に逆向きに、作者自身にまつわること、漫画家のよく心得ていることを、それら第一次的な題材に植えつける作業がある。そこでは、川の流れとそれを遡《さかのぼ》ってゆく魚群のように、二つの逆向きの運動が分かちがたく結ばれている。それが作品に奥行きを生み、「自分も共々に、笑はないと承知をせぬ」(「戯作者の伝統」『定本柳田國男集』第七巻、一八六頁)立場に立った、嘲笑や冷笑とはまったく違った笑いを響かせる。それは柳田國男が笑いの文学に求めた笑いに通じるものであろう。ここで加藤芳郎がおこなっている努力を場当たり的だと非難しても意味はない。

互いに食いこみ、互いを互いに固定しているようにすら見えるこれら二つの運動を、逆説的に明かす題材に冬眠と我慢会がある。冬眠は、新聞紙面を賑わす不正や不幸に目と耳を塞いで知らんぷりを決めこみたい漫画家の消極的な心情を表わしており、我慢会はそのような心情を乗り超えようとする積極的な意志を表わしている。これらの隠喩は、どちらも漫画然とした笑いの世界に属しているから、深刻な表情やおおげさな身振りとは無縁だが、漫画家本来の制作動因を逆証するという意味で、見逃すことはできない。冬眠には蓑虫《みのむし》などの、また我慢会は寒中水泳などのヴァリエーションがある。これらを扱った作品は『まっぴら君』の最良の部分とはなりえていないけれども、ときおり、作者はそれらの隠喩を使って作品を作らないではいられなかったようだ。

たとえば、端的な例として２４９２回の作品を見てみよう。ニコゴリのなかで冬眠するアイディアは、正月三箇日の紙面を賑わした「雪地獄と化した裏日本」（昭和三六年一月一日朝刊）にヒントを得ている。十数年ぶりという猛吹雪で立ち往生した列車内のありさまを報じる記事が、どうして

2492回（昭和36年1月6日）

〈耐寒くらべ〉
ウチの父ちゃんの方がすごいや
ゆうべからニコゴリの中で冬眠してらあ

146回（昭和29年5月31日）

ニコゴリの中の冬眠に変換されるのか。封じ込められた状態を視覚的に表現するのにつごうがよいからなどと合理的な推測をしても少しも面白くないが、それはともかく、それが1の男と比較されるのはどうしてだろうか。寒いなか褌《ふんどし》一つの裸で扇子《せんす》を使う男の表情に見られるやせ我慢こそ笑いぐさなのだろうか。

ニコゴリも作者の偏愛する材料で、そのヴァリエーションとして水中花を扱った作品や花氷を扱った作品がある。水中花や花氷は世相の変化とともに姿を消したが、これらはいずれも冬眠と我慢会という背反する運動を内包している。ニコゴリのなかで冬眠する父ちゃんは、作品論の最後に取りあげる９８８７回（三五七頁）の作品では、火山の爆発で埋もれた古代ローマの遺跡から発掘された人骨として、作品に関わっている。そのまがまがしい人骨は、ニコゴリのなかで冬眠する「父ちゃん」と長い年月の経過にもかかわらず気脈を通じている。そこまでたどれば、コップのなかで水中花を真似る146回（前頁）のまっぴら君が、作品自体は理解に苦しむ動機を秘めているとしても、漫画家魂を明らかにして、その始原にいることは察しがつくだろう。

不快な事件やおぞましい不幸に目をつぶっていたいという心情は、誰の心にも生まれるに違いない。しかしその心情の命ずるままに転がっていけば、それでは漫画家として失格である。加藤が自分に課した義務は、世相を見守り、世相とともに一喜一憂することであった。そこで冬眠への傾斜は、あくまでもその傾斜を逆向きに押し返そうとする力の存在を明かすものでなければならない。それが我慢会である。ところがそうなると、今度は褌一つのはちまき姿で寒空に虚勢を張る男にならずに済ませるのが、思いのほかに困難だ。主義や流儀を設けるのは実際にはそういうことではないか。妙な主義主張を振りかざして1の男のように孤高を気取らなくても、現実は、それなりに冬眠や我慢会に等しい事件を用意している。作者はその事実に、何か悟ることがあったのだろうか。ここにある私的な批評を辿るのは、この2492回の作品を見ただけでは無理だろう。もう一点、今度は花氷のヴァリエーションを見よう（5187回、次頁）。

終始無言で行なわれるこの奇跡は、禿頭の男のすっかり沈んだのが氷柱だと分からなければ、面白さが半減する。近ごろではクーラーが当然の世の中だから、花氷や氷柱を立てて涼しさを演出した場景に出会ったことがなければ、お湯の入った水槽だと思う人もいるだろうか。この5187回の作品は、昭和四四（一九六九）年七月二九日のものである。つまり真夏だ。新聞読者は、この怪

5187回（昭和44年7月29日）

奇にまたとない涼味を感じたに違いないのである。①の男がさっぱり暑さを感じていない素振りなのが、加藤芳郎らしい目くらましで、怪奇研究所の研究員は、暑さをものともせずに外から帰ってきた。彼が果たして涼むために氷柱に没したのか、それともそれ以外の目的のためなのか、うかがい知れないところが怪奇さを倍加する。

怪奇研究所と名づけて、怪奇に分類することによって、この奇跡は夕刊読者の世界に入ることを許され、氷柱になんなくもぐりこむ奇っ怪さを緩和しているけれども、本当の奇っ怪さはその先にあるように思われる。

ここまで私の考察をたどってきた読者は、④にニコゴリのなかで冬眠している父ちゃんを否応なく連想するはずである。それとも、水中花を真似てコップのなかで滑稽なしぐさをする146回のまっぴら君を思い出したはずである。単に画一的な思考パターンのためだと思うなら、それで納得する思考パターンの人自身が馬鹿を見るだけのことだ。漫画家を衝き動かしている表現意欲の底に④の男の姿に対する羨望がある（④のイメージが作者を襲って、なお③のイメージを生み出すのが漫画家というものだろう。私たちのなじみのしぐさであればこそ、③こそ読者を驚かしたり、からかったりする。どうだろう、いい氷かげんだろうか？）。

④の男は冬眠している姿でもあるし、子宮のなかの赤子の姿勢でもある。おそらくこの姿は、逃避の瀬戸際にあると同時に立ち上がるためのささやかな雌伏の一時であり、死と再生を秘めて、漫画家の表現意欲の更新を支えている。

どうか、5187回の作品をもう一度見てほしい。それとも、十分に成功した表現に達していないかもしれないが、2492回の作品（二三頁）をもう一度見てほしい。この漫画家の求める表現は、大変に内密なもので、いわゆる諷刺作品とは、趣を異にしていることがわかるはずだ。事件を起こして新聞紙面を賑わす人や厚顔な政治家を、面と向かって笑い飛ばしたいことも時にはあるだろうし、そんなとき、表現を求めている情念、怒り、軽蔑、羨望、不快感、その他腹にしまっておくのが好ましくない情念に、漫画はいくらかのはけ口を与えることができる。読者にできるのは笑うことだけであるにしても、時には、そんな漫画作品があってもいい。そのような直接的な反応をした作品でも、その気があれば、読者は笑いながら、自分を引きずりまわす情念の後ろ姿を見届けられるかもしれない。しかしたぶん、それは加藤の漫画ではない。社会の一員として世相を見つめる一方で、冬眠や我慢会にこだわることによって、この漫画家は、私的で内密な場所まで降りていって表現を練ろうとする。彼はそのような自分の流儀をこんな言い方で表わす。

漫画家の仕事は、読者に手の内がよまれると、すぐに売れなくなる。ぼくだって、手の内がたくさんあるわけじゃないけれども、あの手この手でごまかして、変幻自在に、いかにも奥は深そうだという仕事をしていかなきゃいけない。(『父から学んだこと父として教えること』二〇三頁、ぴいぷる社)

これは加藤が漫画論を語っためずらしい一節である。2492回の作品でも、読者を「あの手この手でごまかして」目くらましを投げつけたのだろうか。そうだとしても、私にとっては事情は一向に変わらない。そもそも加藤は、毎夕、読者に目くらましを投げつけているのだと考えておけばいい。やせ我慢する男も作者自身なら、ニコゴリの中で冬眠しているのも作者自身である。まずそれを信じれば、作品は初めて理解できるものとなるように思われる。一万回の連載を乗り切るには、自分のただ一つの課題(節度をわきまえて、軽やかにしなやかに社会の一員であり続けること)をあくまでも実行し、その洗練に努力すれば、手の内は日々現実に即して変幻自在なのではないだろうか。

新聞の四コマ漫画は、かなりていねいに見ても数分、多くは数秒で読者がその場を立ち去っていく人通りの激しい場所に展示されている。しかも、フロイトが指摘しているように、当面の注意力をそらして笑いをかすめ取る漫画作品の持つ内在的な特性により、私たちは時にはなぜ笑ったのかはっきり知らぬまま、その場を離れる。それでも無意識の底で作品を理解しているのだろうか。私たちはそれを信じるべきである。わずか数秒のこととはいえ、そこにはささやかな衝撃が隠されている。無意識のどこかで発破《はっぱ》がかけられたことを信じなければ、合理的精神はみずからやせ細っていく論理に捕われてしまう。軽薄であろうとナンセンスであろうと、むしろだからこそ、そこに信頼をおいた方が賢いはずである。笑いが、私たち自身と社会を鍛えることを信じたうえで、おかしいときは素直に笑う方がいい。

*

新聞からの引用は、断りのないかぎり毎日新聞からのものである。永年にわたり『まっぴら君』に舞台を提供し続けた新聞に敬意を表した。本文中でおこなった見出しや記事などの引用を「　」でくくって示した場合には、引用文中で使われている「　」は重複を嫌って《　》に置き換えた。／は見出し中にある改行を表わす。それ以外の相違があるとすれば、それは引用者の転記ミスによるものである。本文中の①②③④はそれぞれ一コマ目から四コマ目を表わしている。

また「現実との生き生きした関係」とか「現実との潑剌とした接触」とか、その他似たような表現をしている個所がいくつかある。それらは、正しくはベルクソンの生の哲学を祖述したものではない。師がベルクソンとも知らずに二十代半ばに読んだ、ミンコフスキの著書の主要観念の影響である。それは私にとっては魅力的な観念であるにとどまらず、生活の指針となった。今回たとえベルクソンの『笑い』を知らなかったとしても、それらの言いまわしはしたに違いないので、ここで一言お断りしておく。本書を書くに当たって、ミンコフスキの著書を紐解く必要は認めなかったけれども、私の生活指針となった彼の主要観念には言及しないわけにはいかなかった。

Ⅰ 昭和二九年（一九五四）

●二重橋事件——1回（昭和二九年一月五日）

初回はいわゆる二重橋事件をあつかっている。昭和二九（一九五四）年一月二日の皇居一般参賀の人出が好天に恵まれて三十数万人にふくれあがり、隘路《あいろ》の二重橋に殺到するかたちになった群集が将棋倒しになったため、「圧死者十六名、重軽傷者六十五名」という惨事になった。その責任問題がなお紙上に取りあげられている正月五日の夕刊から、『まっぴら君』の連載は開始された。

新聞紙面をにぎわした責任の所在をなすり合う水かけ論の帰趨《きすう》など、今日から見れば議論の余地なく明らかなのだが、それはあとで触れることにする。

下賜《かし》のお見舞い品が被災者に届けられたのは、新聞（三日朝刊）によれば事件当日の晩から翌日にかけてである。加藤自身の著書『まっぴらごめん』（グラフ社）や連載一万回を記念しておこなわれた女優との対談（昭和六二年二月一八日朝刊）によれば、正月らしい作品をすでに年末に用意してあったが、この事件を知って急遽書き換えている。初回だから正装して登場しようと思っていたのに、この事件のおかげで、そそくさとドーラン化粧をして取るものもとりあえず登場することになった。その態度は、実にその後の一万回のあり方を規定することになったのである。つまり、出たとこ勝負の場当たり主義は、『まっぴら君』の初回以来ということになる。それが作品を潑剌としたものにするのを、これから見ていく。

作品上で、惨事はずっと小規模になっている。人々が「おがませてくれ」と殺到するのは天皇陛下ではなく、下賜の見舞い品。負傷者はひとりですんだ。見舞い品が負傷者の友人からなら、見舞い客が殺到することはなかったはずで、下賜の見舞い品であればこそだから、作者のおこなった変換は機械的と言いたいほど律義で、いわば作品上の惨事の縮尺は正確だ。そもそも見舞い客がこれほど多いのも、二重橋事件の負傷者であればこそかもしれない。笑いごとではない惨事をなぞっているのに、そんなことを考えれば、からかい半分の苦笑がもれる。

この作品の面白さは、ごく単純な物まねのドタバタ喜劇のものにすぎない。それでも作品として立派に成立しているのは、背景にいる天皇について、読者にさまざまな思いがあったからだ。一流紙に初登場の新進気鋭の漫画家が、入念に準備したであろう作品を捨ててまでこの題材に食いついたのは、漫画家としてその題材の奥行きを直覚したからこそだろう。この作品は、分厚い記憶の堆積の表面で、その堆積に比べればごくちっぽけな登場人物たち、けが人と見舞い客たちが、かすか

1回（昭和29年1月5日）

二重橋前を埋めた人波（朝日新聞、昭和29年1月3日）

に埃《ほこり》を舞いあげながらドタバタ喜劇を演じている。

事故を報じる三日の朝日新聞に、事故の直前に飛行機から撮影された二重橋を中心とする航空写真が掲載されている。これを見れば一目瞭然、人災と断ずるよりほかはない。写真を見るかぎり事故は必至の情勢である。結局、参賀に訪れる人々に対する規制は何もされていなかったのだ。ロープの上げ下げをめぐって警視庁と皇宮警察は責任の所在について論争をしているが（四日朝刊）、二重橋のたもとでロープ規制をおこなったぐらいではこの事故は防げない。圧死者が十六名ですんだのは、参賀の人々の行儀がよかったおかげである。参賀の人々が前年に比べ二倍近くに増えたにもかかわらず、それに臨機に対応できなかったためにおきた事故だ。

この「二倍近い」という判断は三日の朝日新聞に掲載された皇宮警察本部長の談話によるものだが、実は同じ朝日新聞のちょうど一年前つまり昭和二八（一九五三）年一月三日の朝刊によれば、二八年の一般参賀の人出は皇宮警察本部の発表として推定では「ザッと六十万人」とある（毎日新聞は同じ皇宮警察の発表として六三、八一七〇名という数字をあげている）。冒頭にも書いたように事故の起きた昭和二九（一九五四）年が本当は三十数万人だから、皇宮警察のドンブリ勘定は相当なものだ。二八年発表の数字が正しく、規制が翌二九年と大差ないと仮定すれば、間違いなく事故は二八年におきたはずだ。二八年の発表者数が正しければ、この二九年は二倍どころか半分に減ったと考えなければならない。

この集計のずさんさは安易な規制に直結し、事故の原因になったと思われる（事故の翌年三〇年は十六万人）。そもそも前回六十万人がくり出した恒例の行事に対して、規制などいっさいなしに等しいこの写真の光景は考えられない。いずれにしても上記のようなドンブリ勘定では予想も意味をなさないから、臨機の対応は不可能だったろう。

実際のところ、二重橋のたもとでおこなっていたロープによる規制は、二重橋の奥にある明治年間に築造された鉄橋の負担を考慮して、通行量を制限するために実施していたもので（一月三日朝刊）、参賀の人波の規制は二の次だった。辛辣《しんらつ》な言い方をすれば、橋の心配はしても、参詣客は問題外だった。一〇日の毎日新聞は「今後は豊明殿跡で」の見出しで、一般参賀の方式を翌年から変更する計画があることを報じている。しかし、結果的には翌年も同じ場所でおこなわれた。すでに規制が実施されていたなら場所をかえる意味もあるが、それまでの経緯を見るかぎり、問題はお立ち台の場所ではなかったからだ。

果たして、翌年は徹底的な人波の規制が二重橋の遙か遠方から実施されており、毎日新聞に、整然と規制のおこなわれているありさまを二重橋を中心に写した航空写真が掲載されている（昭和三〇年一月三日朝刊）。今度は文字どおり延々と続く長蛇の列である。

惨事を漫画に変換する作者の手つきには、管理上の手落ちを云々する気はない。スターを見ようと殺到するように、天皇を一目見ようと集まる人々を諷刺している。昭和三四（一九五九）年に皇太子が結婚したときのジャーナリズムの慶びかたや、沿道の人々の騒ぎを予見するかのような作品というべきだ。

それとともに、ひそかに『まっぴら君』を紹介しながら自己批評しているようでもある。漫画家たるもの好奇心が旺盛でなければなるまい。しかしまっぴら君は、無理をしてまであちこち出てゆこうとは思わないらしい。自分のいるところから手の届く範囲で好奇心を働かせようとつつましく考えている。連載開始当初は使う予定だった第一部で紹介したキャラクター（次に示す16回の作品にも登場する）が、この第1回の3で、下賜のお見舞い品をおがめそうもない左端に描かれている。3のほかに、1では負傷者から一番遠い足下、4ではどうやら負傷者に一番近い枕許にいる。

たぶん、この位置の変化にもはっきり意味が込められており、ここには作品としての『まっぴら君』の性格や作者の意志が表明されている。出たとこ勝負とはいっても、作者は作品を隅々まで入念に計算して作りあげている。

●バラック——16回（昭和二九年一月二〇日）

この作品の背景となった記事ははっきりしない。この作品以前の三回の作品に初動を与えた記事を探ってみると、時間的な経過にしたがって作品と背景となる新聞記事のあいだに並行的な関係がきちんとある。その関係にならえば今回の作品に初動を与えた記事は、一八日あるいは一九日にあって欲しいのだが、どうも文句のつけようのない該当記事が見当たらない。

ただし加藤の著わした『雷おやじの本』（ブックマン社）によれば、この年に作者は間借りしていた夫人の実家から新居に引っ越しているから、当時、住宅問題に身近な関心をもっていたはずで、

16回（昭和29年1月20日）

このような作品は大いにありえた。その意味では作品集のコメントの指摘するとおり、詐欺の横行が、この身近な関心ゆえに住宅に関連づけられたのかもしれない。

今では、住宅建設会社の社屋ともなれば、訪ねてくる客を圧するばかりの威容を誇っている。都心の高層ビル群を、このまっぴら君に見せたいのは私だけではあるまい。どちらを向いても、こんなみかけ倒しの建物を見つけるのは困難だ。それに比べて、いかにも漫画然とした四つの絵にあきれたりしてはいけない。ベルクソンが言うように「それがいかに軽いものであっても、人が生に対して払わねばならぬ尊敬の念をもってそれを扱」(『笑い』林達夫訳、岩波文庫)ってみよう。半世紀にわたって世相を見守り続けてきた漫画家の努力のあとをたどるのは素晴らしいことだと納得するに違いない。

この作品に見られるまっぴら君のおっちょこちょいぶりは、その気になれば笑いを誘うことは誘うけれども(扉を開けるまで映画のセットだと気づかない迂闊さ!)、この作品が目指す笑いはそこにはない。彼をひどく迂闊な男だとみなしてしまえば、作品はあまり面白くなくなる。この考えを捨てて、まっぴら君を私たちと同様に注意深く、また私たちと同様に迂闊であると考えるところで作品の意図が見えてくる。この作品に示されたすべての建造物(といっても二つきりだが)が書割《かきわ》り並みのみすぼらしさである事実に扉を開くまでまっぴら君が気づかないのは、ある意味では当然のことで、目にするものすべてがボロ同然ならば、私たちはそれを粗末だと考えないようにできている。普通ならこの性質自体は少しもおかしくない。それが自然の効率というもので、漫画家を除けば、まっぴら君も私たちと同じ経済的な視線をもっていただけだ。この作品はそのような経済的、常識的な視線のあり方を利用し、それを暴くことによって笑いを誘っている。

だからまっぴら君がセットである事実に気づくのは、普通ならありえないことである。私たちは②と③に見られる住宅や会社の外観に囲まれて暮らしている。「セットじゃないか」という腹立たしげなセリフのわきに、作者は一見すると住宅らしさを備えた家をちゃんと描いている。その扉を開いて「あっ!!」と息を呑むのは、そのような文脈で見れば、むしろ安逸な日常性に対する異議申し立てであって、まっぴら君の迂闊さは作者のたくらみである。要するに作者は日常性のうわべを剝いで見せたのであって、この作品によって当時の世相の全体を戯画化したのである。

おそらく漫画家とは、いつの世にも書割り同然のしかけをあちこちに見出せるもののことで、そうであるかぎり、建売り住宅とその販売会社を①と④のようなみかけ倒しのセットに変換するのは、技法としてはありふれている。

言うまでもなく、この作品が載った当日の夕刊を開いた読者は、私がここまで書いてきたことを理解していたはずである。だから、一方でセット並みの住宅をありのままに現実として甘受すればこそ、一方でそれを変えていく力も生まれてくる。問題がどれほどあるにしても、変えていく力が生まれたことは、その後の日本のめざましい発展が証明しているだろう。

この作品は、構造的には上下二コマずつに分かれてA–B/B′–A′の鏡像関係になっており、この向き合った関係が、作品の完結性をもたらしている。具体的に言えば、この向き合った関係は、④に見られるまっぴら君の反応によって明示される。ここでまっぴら君は「あっ!!」と言いかねて息を呑む。①と同じ状況に同じ反応をするのは愚かしいという虚栄心がとっさに働いたためである。この内向的あるいは反省的な心の動きは、①と向き合う関係を作り出すばかりでなく、ささやかな事件の完結を生み出し、さらに作品の完結をもたらし、最終的に読者と作品の関係を規定している。

私たちは、まさに賢いつもりのまっぴら君の虚栄を笑うのだし、その笑い声は作品の向き合った構造のなかにこだまするほかはない。これは読者が①で笑う場合を考えてみれば、はっきりする。その笑いはまっぴら君に対する嘲笑にとどまるのであって、①で笑うより④で笑う方が、笑いはずっと読者の心中に反響する。その反響は、この虚栄が一般的だと言いうるかぎり、ほとんど私たち自身を笑うのと同じことであろう。私たちは我がことのようにこの虚栄を理解できる。さらに一歩を進めれば、この笑いのなかで映画のセットめいた現実、うわべばかりの現実を身のまわりに見出して、読者は作品を肯定し、笑い声で作品とともに現状を追認する。

現在、舞台の書割りじみた住宅会社の扉を何も知らぬげに開いて「あっ!!」と息を呑むまっぴら君の虚栄を笑うのは簡単だし、笑えるなら遠慮なく笑う方がいい。しかし、その笑いや軽蔑を少しでも反省的に眺めると、この虚栄をさほど理解しているわけではないことに気づく。それは、まさしく私たち自身がよく知っている虚栄を笑ったはずなのに、知っているとはただ単になじみ深いというだけで、まるでその素性を知らないのである。

すでに触れたように、④でまっぴら君が①と同じ反応をしなかったのは、とっさに働いた虚栄心のためである。似た状況で似た反応をした経験は誰にでもあるはずで、他人の目があるわけではないのに自分の反応を押し殺した覚えがあるだろう。社会的な体面意識がないと仮定すれば、ありえない出来事が再びおきた驚きといってもよいが、それなら①と同じ反応の方が自然だし、いっそ驚きが倍加してもかまわないはずである。なぜ虚栄心は、「あっ!!」と声に出して驚く反応を制止したのだろうか。作品の構造にある鏡像関係は、この制止によって少なくとも外面的には損なわれており、4でも「あっ!!」と声に出させた方が笑いはとりやすかったはずなのに、作者はそれを棄てている。

眼目は、まさしく虚栄心がとっさにおこなった制止だからである。同じしかけに二度も続けてだまされては、体裁が悪い、自分が許せない。たぶんそういうことだったろう。しかしこれではまだ虚栄を言い換えたにすぎない。同じしかけに二度だまされるのは、どこに不つごうがあるのか。生物学的に考えれば、天敵が生命を維持するために考案したしかけを二度目も見抜けない生物は、捕食されて淘汰される確率が高いはずである。だからであろうか。それなら、そのような事態を回避するために働く圧力を虚栄と呼ぶのは適切ではあるまい。むしろ本能とか生得的行動と呼ぶ方がいい。おそらく、私たちは本能を虚栄とも言いならわす、度しがたいほど虚栄的な生物でもあるのだろう。人間社会は、むき出しの本能をありのままに許容するほど素朴あるいは自然な社会ではないからだ。

すべての本能が虚栄とみなされているとか、すべての虚栄が一皮剝げば本能であると断言するつもりはないけれども、この作品一つを見ても、笑いの複雑さはわかる。この作品はまっぴら君の虚栄を笑うとともに、私たち自身の虚栄を笑っている。その虚栄は、私たち読者とまっぴら君のあいだで底が通じている。まっぴら君のとっさの振る舞いを笑っているかぎりにおいて、虚栄心を笑っているといえなくもないが、むしろ、その笑いは私たちの虚栄そのものを表現している。ちょうど、シモがかった話や露骨な猥談を薄ら笑いを浮かべて摘まみあげるように。外見は似ても似つかないけれども、この作品に笑うのは猥談に笑うのと本質的には同じなのである。

素朴な絵のもつ微笑ましさは、五十年という歳月がもたらしたのであって、夕刊掲載当時の読者は、それとは別の生々しさを享受したと考えられる。

●ウィンドウ破り――27回（昭和二九年一月三一日）

今では「ウィンドウ破り」という言葉は死語であろうから、この作品の世相は遠い昔のことになった。しかし、時代がかった外見にとらわれずに見直せば、作品自体は今日でも通用する普通の心理をあつかっているのがわかるはずだ。

作品は前日の朝日新聞夕刊紙面にある二つの写真からヒントを得たものである。朝日新聞の縮刷版でその紙面に出会ったとき、私は思わず笑ってしまった。それほど、④にそっくりの写真がある。といっても類被りはしていないし、作品とはまったく別の世界を現出している。そのそっくりの写真には「事故防止のため不忍池で氷割り」と説明がある。記事には「タダのスケートを楽しむ大供、子供が押しかけたが、何といっても東京は〝場違い〟陽がさしてくれば危険だ―というわけで不忍池など氷を割って滑走を禁止する騒ぎだった」という解説がついている。もう一つの写真は、「飾窓を破り奪う」という見出しで報じられた有楽町の宝飾店の盗難事件のもの。ガラスを割られた陳列ケースの写真が掲載されている。

ここで用いられた『まっぴら君』の作品制作技法は、変換ではなく接合である。二つの記事を接合する契機となったのは、ガラスと氷の外見上の相似と、割れるという両者の特徴である。読者にはまったく無関係としか見えない二つの記事を結びつけて、作者はそれらと別の漫画世界を作りあげており、できあがった作品は、これらの記事とは無縁の微妙な心理を表現することに成功している。

この作品に登場する頬被りしたウィンドウ破りの未遂犯は、池に張った氷をなぜ割るのか。せめて氷でも割って、宝石強盗が未遂におわった憂さを晴らそうというのか。なるほどウィンドウ破りは、ウィンドウを破ること自体に快感を感じているかもしれない。さもなければ、もっとスマートな方法で盗むだろう。だからその未遂犯は、その快感の一端を氷を割ることで味わえるかもしれな

27回（昭和29年１月31日）

い。この見るからに朴訥《ぼくとつ》な男については、おそらくそのとおりだが、だとしても、ガラスの代わりに氷を割る未遂犯のどこがおかしいのだろうか。この漫画の面白さは、ウィンドウ破りほどがさつではない。それがどこにあるかもう少し分析してみよう。

ウィンドウ破りにとって、ショーウィンドウのガラスを割る行為は、宝石を盗む目的を果たすためにやむを得ず付随的に発生する作業のはずである。しかし、ここに登場したウィンドウ破りは、それを目的に変えてしまった。手強《てごわ》そうな警備員が目を光らせているので、宝石を強奪することができないからだ。たわわに実った葡萄が酸っぱいに違いないと信じたイソップ物語のキツネのように、「宝石の強奪などする気はない、そんなものはどうでもいいよ」とウィンドウ破りは考える。そのような自己欺瞞が、③のウィンドウの前をすごすご立ちさる頬被りした男の心中でおこっている。氷を叩き割る男の姿に私たちはそれを直覚する。この作品の面白さはそこにある。

いったん強情を認め、誤った理屈を正当化して手段を目的に変じてしまえば、易《やす》きにつく論理の横滑りは自動的に進行する。その運動が始まれば、割るのはガラスでなく氷でも自分の頭でもよくなる。右手のしていることに左手が知らんふりを決めこんでいるようなことは珍しくない。

ベルクソンが笑いこそ虚栄の天敵であるとしたのは正しい。強情や虚栄こそ、笑いの糧となるものだ。池の氷はガラスにもっとも近い外見をして、身近にあっただけのことである。ここには、ベルクソンのいう思考上の機械的な動作が、明瞭に漫画として定着されている。作者はそれを「ウィンドウ破り」という言葉そのものに執着することで、いわば言葉尻をとらえて定着しているのである。このような微妙な心の動きを四コマに定着するのは、加藤の得意とするところで、『まっぴら君』にはこの種の笑いがあふれている。

●日本登山隊のマナスル登頂――121回（昭和二九年五月六日）

現在なにも予備知識をもたずにこの作品を見たのでは何のことかわからないが、マナスル登頂を目指した日本の登山隊がベース・キャンプ到着を目前にして、現地のラマ教徒によって入山を拒否されたという事実（四月二〇日朝刊）にちなむ作品とわかれば、今でも笑えないことはない。入山を拒否されたのは、前年まで二度にわたっておこなわれた日本の登山隊による聖山の登頂が原因で、干ばつや雪崩《なだれ》がおこったり天然痘が流行したのだとラマ教徒たちが信じたためである。結局、マナ

121回（昭和29年5月6日）

スル登頂は断念して、ガネシュという高峰（七四〇六メートル）に転進せざるを得なかった（四月二九日朝刊）。

ここでは、ラマ教徒が税金を滞納している零細商店主に、またラマ教徒の信仰心が商店主の財産に対する執着に変換されている。当時、ひととおり新聞を読んで事情のわかっていた読者は、④の店主の仮装にはそれだけでも吹き出したかもしれない。商店主のこの仮装は現地の人々の衣装（または聖地を管理する人の衣装）をどれほど正確に反映しているか疑わしいが、作者にしても商店主と同じく、聖地を想わせる衣装であれば十分だったものと思われる。

この作品に思わず吹き出したとき、私たちはなにが面白いのだろうか。仮装してまで聖地だと言いはるからか。聖地だと言いくるめれば、差し押えを阻止できると信じているからか。意地の悪い話だが、わざわざ仮装までして断固として表明した「聖地には一歩もいれられねえ!!」という一言が切実であるだけに（そこは零細な商店主の生活財の詰めこまれた聖地であって、踏みこまれれば財産を没収されることになる）、読者にはいっそうおかしいのだ。差し押えを阻止するという切実さに欠ければ、単に聖地だからという理由だけでは、もとより信仰心のない日本人読者が相手であってみれば、このおかしさは仮装のおかしさの域を出ない。

この間の事情を変換前の事実に戻して考えてみよう。聖地であることを忘れてなにも知らない外国人が傍若無人に汚すに任せたから、神の怒りによって不幸が重なったのだ。今度こそ、聖地を守らなくてはならない。そのように考えたラマ教徒の抵抗は、登頂を成功させようと尽力していた関係者にとっては生命にかかわる深刻な事態であったとしても（上記の記事はかなり険悪な現地の雰囲気を伝えている)、彼らの信仰心を尊重する気持ちがなければ、つまらぬ迷信にもとづく愚行と見えたはずである。

この点で、第一報を伝える四月二〇日の毎日新聞の記事を登山隊全体の態度とみなせるとすれば、入山を拒否された登山隊の態度は、人権意識の変化した現在から見ると適切なものではない。「いまどきそんなばかな迷信があるものかと熱心にいいきかせる一方、病人をなおしてやると申込んだ」のだとすれば、また熱心な信仰を単なる狂信としか見ないとすれば、「狂信者たちはかえって反抗心を強めた」としても当然であっただろう。異なる文化に属する信仰心を完全に理解したり、病人を治してやるんだという優位者の感じる傲慢さを根絶することは、おそらく人間にはできないだろうが、理解しようと努力したり、傲慢さをあらためるよう努力することは可能だ。しかし記事からはそのような配慮はまったく感じられない。

この作品は、信仰に対するそのような無理解を踏まえて作られている。作者がラマ教徒の信仰心を理解していたかどうかはわからない。しかし信仰心を自分の財産に対する執着に変換しているのをみるだけでも、それを尊重していることはわかる。自分が差し押えられるわけではないから、読者はマナスル商店の店主の切羽詰まった一芝居にくすくす笑う。彼の切実さは、ここでは笑うために必須なので、その意味では読者のくすくす笑いは、かなり人の悪い笑いである。しかし繰り返すが、ここにある人の悪い笑いは、無理解ゆえの嘲笑ではない。一方で笑いながら、笑うことでなにがしかの共感をおぼえているのは、財産に対する執着が私たちのあいだで当然のこととして前提になっているからである。

●吉田茂と漫画家——126回（昭和二九年五月一一日）

漫画家の心根をひそかにしかもはっきりと表明している点で、この作品は『まっぴら君』第一巻中では代表的な漫画であろう。人のよさそうな初老の男が吉田首相邸前で包丁を並べて商売をしようとして、警官にしょっぴかれる。ただそれだけなのだが、ここには私的で微妙な心の動きが鮮やかに定着されている。

背景には、大磯にある吉田首相の私邸の警備問題がある。すでに四月の下旬に不審人物が捕まって以来警備体制が強化されていたが、五月三日にはジャックナイフと遺書をもった男が邸内に侵入して格闘のすえ逮捕され、九日には家出青年が就職の依頼に車で乗りつけて保護される事件が発生しており、警備陣はぴりぴりしていた（いずれも朝日新聞による）。

まったく害意があるようには見えない男だが、この時期に首相邸の門前で出刃包丁を売ろうなどとすれば、理由をつけてしょっぴかれるだろうし、たとえ何も事件をおこさなくても警察は理屈をつけてこの善良そうな男を退去させることは間違いない。しかし「こう頻繁に暴漢が訪ねるようじゃ、門前で商売ができるな」と冗談半分に考えたとしても、この頭髪を刈り上げた胡麻塩頭の人物は、そもそも殺傷用具を時の総理大臣の邸宅前で売ろうという剣呑《けんのん》な底意があるわけではない。おそらく、表情から判断していやがらせをするつもりすらない。それどころか、ここには加藤の吉田茂に対する敬愛の念すら定着されていると見ることができる。吉田茂は、昭和四二（一九六七）年一〇月二〇日に八十九歳で死去する。戦後初の国葬がおこなわれた際に、この漫画家は二日にわたり（4681〜2回）、この「戦後日本再建の主役」（死去当日の夕刊）に作者一流の方法で哀悼の意を表わしている。

警備の警官が②で「またきた!!」と迷惑げに発言しているところから推察して、不審人物があいついで逮捕される前にも、この男（そのときは包丁売りではなかっただろう）は首相邸近くで商売をしたことがあるらしい。男は礼儀正しく帽子をとって「このへんで商売させて下せえ」とお願いする。警官は今度はいったい何をするつもりかと問いただしたげである。いざ店を開いてみると、並べたのは各種の出刃包丁とわかって、警官はいらだたしげに手錠をかけて男を連れさる。

一見して妙な作品だが、実はこの男は加藤芳郎自身であろう。「またきた!!」と言いながら、な

126回（昭和29年5月11日）

87回（昭和29年4月1日）

にをするやらわからない警官に疑問がわけば、私たち読者は了解まであと一歩だ。この作品には、作者の漫画論が率直に描き出されている。ここでは、漫画家が包丁売りに、漫画作品は出刃包丁に、それぞれ変換されていると考えればいい。なるほど加藤は、「四月バカ」（87回）の漫画でも吉田邸を訪問して花火を打ちあげているし、それ以外にも吉田首相を何度も漫画にしている。だから門前でささやかな商売をさせてもらっていると作者が考えたとしても不思議ではない。警官の顰蹙《ひんしゅく》を買うのは覚悟のうえだ。もちろん、そこで並べたのは漫画という武器であって、決して人を殺すような殺伐としたものではない。できれば、その作品が、凶器になるほど強く激しいものであれと作者が望んでいるかもしれないとしても。

●ゴミ戦争――143回（昭和二九年五月二八日）

『まっぴら君』全一〇巻を見てゆくと、一見したところ何事もない、面白くもおかしくもない、それでいて人生の浮沈に苦しむ生活を鮮やかに切り取った作品に思い出したように出会う。これはその系列の最初の傑作である。屑拾いの男ふたりが景気の挨拶をかわしただけで、あとは何もない。いつものようにごみ箱をあさって金目のものをさがす生活があるきりだ。不景気だから、ごみ箱をあさっても金目のものは何もない。せいぜい紙製のおもちゃの笛があるきり。息を吹き込むとするすると伸びてピーとなる笛の音は、楽しくもないが悲しくもない。作者もこの屑拾いもどこまでも

143回（昭和29年5月28日）

ありのままに受け入れて、ありのままの音を聞いている。それだけだ。すべてを飲み込んで口をつぐんでいる生活感情と視線を合わせて、私たちは微笑する。

この作品の背景には昭和二九（一九五四）年の不況がある。朝鮮戦争が勃発したのが昭和二五（一九五〇）年六月二五日。これによって日本は特需で潤い、昭和二八（一九五三）年の国民所得は値上げによる増加を差し引いても、昭和九（一九三四）年から一一（一九三六）年までの平均を一〇〇とした数字に比べて総額で一三四、個人当たりで一〇六・二となって戦前の水準を上回った。昭和二九年六月一八日の朝日新聞は「国民所得戦前水準抜く／消費増で国際収支赤字」の見出しで、経済審議庁（のちの経済企画庁。現在は総理府、沖縄開発庁とともに内閣府に再編された）の調査結果についてこのように報じている。日本は敗戦の疲弊した状態から昭和二八（一九五三）年までに、一挙に戦前並みの水準を回復したのである。数字の上で国民所得が戦前並みを回復した事実はともかくとして、ここでは、その記事中の次のくだりが問題である。

昭和二八年経済の特徴は前年に引つづき個人、企業、政府のいずれの部門も消費あるいは投資を相当ふやしたため輸入の増加を招いて国際収支上大幅の赤字を生じたことである。

この大幅な赤字が昭和二九（一九五四）年の不景気の実体といってよい。つまり、第二次世界大戦で完敗したあと、焼け野原から立ちなおって初めてまとまった金を手にして、日本人は少々気が大きくなったらしい。どうも使いすぎたようである。二八（一九五三）年の四月以降、日本銀行は金融引き締め政策をとりはじめてこの使い過ぎにブレーキをかけていた。二九年元旦の朝日新聞は、「重大なる難局」と題して日銀総裁一万田《いちまだ》尚登《ひさと》の小論文と、それを解説する趣の「経済建直しへ耐乏の年」という見出しの問答形式の記事を載せている。これら二つの見出しでこの作品の背景は推察できるだろう。毎日新聞でも一万田氏は、日本の進むべき貿易立国の進路と当時の日本経済の状況を諄々と説いている。彼の説く日本の将来は、まさしくその後日本がたどった道である。

余談ながら、この金融引き締めの際にも、サイフの紐を固く締めてインフレを抑えようとする日銀をけむたがって、今日と変わらず政治的な圧力が日銀総裁更迭説を流布させることになったようだ(八月一七日朝日新聞社説)。六月一八日の経済欄のコラムは、銀行筋の話として「輸出金融の緩和とかいって実際にやりもしないうちから宣伝するのは、百害あって一利ない人気取りだ」という意見を取り上げ、一万田日銀総裁の「せっかく病人の断食療法をやっている最中にウナギのニオイをかがすようなことをしてもらっちゃ困る」という、蔵相や通産相に対する硬派の苦言を載せている。

もう一度作品に戻ってみよう。今はポリ容器や公共の金属製の大きなダストボックスにとって代わられて、とっくに見かけなくなったこの木製のごみ箱は、不景気だから中にはほとんど何もない様子である。現下の猛烈なゴミ戦争と考えあわせると、まさしく隔世の感がある。三日に一度では生ごみが腐るから困るという苦情が当時の投書にあるから、当時も清掃局の回収はおこなわれていたのだが、全体的な廃棄量に格段の差があったようだ。

Ⅱ　昭和三〇年代（一九五五〜一九六四）

●人身売買――430回（昭和三〇年三月一七日）

手荷物姿の家出娘が途方に暮れてぼんやり立っている。そこへ変な奴が現われる。黒めがねをかけた乞食は、甘言に乗せられそうな気配の家出娘の行く末を案じて切歯《せつし》扼腕《やくわん》、仲間になだめられる……。

それだけなら、目撃者の乞食は別にして、服装も表情もすっかり違ってしまったものの、今でも似たような状況が東京にはあるだろう。しかし、その似たような状況から想像できることに比べると、この作品の背景はずっと露骨に語られている。おりしも新聞では、人身売買についてたびたび取り上げられていたのである。

初動を与えたと思われる人身売買を扱った記事は、この掲載以前の数日間にはなかったが、作者は、それらの見聞にもとづく焦燥を素直に四コマに定着したと思われる。この年の六月からは「人が売られる」というタイトルで特集記事が連載されている。十回にわたり連載されたこの特集記事を通読してみると、東北の貧農や、石油に押されて閉山した中小のヤマ（炭坑）の困窮が、売り物にされる性の供給源である。日本の近代史は、さまざまの局面で似たような状況を作り出し、小説や映画に多くの題材を供給してきた。そのせいか、記事を引用するつもりでいたのだが、陳腐さばかり眼についてその気になれない。

この漫画が面白いのは、盲目で見えないはずの人物に物事が見えているからである。黒めがねを隠れ蓑にして、いきかう人々を道路端から無遠慮に毎日観察していたおかげで家出娘だとすぐ見抜けるし、「特飲街」に顔の広い変な奴もすぐ見分けがつく。しかし、ベルクソンが見事に解いたように、当人は見えているつもりなのに傍《はた》からみれば盲目の操り人形にすぎない人物ならおかしいが、物事が見える人物を笑うのは変ではないか。それにしても見えないはずの人物の「ああ見ちゃいられない」というセリフは漫画らしい笑いを誘う。ここで読者が笑うのは（読者自身の意に反して）、自分で選んだ役なら、盲人役に徹して見なければいいじゃないかと冷やかしたくなるからだ。だからこの作品に読者が笑うとき、確かにベルクソンが言うように、笑いは必ずしも「絶対的に正しいものであるというわけにはいかない」らしい。私たちは、家出娘の運命など思いわずらうことなく、一方で盲人を演じて人を欺く乞食の義憤を笑うのだ。

もちろん作者はそれをよくわきまえている。この盲人に漫画家自身が大きく投影していることは、

430回（昭和30年3月17日）

（毎日新聞、昭和30年6月8日）

注意深い読者ならよくわかっているはずで、それだけに登場人物の素朴な義憤は、必ずしも素朴な正義感にもとづいて定着されているわけではないことになる。したがって、この作品で作者を道徳家ぶっていると非難したり、偽善を疑うには及ばない。

なお、作品集に収められたこの作品は、新聞に掲載の作品とは若干異なっている。④で読者の笑い者になる乞食は、同僚とのあいだに立て札を出していた。そこには、現在では差別用語として使われなくなった二語が書かれている。それによって、目が見えないはずであること（と耳も聞こえないはずであること）を強調して、それにもかかわらず、黒めがねに隠れて二人を注視して、切歯扼腕する羽目になる乞食の無力をからかっている。

●ソ連抑留者の帰国――466回（昭和三〇年四月二二日）

これは前日の夕刊に写真入りで報道されたソ連抑留者の帰国を取りあげたもの。日本の土を踏んだ元陸軍中将は、ただちに皇居前に参拝に向かった。新聞では「まず靖国神社に参拝」の見出しで、鳥居を背景に威儀を正して頭を下げている写真が示されているが、それに先だち皇居前に帰国の報告に訪れている。

加藤自身、戦争の最末期に暗号兵として中国北部にいたから、ソ連の参戦を知ってはっきり死を覚悟した経験をもっている。幸いに終戦後の昭和二〇（一九四五）年一二月に帰国して、九州で日本の土を踏みしめることができた。だから、ソ連抑留者の帰国については並々ならぬ想いがあったことだろう。

この作品の面白さは、③のセリフと④のセリフの落差である。つまり、ソ連からの帰国者が、宮城を恋い慕う心情と理解したところが、実は空腹で白鳥の卵がほしいだけだったという種明かしの面白さである。それでは、作者は誤解した帰国者たちをからかっているのか。そうではないだろう。②までは前日の新聞記事のままに、帰国者が二重橋の傍らに立って天皇に帰国の報告をしているところを描いているが、この時、もしもお堀端でひれ伏している人があれば、これらの帰国者が誤解したとしても当然のことではないか。事実上、ほかにどんな理由があって、この場所でそのような姿勢をとる人がいるだろう。図柄にも皮肉は少しも感じられない。したがって③以下に、天皇に帰国の報告をする軍人にたいする皮肉な視線を見るのは間違いだ。彼らと乞食のような男のあいだにあるのは、徹底的な断絶である。

466回（昭和30年4月22日）

それでは、誤解させるような格好をしていた男の姿が滑稽なのか。私たちは、「悠久の大義」とはほど遠い現世的な欲求に我を忘れて白鳥の卵を見つめる男に笑うのか。作品を正直にたどると、そういう結論になる。

しかし作者が、皇国思想に郷愁を感じているのでないことも明らかだろう。『父から学んだこと父として教えること』（ぴいぷる社）のなかで加藤が自分の戦争体験と父親を描いている部分を読むかぎり、それはありえない。たとえば、次のような一節である。

おやじの死は、戦争に対して、「矢折れ、刀尽きた」というような、一種の憤死みたいなところがあった。戦争が激しくなって、息子たちがどんどん戦争にとられて、ぼくに召集令状が来

たときは、弟に言わせると、

「あのぐらいガックリきていたおとうさんは見たことがないよ」

ということだった。ぼくは宇都宮の連隊に入るので、おやじと妹が上野まで送ってきてくれたけれども、後で、妹も同じことを言っていた。（一八八頁）

この正直な思い出話には、皇国思想に対する愛憎も表明されていない代わりに虚飾の入る余地もない。ソ連からの帰国者の行動をからかう気持ちもない代わりに、作者は彼ら軍人と無縁のまま、その誤解を解く気もないようだ。

私はこの作品が文句なく好きなのだが、その理由がここまでの分析では、自分自身判然としないし納得がいかない。もう一度たどり直してみたい。私はこの作品に作者の激しい思い入れのあることを直感している。当初それは軍隊へのひそかな嫌悪だろうと漠然と考えたが、上記のようにたどった限りではそうとは思えない。

この作品では変換はないようにみえるが、実は存在する。四コマの構成は、A-B/A′-B′と考えることができる。現実にあったことをそのまま絵にした[1]と[2]は、その関係を維持したまま、[3]の「われわれの外にもまだああいう人もおります」という一言を導入部分として、[3]と[4]の図柄に変換されている。[1]と[2]に「われわれ」を描き、[3]と[4]に「ああいう人」を描くのだ。「ああいう人」とは、帰国者二人にとっては、自分たちとおなじくいまだに皇国思想を信じ、みずからを「陛下の赤子《せきし》」とみなせる人物であろう。彼らがそのように解釈するのは先に書いたとおり自然なことだ（靖国神社に参拝する二人の帰国者を、新聞記事は皮肉な口調で扱っているが、この作品は彼らの判断のアナクロニズムをからかってはいない。虚心にこの作品を見る読者は納得するだろう)。しかし実際は、空腹を抱えて白鳥の卵に目がくらんだだけの男にすぎなかった。架空のイデオロギーとは無縁の現実生活に追われる男だった。たぶん、これでいいのだろう。

当時小学生だった私は、学校の行き帰りの川端に犬小屋のように小さな乞食の住まいがあったのを覚えている。だから、いかにも漫画の舞台らしく、地べたに坐り込んでタマゴを物ほしげに見つめる登場人物は、さぞかしひもじい思いをしているのだろうと想像しないわけにいかないけれども、それは、当時の夕刊読者の生活水準や生活実感とは必ずしも一致していない。繁栄を謳歌する現在から見ると、やっと戦前並みを回復した昭和三〇年当時は、このような人物が多数いたと思い込みかねないが、それは誤解であって、このようなことをする人物を登場させるのは、もっぱら漫画家の意志に基づいている。漫画家は漫画らしい舞台を利用したまでだ。

加藤は「帰国のごあいさつを申しあげます」というセリフに、「白鳥のタマゴ一個ほしいな……」というセリフを拮抗させようと意志している。これは作品を構造的に見ると明らかになることである。乞食めいた姿勢の男を登場させ、せめてタマゴ一個でもいいからほしいなどと、よほど腹をすかせているからだ、という漫画らしい外見を装いながら、実のところ、作者は、この男が空腹だなどとは一言も書いていない。そのような外見にとらわれずに見直せば、作者の表現したいことは歴然としている。

加藤は、戦前の亡霊のような軍人のアナクロニズムを批判する必要を認めないとしても、漫画家としての自分をソ連からの二人の帰国者を契機として、はっきり認識し自覚的にとらえなおしている。男は漫画家自身であり、この作品に表現されているのは、ひそかな断固とした漫画家の意志だ。③のセリフと④のセリフの落差に私たちが微笑するとき、その微笑は、私たちの思い込んでいるより、ひょっとしたらずっと長い射程で、落差の背後にあるものを見抜いているのかもしれない。それは空腹をかかえた男の切ない思いを、単純に冷笑しているのではなく、アナクロニズムだという批判をもって自己の主張とせずに、舞台の上に「からだを張って」表現している漫画家を受け入れている微笑である。

●ハエと漫画――490回（昭和三〇年五月一七日）

余談だが、たしかに当時はたくさんハエがいた。昨今の若い人は、学校の歴史の授業で昔はハエが多かったなどと教わることはあるまいし、知らないことだろうが、この漫画はさほど誇張があるわけではない。首のやたらに長いフラスコのようなハエ取り器があって、広がった口の部分で食事前になると天井のハエをつかまえたものだ。飛べるくせに、きまってハエは水が入った底の部分に落ちてしまうのが不思議だった。この漫画に出てくるハエ叩きもしょっちゅう振り回さなければならなかった。そんなわけで、この年の六月には、厚生省が計画して三年がかりで蚊とハエを撲滅する国民運動が開始されることになる（六月一五日朝刊）。

いったいこの漫画はどこが面白いのだろうか。注文を取りにきたウエイターは、ブンブン飛び回るハエがさっぱり気にならないらしい。一方、空腹で不機嫌そうな老人は、ハエが五月蝿《うるさ》くて我慢できない様子だ。客が料理を決めるのをすまして待っているウエイターに、老人は苦情を言うかわ

490回（昭和30年５月17日）

りに狙いすました指先でハエをはじいて、それが不快だという自分の立場を知らせる。口をきくのも不愉快で「これ!!」と言ったきりだ。もちろん老人は、まずハエを何とかしろと言いたいのである。はっと我に返った表情のウエイターは、ようやくハエの存在に気づいたようだ。恐縮した顔つきでハエ叩きをもってきた。私たちは融通のきかないウエイターを笑い、空腹を抱えた客だというのにハエ叩きをさせられそうな成り行きに啞然としている老人を笑う。

しかし、この漫画に私たちがつかのま失笑するとき、上記のように分析的に理解しているのではない。加藤はもっと漫画家らしい方法で私たちを笑わせるすべを心得ている。

つまりこうだ。当時ハエはどこにでもいたので、たとえば、先に取りあげた１４３回の漫画でも、黒い木製のゴミ箱の周囲にはハエが我が物顔で飛びまわっていた。その作品にハエが描かれていないのは、歴史の教科書がハエに関する記述を省略するのと同じ理由からである。つまり、ハエが歴史を左右したり、人心を左右したりすることは普通はないから、気にとめていないのである。換言すれば、焦点がハエに合っていない。焦点が合えば、この作品と同じようにコマのなかにうるさく旋回する線を描かねばならない。そのような作品はほかにもある。この作品では私たちは旋回するわずらわしい線のおかげで、はじめからハエに焦点が合っている。だから老人の不愉快そうな表情には、ただちに共感も同情もする。同時にハエにさっぱり頓着する気色のない放心したウエイターは、それだけで私たちの失笑を誘う。ウエイターには、蠅のうるさく旋回する線が見えないのだ。

当たり前のことを言うなと叱られそうだが、消極的な一面とはいえ、ここには漫画家と漫画の存在理由が示されている。当時は食事時とか、食物にハエがとまってでもいないかぎり、気にとめないことが多かった。人間はやむをえずハエと共存していたといってもいい。当時の生活のなかに、うるさい線はあってないようなものだった。そのようなときに、環境衛生などとは無縁の視点でハエに焦点を合わせて、たくさんの線が存在することを書き留めたのは、おそらく漫画だけではないだろうか（川柳などにもあるだろうか）。今でこそ室内にハエが一匹でも侵入して羽音をたてて飛び回ると、みんなで大騒ぎすることもあるが、そのような事実を書き留めておくのは漫画だけになるだろう。この作品は、漫画家の視線、漫画の視点が不思議な魅力を備えている好例である。

●浮気な亭主――５３９回（昭和三〇年七月六日）

ワイシャツについた口紅にかっとした細君が包丁を持ち出して亭主に突進、と思ったら庭の水道栓につながったホースを一閃二閃して寸断する。絵も巧みなら、現実におきた事件の調理法もあざやかだ。

この作品では、二つの事件が接合されている。当日の夕刊読者は、大笑いしながら前日の記事をはっきりと思い出したことだろう。加藤にはめずらしく性的な話題をあつかっているが、それは漫画になった事件がたまたま性的だったというだけで、性的な興味が先にあったのではない。それでなくても性的な題材をあつかうとどこか卑しげな絵になりがちなものだが、いつもと変わらぬ恬淡《てんたん》さは作者ならではだ。

接合された二つの事件のうちまず一つは、三角関係のもつれから男性性器を切り取るという事件が報じられたことにちなんでいる。見出しは「夫の体の一部を切りとる」となっている。もう一つは、散水用のホースが生き物のようにひとりでに地面に潜り込んでいく原因不明の奇妙な事件が、米国カリフォルニア州で発生したことに絡めている。隣り合う二軒の家の庭で発生したもので、米国中の耳目を集めたらしい。二昼夜で五メートル近くももぐってしまい、引き抜こうとしてもホースが切れそうになるだけで引き抜くことはできなかったという（五日朝刊）。結局、当事者の家では気味悪がって、最終的にそのホースを切断して埋めてしまった。こちらの見出しは「持ち主ついに切断／なおもぐり続けたホース」。

当事者の談話を引用しておこう。少なくとも、目立ちたがり屋の仕組んだ芝居でないことはわかるだろう。「庭を掘り返して地質学者に調べてもらうつもりだったが、母屋も近いことだし、庭もめちゃめちゃになるのでやめた。それにしても見物人と電話の問合わせには気違いになるほどだった」。いまならテレビで大騒ぎになるところである。これら二つの事件が五日の夕刊に並んで報道されている。それが漫画家の手にかかると、このような作品になるわけだ。

ここでは切断という語を媒介として、男性の性器とホースが接合されたことになる。どちらも液体を通す機能があり容易に類推できる共通項をもっているから、二つの事件が一緒に報道されなくても、この接合がおこなわれた可能性はある。

しかし接合が容易だとはいっても、五日の夕刊読者が両方の記事からこの作品を空想できるわけ

539回（昭和30年7月6日）

ではない。読者としての立場から見て、二つの事件を知らずにこの作品に笑うのと、二つの事件を知って笑うのでは、大きな隔たりがあるだろう。前者の場合には、私たちは単に性的興味から失笑するだけだが、後者の場合には、私たちは漫画家の視線を追体験して、彼が実際におきた事件を加工する手並みのあざやかさに拍手を送るのだから。『まっぴら君』に関わるこの漫画家の想像力の自由は、上記のような事件を必要としたのであって、それら二つの事件がおきなければ、この作品が生まれることはなかった。肝心なのはその点である。

それにしても激情に駆られたとはいえ、直線的に進んで陰惨な傷害事件をおこす必要はないので、この細君のようなユーモアをもてれば幸いなことである。これだけみごとにホースを寸断できれば、細君の胸はきっと晴れたに違いないし、亭主も細君の腕前に肝を冷やしたことだろう。この作品からえられる教訓は貴重である。

●小学生の自殺――540回（昭和三〇年七月七日）

これは翌日の作品。学校で教師にしかられた小学校二年生の男子生徒が、帰宅途中に列車に飛び込み自殺をした事件が前日の朝刊に報道されており、それに関連して寄せられた評論家のおおよそ次のようなコメント（七月六日朝刊）から発想したものと思われる。

全くありえないような話です。……本当に自殺したのなら、よほど感受性の鋭い特殊な児童に違いないと思います。先生のしかり方に問題はないでしょうが、先生が同じしかり方をしても受ける側の性質によって大変な違いがくるのですから、先生は子供の個性をよく知っておかね

540回（昭和30年7月7日）

ばならないと思います。

落書きをしたのが誰かきつい調子で子供たちにただすと、ひとりの子供の表情がさっと変わった。浴衣《ゆかた》姿の男はそれを見逃さずに追及した。見破られた子供は、男の剣幕にどうなるか恐ろしくて顔をあげることすらできない。すると仲間の子供たちが、反撃に出た。この反撃はなかなか頭脳的だ。同世代の自殺とあって、子供たちも新聞に顔を突っこんで上記のコメントを一心に読んだということか。浴衣姿の男はそれを読んでいるから、感受性が一番鋭いと聞いては、たじろがざるをえない。自殺でもされたら大変である……。

そこまででは、前日発生した子供の自殺をまねただけの芸のない作品になってしまう。作者はあざやかな一言を加えている。仲間の子供が、落書きを自分で消す羽目になった浴衣姿の男に無邪気に自慢する。「こう見えても二番目はぼくさ」。つまり、一番鋭いのから一番鋭くないのまで（無段階的に）感受性の序列があって、子供たちはそのどこかに位置づけられていることになる。それを暗示して浴衣姿の男を脅かしたりからかったりするのが、このセリフである。少なくとも一番鋭くないのは叱ってもいいいだろうが、さてそれをどうやって識別すればよいのか。浴衣姿の男が今後対応に苦慮するのは明らかだ。「わかった、わかった、あっちでおあそび!!」、浴衣姿の男としてはそう言うよりほかなかったに違いない。

加藤は自分を何でも許されている戯作者とはみなしていないし、何でも笑いとばす権利を漫画に与えてはいない。だから前日に報道された、現実に起きた子供の自殺を題材に漫画を作るのは、漫画家として現実にかかわる基本的な態度をしっかり自覚していなければできないことであろうし、その作品から醸し出される笑いの質についてはっきり計測できなければ、発表はためらわれることであろう。

この作品では、子供に対する大人の対応の仕方に焦点が合わされており、笑いは叱るに叱れず途方にくれる浴衣姿の男を中心におきる。なるほど「こう見えても二番目はぼくさ」という憎いセリフは、あくまでもかつての自分を理解できなくなった大人を軽く嘲笑するためのしかけに違いない。

●空前の横領事件――878回（昭和三一年六月一六日）

多久島という農林省の二十六歳の事務官が五千万円以上の公金を横領して逮捕された事件（六日

に自首）にちなんだもので、その後、捜査の進展にしたがって、犯人の行状や共犯者の追及があれこれ取り沙汰されて、連日のように紙面をにぎわした。この作品は、それらの記事がほぼ出つくした十日後のものである。

大金を横領した事件そのものは、自首して逮捕された翌日に漫画になっている（869回）。『日本史年表』（岩波書店）によれば、前年昭和三〇（一九五五）年後半より神武景気に入っていた。今では、政治家による開いた口がふさがらないような巨額の収賄がいくつも露見しているから、役人の横領などあまり目立たないが、当時ロードショーの入場料が二百五十円、指定席がその倍の四百円（昭和三一年六月の日比谷映画館）である。レンタル・ビデオの普及で映画館の入場料の値上げは

878回（昭和31年6月16日）

鈍っているが、ほぼ現在の十分の一。貨幣価値は少なく見積もっても十倍だから、やはり大金であろう。

昭和三一年の経済白書によれば、三〇年度は「戦後経済最良の年」と言われている。「三つの理想的発展があったから」である。以下にこの三点に関して引用する。

第一は、国際収支の大巾改善である。三〇年度の国際収支は五三五百万ドルの黒字を示し、この間の特需収入は五七〇百万ドルであつたから、ほぼ特需分だけが黒字に転化したことになる。……三〇年度には日本経済年来の宿願であつた特需なくしての均衡に到達することができた。……ドル準備が九億ドル弱に増加した。……このドル準備だけで現在の輸入水準を約四カ月支えることができ、西ドイツ、フランス、イタリアなみのドル保有高に近づいた。……

第二は、インフレなき経済の拡大である。輸出の好調を背景に鉱工業生産は一二％増大し、そのうえ天候に恵まれて農業生産も対前年度一九％増の豊作となり、国民所得は約一割の増加を示した。……

第三は、経済正常化の進展である。戦後久しきにわたつて猛威をたくましくしたインフレは、経済の各部面にその傷痕を残していたのであるが、三〇年度においてはまず金融面において顕著な改善がみられた。

かくして、この昭和三一（一九五六）年の経済白書の有名な一節が結語として書かれることになる。

いまや経済の回復による浮揚力はほぼ使い尽された。なるほど、貧乏な日本のこと故、世界の他の国々にくらべれば、消費や投資の潜在需要はまだ高いかもしれないが、戦後の一時期にくらべれば、その欲望の熾烈さは明かに減少した。もはや「戦後」ではない。われわれはいまや異つた事態に当面しようとしている。回復を通じての成長は終つた。今後の成長は近代化によつて支えられる。

誇らしげに謳いあげられた昭和三〇（一九五五）年前後の日本経済の動きと、一人の若い農林省事務官のあいだを直接に糸で結ぶことはできない。それにしても、「文書偽造はやすやす」できる「のん気なお役所」（どちらも六月六日の夕刊見出し）に勤務する事務官ではあっても、それだけに一層、激動し成長する日本の動きを知らずに横領したとは思われない。そもそも多久島にかぎらず当時の日本人はみな、成長しつつある社会を共有している気持ちが強かったのではなかったか。それは、所在なげに窓から外を眺めるこの漫画の主人公とて同じなのだ。躍動する社会が一方にあればこそ、この男は手持ちぶさたな表情をすることにもなる。発展期の社会が一方にあればこそ、この男の無力の影は濃くなるというものだ。引用した経済白書の一節と比較しても、しょぼくれた印象の今回の作品と鮮やかに対照をなしている。

この作品は、「多久島を見習え!!」としかられた無職の青年が、発作的に猟銃で自殺しようとして未遂におわった事件にヒントをえている（六月一四日朝日新聞夕刊）。八十歳になる老人が同居人の無職の青年に「多久島はあの若さで一億円も作ったのに同じ年のあんたはダラシがない。せめて一年半分のたまった間代位なんとかしなさい」と言ったところ「憤然、自殺を図る」結果になったもの。幸い自分に向けて発射した猟銃の弾はそれたけれども、ショックで気絶した。この記事のまま作品にしたのでは、二番煎じとか剽窃《ひょうせつ》の非難を浴びかねないし、なにより作者の漫画家魂が不服であろう。作者は十分にひねりをきかせている。

しばらくぶりの梅雨の晴れ間に窓を開けて「不景気そうなつら」をした男がぼんやり窓の外を眺めている。神武以来の好景気にひとり取り残されているらしい。好景気の世相をわきまえずに見たのでは、この男の心中は浮かんでこない。ふと窓のしたを見ると水たまりに自分の顔が映っている。つくづくのぞきこんでいると、水に映った顔が不意に「多久島を見習え!!」と本物を一喝する。本物は腹を立て、身を乗り出して水たまりを何度もたたく。

4が無力な腹立たしさを定着できたのは、水たまりが相手だからであろう。自分を一喝した相手の姿をこなごなに砕いてはみたものの、待っていれば、それは再び像を結ぶ。しかも、たった今感じた憤懣がやがて消えてしまうように、水たまりもいつかなくなってしまう。ここでは水鏡のはかなさが、映った当人の心のこわばり、世間から取り残されたはっきりしない孤立感と皮肉な対照をなしている。鏡が相手ではこうはいかない。醜く怒った顔を冷やかに映し出したままになるか、逆に割ってしまえば二度と姿を映さない。

しかし水たまりの効果は、単に無力な怒りを明らかにするだけではない。見習うべき男として横領犯が名指しであげられている一方で、「多久島を見習え!!」としかった老人は、水に映った自分自身の影像に変換されている。新聞報道によって作者と読者は、横領犯の人間像を共有しているから、名指しにすることによって、この作品に登場した不景気な男の見習いたい人間がどのような人物か、すぐにわかるわけだ。何人もの愛人を囲い、多くの男たちを事件に巻きこんで自殺者まで出しておきながら平然としている等々。

とはいっても、実はこの横領犯の人間像は少しも明らかではない。ちょっとでも反省的に多久島について考えてみれば、手応えのない情報ばかりなのに気づく。それは昨今の事件の場合とて同じことで、何か事件をおこした犯人を思い浮かべてみればすぐにわかることである。つまり、この「不景気そうなつら」の男に反省的な思案を強制したのが水たまりなのは偶然ではない。水たまりは、この男の反省的な思案の性格に対応している。水に映った自己の分身が、当時の社会面をにぎわした男（にぎわしただけで決して鮮明な像を結ばない）を名指しであげて見習えと一喝したのは、批判的な視点をもつ作者としては計算しつくした構図だった。つまり水たまりに映った影像がおこ

139回（昭和29年5月24日）

なう非難は最初から空しいのである。④に示された無力な怒りは、その非難に釣り合っている。すべては水たまりを中心に起きた、夢のようにはかない幻覚にすぎない。それは題材にした自殺未遂事件のばかばかしさに釣り合っていると言うべきだろう。

雨がやんだあと、しばし姿を現わす水たまりは、加藤のお気に入りの舞台設定である。水たまりを使った初出は139回（昭和二九年五月二四日、前頁）。いれ歯と下駄の歯の取り違いを、放射能で汚染された雨に絡めたもの。すでに水たまりは何が出てくるか分からないほど深いし、そこから笑いの種を探し出そうとしているものの、「眼がかすんで」しまったおばあちゃんに傑作を捕まえるのは無理だし、窓から体を乗り出したまっぴら君にも無理だろう。この作品と878回以降の水たまりの用い方を比べれば、洗練の差は歴然としている。

●さまざまな雨具――1229回（昭和三二年六月九日）

レインコートの襟を立ててさっそうと雨のなかへと出ていく若い男がいるかと思えば、褌一つで銭湯にかけこむ老人がいる（当時は、まだ明るいうちからこんなかっこうで昂然と銭湯に出かける老人が確かにいた）。彼らに見ほれる女性もそれぞれ世代が違う。これは何ともいえず気持ちのよい作品で、夕刊を開いた読者は一見して自分のほほえみを貴重なものに感じたことだろう。ほんの一週間前に大日本ヤケクソ教教祖が登場して（六月二日、1222回、八〇頁）、米国や英国によっておこなわれた原水爆実験による放射能汚染を予言したばかりの梅雨空だということも、読者はしばし忘れたに違いない。たぶん確かに、加藤自身もそれを忘れていたと思われる。

この作品の外部的な制作動因は何だろうか。大きな見出しつきで報道されるような事件から題材を得ているとは思われない。紙面の片隅の、なにかささやかな逸話からとられたのかもしれないと探してみたが、関連を確信できるような記事は見つからなかった。しかし調べていて、すぐに目についた挿絵がある。前日の家庭欄に「手軽にできる／雨具の防水」と題した記事があって、東京家政学院短大講師の話を取材しており、この記事中にレインコートと傘の挿絵が載っている。それがこの作品の制作動因だろうと思うが、両者を関連づけて論ずることはしない。その必要もない。

この整然とした構成方法は、加藤の得意とするもので、対比的な二つの項目を重ねて面白さを出している。対句的な構成といってもよい。ここでは、老若の対比（さらにその内部に男女の対比）、

1229回（昭和32年6月9日）

着衣と裸の対比（さらにその奥に着飾った若者の意気軒昂な心情と、枯れきって飾らぬ老人のありのままの元気のよさの対比）、雨のなかに出ていくものと屋根の下に駆けこむものの対比（その奥に、困難に立ち向かう若さと平安に安らぐ老いの対比）、左向きと右向きの対比などがあり、四コマを上下半分ずつ使ってこれらを明瞭に描き分けることで、対比的な構成方法を利用した作品の典型となっている。そしてそれら対称的な光景を、読者も共有している梅雨空が包んでいる。

この作品にどうして私たちはほほえむのか。明らかに上記のような対比的な構成そのものが、読者を愉快な気持ちにさせる。まるで入れ子になった精巧な小箱を開いてゆくような心持ちになって、中に何が入っているか、くすぐったいようなかすかな期待を抱いて蓋《ふた》を開いていく。私たちは、この作品を二度見直し、三度味わうことになるだろう。それは、この精巧な仕掛けが、たどるだけで楽しいからだ。

もう一度繰り返そう。この作品の素晴らしさは、構成だけが読者に提供しているものである。言い換えると、一コマ一コマを見ても、漫画家の絵がすでにそれだけで読者の笑みを誘うという点を考慮しなければ、なんら笑いや微笑を誘う要素はないのである。ストーリーすらない。四コマはばらばらで、登場人物たちは視線を交わすことすらなかったはずだ。すべてはほとんど機械的な組み合わせから生じている。それ自体は少しも漫画的ではない光景が四つ並べられただけで、それらの作り出す関係が、清潔なほほえましさを醸《かも》し出している。これは不思議なことだ。私は、四コマ並んでいるからといって初めから漫画作品であると信じるべきではないと考えるが、この作品は、そんな不信を軽やかに飛び越えて澄ましている。

それだけでもうっとうしい季節をいっそ憂鬱にして、大日本ヤケクソ教教祖まで登場したのが、次頁の作品。1229回で浮かべた笑みを新聞読者が貴重に感じるのも、こんな事情が背後にあるおかげということか。

こちらは本当にヤケクソなのではないかという疑問を禁じえない。背景には、太平洋クリスマス島近海で行なわれた英国の水爆実験と米国ネバダ州で行なわれた核実験による放射能汚染問題がある。異様な風体、異様な顔つきは、それだけで日常的な感覚を超えている。いまでこそ、過激な漫画が多いからさほど目立たないが、昭和三二年当時はさぞかし読者を驚かしたことだろう。当夜の新聞の社会面を開いた読者は、この作品に吹き出しただろうが、同時にやりきれない気持ちを味わったに違いない。そのやりきれなさは、読者がこの狂気と紙一重の教祖を笑いながら、共感を感じて帰依《きえ》しかねないからこそ生じる。

英、再び水爆実験

"広島原爆"の二百五十倍の威力

今計画中最大の、

【水爆実験部隊一日発（リチャード・ブマード記者）UP特約】英国は一日早朝クリスマス島とモールデン島の間で第二回の水爆を爆発させた。実験はグリニッチ標準時三十一日午後七時三十六分（日本時間一日午前四時三十六分）に行なわれた。前回の実験のときの厳重な警戒はいくらか緩められ、こんどは十一人の英国人記者が実験場から五十六キロ離れた英フリゲート艦アラート号（一、五九〇トン）上で実験を目撃することを許された。

立ちのぼるキノコ雲　五月十五日クリスマス島で行なわれた英国の第一回水爆実験で空中高く立ちのぼるキノコ雲（UP特約電送）

（毎日新聞、昭和32年6月1日）

前日の夕刊一面に掲載された幅千六百メートルに達するというキノコ雲の写真（六月一日）は、読者を暗澹《あんたん》とさせる力を秘めている。広島に投下された原爆の二百五十倍の威力があるという。地球自体のホメオスタシスが狭められてしまったように考えられている現在では考えられない愚行を、ほんの半世紀前に人間は繰り広げたのだ。おそらく

1222回（昭和32年6月2日）

作者がこの写真を見すえているうちに、「大日本ヤケクソ教」教祖は出現したのだろう。この時、教祖が作品にあるとおりの演説をし、「あめふり」を歌いながら踊るのを、作者ははっきり見たのだ。作者は、見たとおりの幻覚を描いたのでは漫画にならないことを知っていた。ほんの少しだけ手を加えて、かろうじて漫画家としての責任を果たしている。それは④で視点を後退させ、この人物を説明するとともに、それを漫画に変える野次馬を書き添えたことを指す。

●ヒバチ屋さんのパフォーマンス——1761回（昭和三三年一二月一日）

ひょっとすると火鉢といわれてわからない若い人も、今ではいるのだろうか。絵にもあるように大きな植木鉢のような陶磁器で、そこに満たした灰のなかで木炭を燃やして暖房する道具である。木炭に関して詳しい記事が、一一月二八日の朝日新聞夕刊の家庭欄に「木炭／去年より百円安い」の見出しで掲載されている。また、三〇日の読売新聞夕刊には、「人工木炭も出る」の見出しで暖房法の現状を手ぎわよくまとめた記事もある。

おそらく、この読売新聞の記事あたりが作者に制作の初動を与えたのだろう。この記事は、「炭」と「電気器具」を分けて論じているが、「炭を追い込んでいるのが電気器具とガス用品」と、炭の窮状は既定の事実であるような口ぶりだ。一方、ややさかのぼる前記朝日新聞の記事によれば、「ナラ丸上が一俵五百五、六十円といったところ」とある。丸とは樹木の皮のついたまま割ってい

1761回（昭和33年12月1日）

ない円筒形の炭をいうらしい。割よりも丸の方が、見栄えばかりか火持ちもよかったようである。

上記のような記事が掲載されている事実から推察すれば、この作品の掲載された当時、火鉢はまだ冬の必需品だったのだろう。しかも電気や灯油を使った暖房具に追い込まれているのは明らかだったらしい。

この漫画によって、私は改めて火鉢の命脈について考えた。いまならパフォーマンスという便利な言葉があるから、火鉢を知る人たち相手ならこのヒバチ屋さんはたいそう受けるかもしれないが、電気、ガス、灯油などの普及と新しい暖房具の登場で、この当時このような宣伝をしても無念な思いをするだけだったのだろう。すでにこれより五年前の昭和二八（一九五三）年一二月三日の読売新聞に、「石油コンロ／なぜ燈油不足か」の見出しで「〝扱いが簡便で、燃料費も安くつく〟とあって、一躍庶民の家庭生活のちょう児となった石油コンロ」が取り上げられている。この記事によればすでにその当時、全国で百四十万台が使われ、普及の早さに売り惜しみと買いだめが拍車をかけて、灯油が不足していたのである。

この作品の作られた翌年、昭和三四（一九五九）年一月になると石油の需要増加に押されて、三井鉱山が労働組合に六千人の希望退職を募る企業再建案を提示する。おりしもナベゾコ景気だったから、この労使の対立は世相を暗いものにしただろう。石油の需要増加は、石炭ばかりでなく火鉢の命運も大きく左右したはずである。今も火鉢が細々と命脈をつないでいるのは、近ごろ私の母が骨董屋に、家の裏に野ざらしのまま投げ出してあった火鉢をいい値段で売却したのだから明らかだ。しかし、どうせまともに暖房目的で使われるとも思えない。電気で暖房する一方、インテリアとして木炭の火をおこす程度に決まっている。好事家《こうずか》の趣味程度の命脈では、生きているうちにも入るまい。

そんなわけで、私はこのヒバチ屋のいう楽しみがわかる最後の世代ということになるかもしれない。といってもおぼえているのは、火のなかに水をこぼしてもうもうと灰を舞い上げたり、餅を焼いていいて灰のなかに落としたりしたことであって、格別楽しいことではない。この作品のとおり、灰をならしてなかに入っているごみを拾い出した経験もある。確かに硬貨が出てきたこともあったような気がするし、焦げたミカンの皮を拾い出したこともある。そんなことを思い出せば、今でもミカンの皮の焦げるにおいが鼻先をよぎるようだ。

二度とそんな機会はないだろうし、思い出だから楽しいのだろう。それなら、あれこれ子供の頃を思い出しながらこの漫画を見る読者がこの作品を気に入ったところで、まったくの誤解からということになるだろうか。漫画家がもっていた視点を、読者の私は時間の経過によって遅まきながらも与えられたのか。新製品の便利さや経済性にばかり目を奪われ、消費者は火鉢に見向きもしなくなるのである。おそらく木炭暖房からガスや灯油を使った新しい暖房への変化は、二、三年後には雪崩を打つようにおきたことだろう。そのような端緒にあって、こうして早々とノスタルジーあふれる作品を作る漫画家の目は、いったいどのような仕組みになっているのか。

総理府統計局の編纂した『日本統計年鑑』を調べて驚いた。作品は、まさに節目のときに現われている。昭和三三（一九五八）年をなかに、前後十年の木炭と灯油の消費量を示しておく。ご覧のように、木炭の生産高は昭和三二（一九五七）年を頂点として以降は急落し、そんな木炭の命運を知らぬげに灯油の販売量は急ピッチで上昇している。

ここにも16回の作品（三七頁）や6068回の作品（二一九頁）と同じく、同時代者だけが味わえる問題が端的に現われる。この日、夕刊を開いてこの作品に出会った人々は、この作品のどこに笑うのだろうか。引かれ者の小唄に失笑するのか。それともいささかヒバチ屋さんに対する同情と共感があって微笑するのか。どちらとも決めることはできないだろう。読者の人生に対する関わり方に帰着することだろうから。

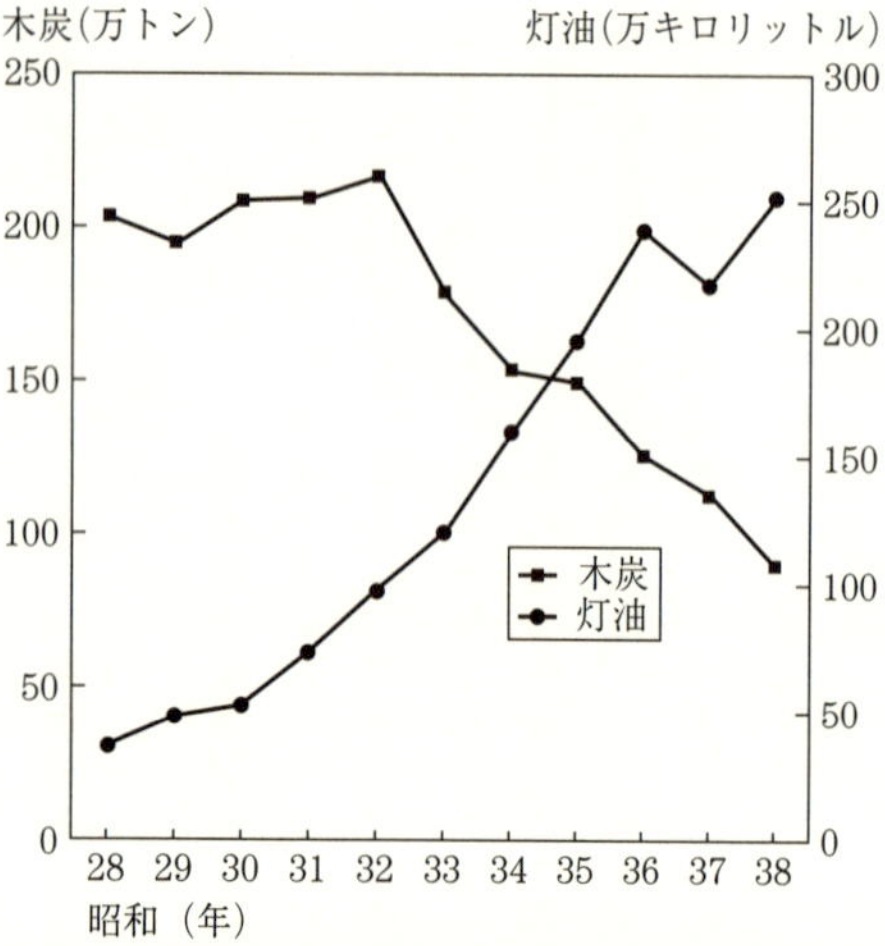

木炭と灯油の消費量の推移（総理府統計局編：日本統計年鑑より。灯油は昭和31年以降、ジェット燃料油を含む。木炭は昭和30年以降、自家消費用も含む）

作者には、前者の嘲笑を求める気持ちはないのだが、読者の笑いがどの辺でおきるか、たいして期待していないように思われる。説明役の読者代表の表情は、火鉢の運命に興味はなさそうだし、ぞろぞろ集まった人々とパフォーマーのヒバチ屋さんとのあいだには、何ら感情の交流が感じられない。作者は漫画作法の必然的配慮で読者を視野に入れているが、実のところ、経済性一辺倒の読者など眼中にないというのが真相で、ここでは一心にヒバチ屋さんに肩入れしているようである。

●犯人扱いされた少年――1824回（昭和三四年二月七日）

一月の下旬に東京荒川区で発生した通り魔事件をあつかっている（被害者は十名、うち一名は即死）。「三日間の傷ではもの足りない。もう一度やる」（二月一日夕刊）などと書いた脅迫状を何通も被害者たちに送りつけて、犯人は派手な動きをした。そのためもあるのか、この作品に先だって四回も同じ事件をとりあげており、さらにこの作品の翌日も針供養《はりくよう》にちなんで豆腐に針を刺す「針供養の通り魔」をあつかっている。どれもまったく異なる作品になっているが、そのうちの出色の作品がこれである。

この作品は、直接には前日の朝刊に「うわさがウワサを生みあせった捜査本部」という見出しで

1824回（昭和34年2月7日）

書かれた記事を題材としている。「保護した」上で追及していた十六歳の少年のアリバイが成立して、捜査が振り出しに戻ったのである。少年と犯行を結んだのは、彼が犯行現場の近くに住んでいたという事実だけだった。犯人は神奈川県の藤沢局管内から脅迫状を投函したりしているのだから、少年が犯人であるかどうかは被疑者あつかいをする前にわかるはずのことである。脅迫状に浮き足立ったのは、まず警察だったらしく、結局、事件は迷宮入りになった。

父親を手伝って客先で炭を切ったりしている（それがアリバイになった）薪炭商の息子が犯人あつかいされた。作品では、この少年を刺青《いれずみ》をしたチンピラに変換しているだけだが、その変換の内容にはかなり微妙なものがある。加藤は、容疑者あつかいされた実在の少年を、この作品のなかでからかい半分に語られたとおりの少年とみなしているらしい。つまり、親孝行で働き者、親切でやさしく、明るくて男っぷりがいい少年としてである。紙面では、アリバイが成立するまでの少年はかなり皮肉っぽい疑わしげな口調で語られていたから、そのような少年像は記事にもとづくというより、作者の想像力や生活感情にもとづくと思われる。この作品の気持ちのよさは、強がっているくせに素直なところもあるこの少年像に由来する。それは作者の資質によるものだが、四コマの枠から外に出して素材となった事件に触れさせると、それはかなり辛辣なものに変貌する。

この漫画は、うわさに振り回されて薪炭商の三男に嫌疑をかけた人々にとっては、かなり痛烈な批判だったはずだ。さらに進めて、新聞の報道の仕方自体を叱正しているようにも思われる。実際、この事件に関しては、てのひらを返すような取材態度の豹変が、三大新聞いずれも見苦しいほどである。最近の新聞はこの点いくらか改善されていると言えるかもしれない。

「これでよう、このオレがよう、もし容疑者として連れていかれたとしたらよう、近所ではどういうウワサをするかな？」。

これが問題の立て方だ。ここではこのような問題を提出した少年と、モデルになった実在の少年とが似ているかどうかを問う必要はない。問題の提出方法が解答を規定するのが普通であるから、こんな口調で問いが出されたら、大人たちの解答の大勢はいちいち聞かなくてもわかるだろう。おそらく薪炭商の息子も、そのような解答の大勢を導く安易な思考経路とウワサの増幅経路によって容疑者に祭りあげられたにちがいない。

しかしこの漫画家の出した解答は、見事に常識的・形式的・固定的な見方を覆している。それは漫画家の天邪鬼《あまのじやく》に天地をひっくり返してからかうような、常套的手段のおかげだ。それはそのとおりだが、作品の全体が常套手段を機械的に適用したわけではないことを物語っている。チンピラを怒らせても馬鹿馬鹿しいから口先でお茶を濁しておこうというのではない（もちろんそのように解釈したい人を妨げるものは何もないが）。子供のときから銭湯で一緒になった大人たちは、このチンピラのことをよく知っている。少々足りないところがあって、町内の厄介ものだが、親孝行で気のやさしい明るい性格の少年だということを。虚勢をはって刺青などして、将来は本物のヤクザになるのかもしれないが、少なくともこの晩の少年は、大人たちがからかい半分に言ったことに照れて舌打ちなどして逃げ出すのである。

この幕ぎれには、しかけがある。加藤のいわゆる目くらましがある。言うまでもなく、それは少年が湯からあがって不意に刺青を衆目にさらした光景を言うのである。しかも、その少年の口から新聞批判がそれと聞こえぬ口調でもれるのが痛快なところだ。目くらましは作品に溶けこんでいる。それは、おもに最初に少年の提出した疑問のおかげだが、ほかにも、③まできて向きを変えた少年の頬傷を見せて、作者はちゃんと準備している。遠山の金さんのような仰々しい啖呵《たんか》をきらせずに、さりげなく背中一面の刺青を見せるところにこの作品の眼目があって、その展開の自然さは、漫画家の方法が機械的に適用されたのではないことを物語っている。少年は啖呵をきるどころか、逃げるように立ち去る。そこからすれば、彼の善良さ素朴さは疑いないところで、それが背中の刺青と必ずしもマッチしていないわけではないのが、この作品の面白さである。

そこで否応なく明らかになるのは、一筋縄ではいかない現実、幾重にも包みこまれた真実のありようであって、わずか四コマのあいだに話は二転三転して、現実のそのような複雑さに巧みに分け入っている。

●特急寝台「あさかぜ」に強盗——2122回（昭和三四年一二月二一日）

この作品は、東京発博多行きの特急寝台車「あさかぜ」の二等寝台に強盗が押し入り、客を縛りあげて金品を強奪した事件をあつかっている。午後六時三〇分発車の直後に押し入っており、計画的な犯行である。大阪に到着した寝台車内で取材を受けている胸をはだけた寝間着姿の被害者の写真も掲載されているし、軽便カミソリを突きつけて脅したというのだから、昨今の安易、不条理、凄惨な殺人事件などに比べるとのどかなものである。

犯人は二万六千円入りの財布、高級腕時計、カメラなどを奪ったうえ、自分の「ボログツ」を捨てて被害者の「黒皮手袋をはめ黒短グツにはきかえ」、横浜駅で下車すると姿をくらました。「特急列車の寝台車で強盗事件が発生したのは国鉄始まって以来の出来事」と記事中にあって、五段抜きの見出しがついている（一二月一九日朝刊）。読売新聞も四段抜きの見出しをつけて報じているから、かなり珍しい事件だったのだろう。

この事件からヒントを得たと泥棒は白状しているが、明らかにヒント倒れなので、私たちが事情を飲み込めぬままおかしくてくすくす笑ってしまうのは、ここにも「強情を張る精神」が自分の思考に足をすくわれる滑稽さが巧みに定着されているからである。作者は冷静に自分の思考の頓挫《とんざ》を作品世界に移し変え、その頓挫によって笑いを誘っている。

2122回（昭和34年12月21日）

泥棒が何もとらずに逮捕されてしまった原因は、正しく考えることができなかったところにあるのだが、実は、この考え抜くことができなかった泥棒は、作者自身にほかならない。作者が考え抜くことができなかったのは、ほかでもない、泥棒をする意欲も必然も作者にはないからで、何としても金品を強奪しようと思えば、結果がどうあれ、計画の最初から最後まで、また盗むものの内容まで、しっかり目標を設定するだろう。少なくとも金目の物を盗まなくてはならないし、泥棒はその点を考えないことはまずありえない。が、この泥棒は、寝台車強盗に思考が停止し、寝台車の代わりに乳母車《うばぐるま》をもってきただけで満足してしまった。よほど強盗を働く仕事場として、この泥棒は寝台車が気に入ったのであろう。それは事件を報道する記事を読んでなるほどと感嘆したからである。この点は作者も同じで、泥棒にあいづちを打って、なるほどと感じ入ったらしい。それは次のような被害者の談話である。

二等寝台は二人用で戸を閉めておけば一番安全だと思っていたが、戸をあけて入ってこられると完全な密室だし、進行中は列車の騒音のためいちばん危険だ。

そこで、寝台車を何に変換したものか漫画家は想を練った。なるほどと感じ入ったとき、加藤はただちに自分を泥棒に見立てている。いわば、自分を泥棒に変換している。泥棒として計画を立てているのか、漫画家として想を練っているのか、加藤には必ずしもはっきりしなかったはずだ。言い換えれば、泥棒がおこなった盗みを働く仕事場の変更は、漫画家によっておこなわれた変換そのものなのである。かくして寝台車は身近の類似物として乳母車に変換された。どちらも狭い個室で寝台がある。それに立派な車輪がついている。両者が似ていることに納得のいかない人は、加藤の漫画を読むのは苦痛であろう。

さて、それでは乳母車で強盗を働くとして、何をどうすればよいのか。あいにく、泥棒（としての加藤芳郎）は強盗の仕事場としての乳母車がたいそう気に入ったものの、それ以上考えなかったらしい。もともと盗む気持ちがないのだからやむを得ない。漫画家は先を考える。ただし盗むことをではなく、人を笑わせることをだ。そこで「うばぐるまドロボー」を働く。なにしろこの漫画家は「寝台車強盗」がしてみたくてたまらなかったのだ。その結果、このような作品ができあがる。ともかくも「うばぐるまドロボー」呼ばわりされたではないか。

ヒント倒れでよく考えなかった泥棒は、2に示されているように赤ん坊の処置にさぞ困ったことだろうが、それに関する苦情は作者に対して持ちこむよりほかはない。寝台車強盗にヒントを得た泥棒も作者も、そもそも見習うべき先例は誘拐などしなかったから、誘拐して金を脅し盗ろうなどとはまったく考えないし、問題はあくまでも寝台車に代わるべきものだったから、おそらく乳母車のなかに赤ん坊がいることすら念頭になかっただろう。どこかの会社の常務取締役が寝ているとてっきり思いこんでいたのかもしれない。この思いこみが泥棒の事情によるものか漫画家の事情によるものかは、少なくとも2までは判然としないのだ。

●慈雨台風／漫画家の視線（一）——2335回（昭和三五年七月二七日）

漫画家の視線がどのようなものか明らかにするために、これから三つの作品を考察してみよう。

遥か遠くを眺める視線から生まれる作品が、『まっぴら君』にはしばしば現われる。現在この場所から遠くを眺めるばかりでなく、逆に遠い未来や過去、あるいは遠い場所から、現在（＝作品発表当時）この場所を見るかのような作品もある。「映画のセット」にだまされるまっぴら君（１６回）やヒバチ屋さんのパフォーマンス（１７６１回）もそのような視線ならではだろう。

２３３５回の作品では、雨雲が過ぎ去るのではなく、雨雲の勢力範囲から自動車で抜け出ていく形になっており、次に示す９５６９回（九五頁）の作品では、雨雲と一緒に移動している。どちらも空間的な圧縮がおこなわれていると考えることができる。内容的には、前者は、長いこと晴天続きで一雨ほしかった読者の気持ちを代弁し（作品掲載日の同じ紙面には「７号は慈雨台風？」という見出しで台風の予報記事がある）、後者は逆に雨続きの天候を取り上げ、これを衆参同日選挙の選挙運動に絡めたものである。

まず２３３５回の作品から見ていこう。この作品はどこが面白いのだろう。作品集でこの作品につけられたコメントによれば、東京地方に十八日ぶりの雨とある。その通りなら、①にある運転手と乗客の会話は、実際にあちこちで交わされた会話であろうし、それらの会話を口にしたり耳にしたりしなかったとしても、読者にとっては読みながら自分の口からどちらのセリフが出てもよい、生き生きとした現在進行中の世界であっただろう。①を見たときに、現実の気象条件のおかげですでに私たちは漫画の世界に入りこんでいる（雨が降っていないとしても、すでに台風は接近していたし、強い期待によって漫画の世界に入りこむのは容易だっただろう）。次の②と③で私たちはそのようなせっかくの「いいおしめり」をまさに抜け出てゆこうとする。漫画の世界にいるから、雨の降っている世界と雨の降っていない世界をどちらでも選べる。どちらがよいかとなれば、久々の

2335回（昭和35年7月27日）

お湿りだから、いうまでもないわけだ。

雨が降り出すか止むかは、生活感情のレベルで現在に変化をもたらす契機でありうる。ましてそれまで長いこと雨が降らなかったり、逆に雨が降り続いているなら、その変化は、非常に大きく感じられるから、それまでだらだら続いた現在を過去に変える契機となる。つまり、乾ききっていた世界が過去になるか、降り続いたうっとうしい世界が過去になる。一雨ほしかった読者は、3と4に見られるタクシーの動きに無条件に共感するはずだ。

飛びまわるハエの軌跡を描きこんだ490回（六四頁）のおもしろさと同じように、この作品のおもしろさは大変に漫画的なもので、はっきり示された雨足のおかげで、私たちは日常世界とは別の世界、ささやかな想像の世界を楽しむことができる。想像した世界の楽しみといっても、それは現在を過去に繰り入れる契機となる現実の出来事を模倣しており、その現実の出来事あるいは現実的な期待をてこに、想像世界を現実に引きずりこむのだ。同時に、それによってはじめて遥かな視線が完成する。ここには、現在を読者と共有する漫画家の真骨頂がある。

この作品は、コマのなかに斜めに乱雑に描きこまれた雨足の有無で雨雲の圏内と圏外を描き分けることによって、そこに出入りすることを視覚的に可能にしている。だから、実は、雨雲の勢力圏を識別できるような遥かな視線は、そもそもは単に雨足を描くかどうかに依存していた可能性がある。雨足を描いてみたら遥かな視線が生まれたのかもしれないのだ。2335回の作品の魅力は、遥かな視線と漫画作法の必然のあいだの未分化の状態そのものにあるのではないか。

この点では、次の9569回（次頁）の作品には遥かな視線がはっきり存在している。雨雲の降雨圏を表現した3は、作者が意識しているかどうかにかかわらず、遥かな視線なしにはありえない。1と2には雨足が描かれているけれども、たんに雨足を描いただけでは遥かな視線が生まれるわけではないことがわかる。1、2と3のあいだに歴然と存在するある種のコントラストは、視線の違いによって生まれるものである。当然4には日常的な身近な視線と遥かな視線の二つが混在している。

●雨中の選挙演説／漫画家の視線（二）――9569回（昭和六一年六月二四日）

9569回の作品に初動を与えた記事ははっきりしない。二二日の読売新聞には、雨上がりの国電駅前で演説を聞く人々の写真が掲載されており、作者が居住する選挙区の立候補者の第一声を伝える記事中には「雨の中、傘なしで熱弁」という文句もある。毎日新聞二三日朝刊には「〃集票パフォーマンス〃燃えるは候補者」の見出しのもと、新宿と吉祥寺の街頭でおこなわれたパフォーマンスの写真を入れて「衆参同日選の公示後、初の日曜日の二二日、有権者の関心を少しでも引きつけようと各地でさまざまな《選挙パフォーマンス》が繰り広げられた」ことを伝える記事がある。この記事に添えられた写真を見るかぎり、公示後初めての日曜日は久しぶりに晴れ間がのぞいたようだ。

立候補者を雨男に仕立てたところ、ことに遥かな視線を感じさせる3と4には政治家に対する皮

9569回（昭和61年6月24日）

肉が感じられないことはないけれども、作者はそんな自分の皮肉をそれほど信じてはいないだろう。虚心に見るかぎり、①と②の濡れそぼった二人の男の会話から皮肉は看取できない。そこにあるおもしろさは、皮肉な視線からは生まれない性質のものだ。それは、③と④の視線があってこそ初めて存在することがわかる類の視線、身近な親しげな視線である。この作品は、この対比にすべてを託している。その対比のなかにこそ、密かな批評がある。

すでに触れたように、天候は漫画家と読者が共有している部分の多い話題であるため、たくさんの作品がある。雨天続きも晴天続きも、雪も風も霰《あられ》も雹《ひょう》もみな話題になりうる。しかも、テレビの天気予報を考えるだけでも察しがつくように、大局的な視点が比較的容易に想定し得るから、遥かな視線は、題材として天候と結びつくことが多い。ここでは、雨にちなんで空間的に大所高所に飛びすさる漫画家の視点を取りあげたが、同じ視線から、さまざまなヴァリエーションが生まれると考えていいだろう。

箸《はし》の先の「ワタガシ」そっくりの雨雲からわずかの雨が降る作品（６３７３回）、大気の状態が不安定だと空を見上げる男のそばを歩いていく、傘をさした男の頭上だけ「集中豪雨」の作品（９０５１回）などがある（これらはどのような現実を反映しているか比較的わかりやすい）。傘の内側だけ雨が降るのでずぶぬれになるために傘をさしているような作品（９０３３回）もいくつかある。これらはすでにそのイメージを作者が楽しんでいる趣もあって、遥かな視線を意識させるものではなくなり、次にあげる「対立する二項の同居」に近くなる。つまり、それらの作品では雨天と晴天の同居が前面に出てきている。といっても、そこにも遥かな視線はなくてはならない。それがなければ、対立する二項の同居も不可能である。

●与野党、奇妙な関係／漫画家の視線（三）――6217回（昭和四八年一月三〇日）

対立する二項の同居としては、もっと単純な寒暖の同居がいくつかある。雪の積もった傘をさした男と、頭から湯気をたてて暑がる男が出会う。ここんとこお天気不安定なんですから、めいめい好きな方でいきましょうなどというのが典型的な作品（5041回）。それが変化したミズムシとシモヤケの同居もある（7102回）。なにやら詰まったかますに見入る二人の男が登場して、一人はお賽銭が、もう一人はごみが詰まっていると主張し、めいめいかますに手を突っこんで、それぞれ予想したとおりのものをつかみ出す（6203回）などというヴァリエーションもある。

ここにあげた作品は、ややひねりを加えて、水が凍る凍らないという対立、寒暖の同居に準じた対立を使いながら、それを与野党の対立に重ねて政策論議の不毛をからかっている。

この作品では背景として、三大紙がそろって二九日夕刊でとりあげた、暖冬を証明する新記録がある。もっともわかりやすい読売新聞の見出しには「〝寒冬〟急襲／都心初めて氷点下／あすからまた暖か」とある。この記事の冒頭を引用して説明に代えると、「二十九日、東京都心で今冬初めて気温が氷点下になった。この日まで気温が氷点下にならなかったのは気象庁観測史上初めて」だった。一月末まで気象庁や国会議事堂のある東京都心では、氷がはらなかったというわけだ。凍った凍らないと言い争う二人は、この記事を背景におくと現実味を帯びてくる。暖冬をいぶかっていたと思ったら、急襲した寒波に震えあがった人々にとっては、タイムリーな舞台設定だった。

6217回（昭和48年1月30日）

寒暖の激変にダブらせた与野党対立は、二七日に再開された第七十一特別国会にちなんだもの。当日は、田中角栄が首相就任後初めての施政方針演説をおこなった（二七日夕刊）。作者が直接参考にしたのは、時間的に見て二八日朝刊の「再開国会／首相演説を聞いて」「激動期の哲学不足／物価、土地具体策欠く」の見出しで報道された四野党の批判談話や、二九日夕刊一面に取り上げられた社会党の石橋政嗣書記長の代表質問とそれに対する首相答弁であろう。

この作品を初めて見る人のなかには、ここまで読んできて、気づく人もいるかもしれない。池の水が凍ったか凍らないか言い争う二人の顔つきは、社会党の書記長と自民党総裁を念頭において作りあげたものである。今からみると与野党対立の皮相な構図にしか見えない作品が、二つの無関係な話題を接合した、新聞報道のごく表面に密着した徹底的な時事漫画なのである。

序論で触れたように、もともと加藤芳郎は似顔絵を描くのを原理的にいさぎよしとしないから、時事的な背景を十分にわきまえている読者であっても、3まで進むあいだに二人の男が与野党を代表する議員をモデルにしているとは気づかない可能性がある。この作品の掲載された夕刊の読者ですら、首相の施政方針演説など眼中になければ、二人の男のモデルに気づかない人はかなりいたのではないかと想像する。モデルとなった「与野党の政治家さんたち」を踏まえてこの作品を見直せば、3までには、漫画らしい時事的な面白さがないこともない。作品は、コマを進むにしたがって奥行きをまし、モデルと主題が浮かび上がるしかけになっている。凍ったかどうかを言い争う男たちがモデルと協力して、前景と背景が混沌《こんとん》として、読者のなかに対立のための対立を明らかにする構図を作りだし、ナンセンス漫画の典型となったかもしれない。

とはいえ、無心にこの作品を見たとき、おかしさはあまり感じない。しかし、この作品のために弁明しておくと、痛快さが失《う》せてしまった原因の少なくとも一部は、時間の経過とそれによって私たちの獲得したものの見方のためなのである。

日本の政治システムがいわゆる「五五年体制」になって、この当時すでに十七年が経過していたが、調べたかぎり昭和四八（一九七三）年当時、「五五年体制」という言い方はまだなかったようだ。『現代用語の基礎知識』（自由國民社）をみると、この言葉の初出は昭和五五（一九八〇）年。それ以前にさかのぼると、民社党が昭和五三（一九七八）年の運動方針として、自民党と社会党両党による固定した政治システムの打破を掲げて、ことあるごとに「五五年体制」をあげつらっている。どうもこの言葉は、少数野党である民社党が、政治戦略的な意図から作りだした可能性がある。少なくとも、民社党がこの言葉を周知のものとするのに大いに加担している。

加藤が描いたのは「一見対決姿勢に見える与野党勢力の双方が、相互依存の形で、この体制の現状維持的構造を形成しているという奇妙な関係（昭和五三年の民社党第二十三回定期大会における佐々木良作委員長の挨拶より）」であって、その「奇妙な関係」が政治戦略的な関心にもとづいてクローズアップされるまで、あと五年あまりを要したことになる。まだ人々はその体制の渦中にあって、与野党の対立を一括して眺める視点はなかったらしい。たとえば、この第七十一特別国会の「各党代表質問を聞いて」毎日新聞の記者は次のように記している（一月三一日朝刊）。

二十九日から始まった各党代表質問では政府・与党と野党各党との論議の表面に、水と油が熱いフライパンの上ではじき飛ばし合うような激しい違和感が改めて浮かび上がった。日米安保条約、第四次防衛力整備計画、国際収支対策とインフレーション、地価暴騰、日本列島改造、年金など福祉問題、さらに議員定数の不均衡是正、政治資金規制法改正など野党側がほぼ足並みをそろえて追及した国民の関心事……。

人々が「水と油が熱いフライパンの上ではじき飛ばし合うような激しい違和感」を感じるところに、ナンセンスな対立、馴れ合いじみた永久に繰り返される議論、互いに少しも傷つかぬ論争、そんなものを見る漫画家の視線は尊重されるべきだ。その視線はけっして特殊なものではなく、私たちが普通にもっているものだが、私たちはその視線の活用を普段は怠っている。それを意識することもないし、意識的に捉えかえすのもやさしいことではない。

おそらくここにもヒバチ屋さんのパフォーマンス（1761回）や溺れ死ぬと予言されたハワイにのこのこ出かける男（6068回、二一九頁）を描いた漫画家があらわれる。遥かな視線を云々するゆえんである。

この作品は、そっくりな似顔絵をはじめから必要としていないのであって、モデルになった与野党の代表者は、作品制作に初動をあたえた栄誉をになうのみである。作者の造形意志は、最初から政治的な関心とは微妙にずれたところにある。生の素材で生の笑い（生活の一場面における直接的反応）を作りだすのは、作者の望むところではない。二人の男たちの顔をモデルの顔で置きかえてみれば、事情はいっそうはっきりするだろう。作者の求めるユーモアは、そのような実在の人物を指さして笑える笑いではない。似顔絵の拒否は、内容的な問題全体を規定しており、ここに作者の視線のありようが逆に透けて見える。

寒冷と温暖、与党と野党、雨天と晴天などのような対立する二項の認識は、それ自体が一般的な認識であって個別的ではあり得ない。遥かな視線との類縁性がそこにある。地上何万キロの彼方から人間的規模の個々の事件を認識するのは困難だ。ある批評家の口ぶりを借りれば、そこでは豚の尻尾もゲーテも似たようなものに見えてくる。まして、社会党の主張と自民党の主張の違いを理解するのはむずかしい。彼らの対立が見かけばかりで、対立のための対立にすぎないと見なすのは、むしろ自然なことである。遥かな視線が問題にするのは、矛盾対立する二項の同居そのもので、この作品は「二つのあいだには人の信じているほどの違いはないじゃないか」という感じ方を吟味しようとする試みである。

しかしもともと対立というものが、類似点を前提にしか存在しないのだから、そのような漫画家の試みは、漫画家自身を罠にはめる危険がある。ナンセンスが理に落ちる危険があるからだ。この作品は、そのようなきわどいところにある。その点では、次の作品にあるナンセンスの力は、内発的に損なわれていないと言えるだろう。そこには遥かな視線はなく、ごく日常的な高さと射程距離の視線がある。おかしさはそれだけに一層たしかなものとなっている。

なお、読売新聞平成六年八月二四日の「あの言葉　戦後50年」というコラムによれば、「五五年体制」という言葉の初出は、昭和五一年七月九日号の『朝日ジャーナル』誌に深津真澄氏の書いた「社会党〝終わりの始まり〟か」である。また、さらに遡って昭和三九年六月号の『思想』(岩波書店)では「一九五五年の政治体制」というタイトルで升味準之輔氏の論考がある。しかし、どちらも擬似二大政党制の政治を考察しているだけで、両者の関係を「奇妙な関係」として捉える視点はもっていない。

●コンゴ動乱——2387回(昭和三五年九月一七日)

今、こうして四十年前の漫画を見出して、加藤の愛読者にして、この作品を思い出せる読者が果たして何人いるだろうか。夕刊を開いて社会面のすみに眼をやり、しばし驚き呆れて、それでその日の『まっぴら君』は終わり。記事に目を移したとたん、漫画のことはもうきれいさっぱり頭にない。この日もその程度だったかもしれない。それは世相を覗く前におこなう、軽い準備体操のようなものだ。

2387回（昭和35年9月17日）

この昭和三五（一九六〇）年は、アフリカにとっては記念すべき年で、ヨーロッパの植民地となっていた多数の国々が独立した。コンゴもそのうちの一つでこの年の六月三〇日に独立した。しかし、白人による支配から解放されたとたんに部族抗争が起き、七月に入るとさっそくコンゴ動乱と呼ばれる事態に突入した。この作品の背景にあるクーデタは、その動乱の収まったかにみえた頃になって発生したもので、国内が二派に分かれて対立する事態を収拾しようという軍部の動きが、九月一五日の夕刊から報道されている。

新聞によればコンゴ軍総司令官モブツ大佐が、年末まで「国家元首、現存する二つの政府、両議会の機能を停止させる」ことを決定し、「海外留学生呼び戻し／国政を指導させる」ことになったとある。一八日の解説記事のリードから、当時のコンゴ情勢を抜き書きすると「中央政府がカサブブ大統領派とルムンバ首相派に分裂。そのうえ中央から独立したカタンガ州が加わって対立。抗争を続け混乱に陥っていた〝未熟の独立国〟」とあって、良識的なモブツ大佐の措置も果たして目的を達するかどうか心配な情勢である。

その後のコンゴの政治的な展開をたどると、結局、鼎立《ていりつ》状態は解消できず、五年あまりにわたって分裂したまま抗争を続けて、再びモブツ氏（この時は将軍）が登場して、軍部の力を借りてようやく安定に向かう。

1は、ごく日常的な静けさで始まる。2も無駄口一つたたかず、隠居の身分の二人がいつものように熱心に手合わせしているらしい。聞こえてくるのは、碁盤に置かれる碁石の音だけ。ところが3で突然、一人が妙なことを尋ねる。ここにまず、絵に描いたような目くらましがある。四コマにまとめるにはやや窮屈なほどの展開で、解説の入る4ですべて氷解するように見えて、実はこの突《とっ》飛《ぴ》さそのものは理解できない。

コンゴで発生したクーデタから、黒石だけの囲碁の勝負を思いつくのは、意表を突き目くらましを工夫するのが仕事とはいえ、私などはあきれるばかりである。コンゴという音から「混碁」でも思い浮かんだのだろうか。最終的には4にあるように「コン碁」という文字列になった。黒人から黒石が連想されたのだろう。そして、白人支配から解放されたという歴史的事実が、黒石だけの突飛な勝負に変換されることになる。ともかくおよそこのような次第で、あきれるような作品ができあがったのだろうが、果たして3で二人の口論の意味がわかった読者は何人いるだろうか。漫画家の思考経路の異様さに驚き、敬意を払う方がいいだろう。

作品の意図を合理的に理解するのは、それほど困難ではない。つまり、碁盤をなかにした二人の男のナンセンスな芝居は、まったく別のナンセンスをあからさまにする。コンゴにおける同じ国民同士の武力による権力争いのことである。それを読者に示すためのしかけが、この作品である。このもっとも至極な理解は、だからといって、この作品の奇怪さを取り消すわけではない。もともとこの漫画がなくたって、コンゴ問題の愚かしさにあきれることはできるからだ。

この作品がナンセンスであるなら、ナンセンスとは多少とも軽信の反意語ということにならないか。牛耳《ぎゅうじ》っていた白人の抑圧がとれたとたんに思い思いの集団に分かれて権力争いに明け暮れる人々は、めいめい自分たちの正当性を主張するだろう。それは政治家集団が権力争いに憂き身をやつす昨今の日本の場合も同じである。彼らは自分の正当性が容易に相対化されるのを、目をつぶって見ようとしない。ナンセンスはここぞとばかり、そのような正当性を嘲笑し、笑いとばす。それは政治的な論理から見れば非力には違いないが、個人を鍛え上げる可能性は秘めている。

あらゆる政治的主張は、針で突けば割れる、虚空に浮かんだ風船に似ている。どこからでも突けるのだ。ナンセンス漫画の作者の困難がそこにある。諷刺を金科玉条にしていれば、間違いなく作者がまず飽きてしまうのであって、創作する立場から見れば、諷刺を目的にしうるのは、それが社会的に困難な状況にある場合にかぎるのである。言論の自由が保証された世界で諷刺をしても、多くは泥沼に足をとられるだけだろう。しかもどんな信念の持ち主であれ、序論で示した２４９２回（一三頁）の1に登場する男の独善に陥らずに生活するのは難しい。

正しさを標榜する一切の意見が、虚空に浮かんだ風船と同じ立場にある。ナンセンスは空気のようにそれらの意見を囲んでいる。だからナンセンスは、放っておけばそれらの正しさや意見を酸化し侵食していくだろう。しかし、ナンセンスにできるのはそこまでだ。意見や正しさを掲げる意志が建設的であり、絶えずナンセンスからの攻撃に自分を更新する意志をもつなら、逆説めくが、ナンセンスを利用し尊重する気持ちさえあれば、ナンセンスによる酸化も侵食も起こりえない。結局、ナンセンスの力こそ正しさを鍛える。だからこそ、健全な社会ではナンセンス漫画や諷刺は許される。つまり建設的な精神には、それは恐れる必要のない敵、敵どころか、彼にあっては味方と言うべきなのだ。

この種の作品なら、いくつでも挙げることができる。ここでは8248回と5150回（一〇九頁）の作品を挙げておく。

まず、8248回から見よう。あまりの馬鹿馬鹿しさに、読者は思わずこの眼鏡男と同じ笑い声で応じざるをえなかっただろうか。漫画家が模範とした工事ミスは、九月二日の夕刊に報道された雑居ビルのガス爆発。実況検分の結果、爆発の原因はボイラー室の重油タンクに通じる給油管にガス管を接続したためと判明した。施工後、法律で定められたガス漏れ検査もせずにガスの供給を開始したため、ボイラー室に一時間ほどでガスが充満し、モーターの火花に引火して爆発した。あまりのズサンさに、新聞は四日朝刊の社会面トップを大きくさいて、原因究明の経緯を報道している（以上は朝日新聞による）。4にある「なんというミス！」というセリフは、事件をたどった漫画家の発した言葉であろう。どうも人の悪い話だが（幸い早朝だったため、けが人は少なかった）、漫画家は現実世界のただなかに漫画の国を見出して狂喜しているらしい。

といっても、漫画家は狂喜しているだけではない。作品を周到に仕組んで、私たち読者を翻弄《ほんろう》している。もしも①と②が事実なら「あ、なんだ、なんだ」ではすまないところであって、人は文字どおり度肝を抜かれるに違いない。「藪から棒」どころではないからだ。この眼鏡男は、驚愕より恐怖を感じるはずである。ところが、それが③で一転する。ここにも度肝を抜くような事態が用意してあって、押し入って来たのは現金供給管だった。なんの用意もないのに、たちどころに工事ミスと判断し、突然出現した管に命名できた——つまり事態を把握できた——のは、ほかでもないいつい昨日まで報道されていた先例があったおかげである。

8248回（昭和56年9月5日）

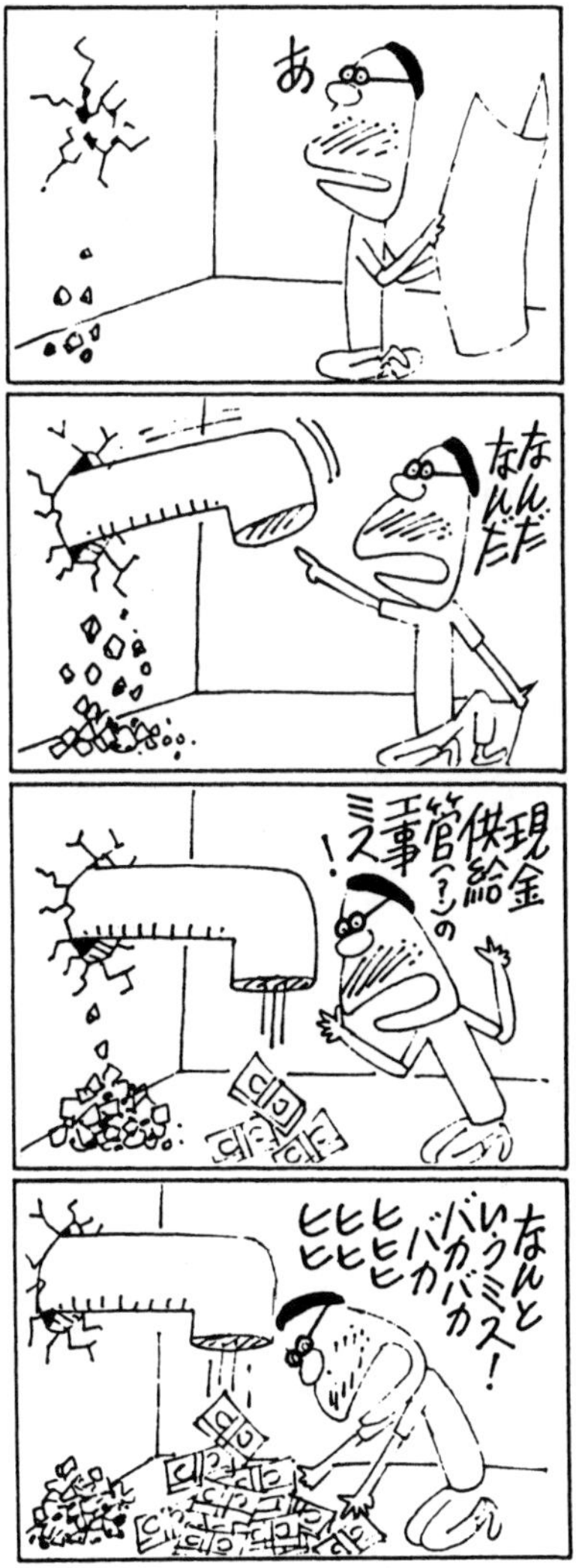

この作品の眼目は、まさしく先例のおかげというところにある。その意味では屈折した形にせよ、作品は現実の事件にかなり依存している。笑いの底が浅いのもそのためだろう。先例となる事故がなければ、眼鏡男は事態が飲み込めないままに腰を抜かして、心身に異常をきたしたかもしれないし、そうなれば、漫画どころの話ではないわけだ。

ナンセンスとしか言いようのない事態、しかも情緒的に背反する事態をたたみかけて読者を笑わせ、漫画家はほくそ笑んでいるらしい。読者としては、驚愕や恐怖を感ずる暇もなく、ただ笑うよりほかに打つ手がなかっただけである。漫画と承知すればこそ笑ってすますけれども、本当のところは漫画家のやり口が腹立たしいのである。

5150回の作品は、六月一四日朝刊の社会面に「一年間も〝汚水生活〟」「〝ズサン工事〟ひた隠し」と見出しを縦横に組んで報じられた記事にちなむもの。集団赤痢が発生し、その原因を調べてゆくうちに、配管工事のミスから一年にわたり工業用水が家庭の水道に送り込まれていた事実が発覚した。小見出しには「うまい水と自慢してたのに」とある。被害者には気の毒だが、一読して、夕刊読者は笑いをこらえられなかったろう。

しかし、よくよく考えてみれば、漫画より漫画めいた現実に、読者は笑うよりも空恐ろしくなったかもしれない。漫画家としても取りあげないわけにはいかなかったろうが、塩素滅菌したうまくない作品になる危険は大いにある。どうもこの作品だって二番煎じだし、空恐ろしい現実にちょっとかなわなかったようだ。作者はあらかじめそれが分かっていたから、視点をずらしたのかもしれない。

というのは、市立公園の人のよさそうな清掃人の絶やさない笑みが、ここでは問題だからだ。彼に悪意はない。彼は無性に嬉しくて仕方がないのである。それが4の「あそこ、あそこ」に正直に表現されている。そりゃ誰だって嬉しいにきまっている。もしも世界が自分の信じていたとおりの秩序をもっていると分かったら。子供がお菓子でできた家を想像するように、漫画家が現実を漫画の国と信じられたら、その日は、終日このような笑顔ですごすだろう。

5150回（昭和44年6月16日）

●ステテコ姿のフルシチョフ——2708回（昭和三六年八月一一日）

ソ連の宇宙飛行士ユリー・アレクセービッチ・ガガーリン少佐が、宇宙船ウォストーク号（東方という意味）で地球を一周して無事に帰還したのが昭和三六（一九六一）年四月一二日。一時間四十八分で地球を一周した。宇宙船本体の重さは約四・七トンだった（四月一三日朝刊）。

それから四カ月後の八月七日に、今度は地球を十七周（二十五時間十八分）してウォストーク二号が帰還に成功する。これは、その乗員チトフ少佐の歓迎レセプションでソ連の首相ニキタ・フルシチョフがおこなった演説の内容を報じる記事（八月一〇日夕刊）にヒントを得た作品。

「ソ連軍事科学の優越が全世界に立証され」て「ウォストーク二号成功以後のフルシチョフ首相は、ますます自信と元気にあふれている」から、その演説は「きわめて強い調子」とも「好戦的」とも見えたことだろうが、実際は、この漫画に描かれた老人の自慢話にもっとも近かったかもしれない。加藤は、たしかにフルシチョフ首相をここに描かれたそっくりさんのような人物と考えていたと思われる。

フルシチョフは、昭和四六（一九七一）年九月一一日に心臓発作で死去している。七十七歳だった。彼の死去を報じる朝日新聞から、この漫画を髣髴とさせる記事を一部引用しておく（昭和四六年九月一三日朝刊）。

米国人にとっては、何が何でも共産主義、つまりソ連が憎かった時代に、しかもそのソ連が米国に対抗しうる軍事力を持始めた時期に、敵側の指導者として現れたのがフルシチョフだった。その強烈な印象が、クツを振上げて国連の演壇をたたきながら長広舌を振った時の迫力とともに、いまなお米国人の記憶に新しい。

三大紙はいずれも、ソ連国内でより海外で圧倒的に評価の高いフルシチョフを、敬愛をこめて回顧している。東西の対立を緩和し、非スターリン化をおこなった点が、西欧を中心に評価されたのである。引用した文章のすぐ後には、「事があればロケットの威力をガチャつかせたフルシチョフ……」という文章もある。

この作品など、フルシチョフがガチャつかせたのはまさにおもちゃの権力だったのではないかと思わせるに十分だ。もっとも、そんな首相であればこそキューバにミサイルを持ちこんで、ケネディ米国大統領とのあいだに第三次世界大戦の一触即発の危機を招いたりもしたのだろう。

2708回（昭和36年8月11日）

フルシチョフの真似をして大見得をきる布袋腹《ほていばら》ステテコ姿の老人は、眺めているだけでもおかしくなってくる魅力にあふれている。しかしそれもひとえに、「ダイジョウブ正気です。あんたもやってごらんなさい。得意のフーさんになったような気分になれますぞ」という正気の返答にかかっている。

変換は、いうまでもなく一国の首相から、ステテコ姿のそっくりさんへとおこなわれている。フルシチョフ首相の演説内容はこのとおりであったし、この口調そのままであったろう。しかし、一国の首相からそっくりさんへと変換されているというのは、現実を尊重した言い方をしているだけである。漫画の世界の登場人物に言わせれば、似ているのは首相の方だと怒るかもしれない。この作品では、最後に変換の方向が見失われるかのようだ。そうだとすれば、それは現実より作品の方が正気に思われるせいである。

①を見て読者はこの人物にただちにフルシチョフ首相を連想する。私たちは、あいにく一国の首相のステテコ姿を見たことはないから、この人物をフルシチョフ自身であると考えることはないだろう。それでも、このような言葉を口にできるのは、彼をのぞいてはいると思えないし、連想とはいっても、ぴったり重なっているから、フルシチョフ当人を見ているといってもさほどの誤解があるわけではない。ましてこのステテコ男のことはフルシチョフ以上に何も知らないのだから。

この間の事情は、漫画家が何を企んでいるのか笑ってやろうと待ち構えながら、いつものように私たちが漫画の世界にはいりこむ、その歩みにほかならない。②でも、セリフの背景がわかっていれば、この二重写しは読者をくすぐることだろう。ステテコ姿のフルシチョフが現れる。確かにこんな布袋腹をしていそうな気がしてくる。漫画家は見てきたような顔をして胸毛まで書き添えている。③で私たちは身構える。漫画家のしかけた笑いがどこから落ちてくるのか気にしながら。そして④で事情を了解する。やはり、残念ながらフルシチョフ首相ではなかったが、このすっ頓狂《とんきょう》な暑気払いをするステテコ男のごく正気の返答は、現実の世界と漫画の世界と一体どちらが滑稽なのかを反省させるに十分だ。漫画家がここにしかけた苦笑は、辛辣である。

お立ち台の上で、得意になって大きな声で自慢をするのは、それが可能であればさぞ痛快なことだろう。ステテコ姿でなかったことは確かだが、フルシチョフもそっくりなことをしたはずだ。しかし、それが「ＴＮＴ火薬一億トン相当の新型爆弾」を製造可能だという自慢だとしたら、あまりにも漫画じみていないだろうか。現実が漫画じみているのでは、漫画家はどうすればよいのか。さらにその上を行こうと、どぎつく誇張に誇張を重ねるか。おそらくそれは不毛な努力であろう。現実とはいえ、それはあくまでも人為の世界のことだ。その世界が多かれ少なかれ漫画じみていることを、本当の漫画家ならとうに知っている。作者はありのままの現実を尊重している。漫画らしからぬ正気の返答は、巧妙なしかけを隠している。

④において、ステテコ男がきっぱりと正気の返答をして読者を驚かせるとき、作者が相変わらずこの人物のなかにフルシチョフ首相を見ているとしたら、どうだろう。加藤の現実を見る視線は、現実を尊重する目つきになったり、滑稽だからと軽んずる目つきになったりと揺れているわけではない。視線は一つで足りる。

虚心にこの作品をたどってみれば、フルシチョフが単に「暑中異変の人」としてあつかわれていないことを、私たちは認めざるを得ない。読者は、笑いの共感のなかでそれを直覚している。ソ連の首相はこのステテコ男にぴったり重なったままで、それは④にいたっても変わらない。というより、④にいたって逆説的にはっきりする。

④の「フーさんになったような気分になれますぞ」というセリフは、このステテコ男に読者が重ねてみていたフルシチョフを外在化して、この漫画の世界から押し出してしまうではないかという異議が出るかもしれない。④に至って、①も②もフルシチョフ自身が語ったのではないということがはっきりしてしまうではないかと反論されるかもしれない。しかし作品の自律性を手に入れるには、実在の人物とこのステテコ男をいったん切り離すことが、作者にはどうしても必要だった。それはこの男をステテコ姿にしたときからの計画だ。①も②も正気の男が語ったのだということこそ漫画家が描きたいことで、フルシチョフも同じく正気だということが明らかにできなければ、作者がこの作品で狙ったことは実現しない。この作品は正気の世界を描いているので、この漫画がおかしいとすれば、正気の世界がおかしいのだということを、作品が鮮やかに示している。

●カンニング――2913回（昭和三七年三月一〇日）

これはカンニングした受験生の氏名を公表したある有名私立大学の措置を報じる、三月八日の朝日新聞朝刊の記事をあつかっているものと思われる。新聞の論調は、大学の措置を明らかに批判している。カンニングした生徒の出身校も、コメントを求められた東京教育大学名誉教授の福原麟太郎も、この大学の措置に批判的で、氏名まで公表するには及ばないとしている。この大学側のカン

2913回（昭和37年3月10日）

ニングに対する同じ措置は初めてではなく、この二、三年前にもあったらしい。「厳粛な入学試験を乱す不正行為を憎み、他の受験生の注意を促すため」氏名を公表している、という教務課の談話が載っている。

この作品では、一見カンニングという語から自由に連想して、必ずしもこの報道記事に密着した変換はしていないように見える。しかし、しかつめらしい発言をした教務課の担当者に（彼は大学自体を象徴するだろう）、3の立腹した御仁をなぞらえるのは的はずれではない。作者の意図もそこにある。大学側の談話は、氏名まで公表する必然を明かしていないし、批判に対する回答にはなっていない。

この作品はどこが面白いのだろうか、改めて考えてみることにしよう。カンニングされた眼鏡男は何を怒っているのか。のぞいた結果として、同じ料理を注文しなかったというのならまだしも、同じ料理を食べたいというのなら構わないではないか。それなら、この男のセリフにあるとおり、のぞかれたという事実がこの御仁を不愉快にするのであろうか。そうとしか考えられないが、それにしてもレストランで食事をしながら、他人から見られないと信じこんでいるとするなら、それも妙ではないか。

一方、カンニングした若い男に非がないわけではない。何も眼鏡男が食べている料理に人の視線を集めるために大声を出す必要はない。しかし、ここでは考慮すべき因子を増やすわけにはいかない。視線を集めたといってもせいぜい数人であろうし、大声といっても、聞こえよがしに怒鳴ったわけではない。怒ってナイフとフォークを大きな音を立てて皿に置いたりしなければ、いつまでも眼鏡男を注視している私のような物好きがいたとは思えない。眼鏡男のセリフにそって、カンニングされたという事実がどうしてこの眼鏡男を怒らせたのか考えてみよう。

実は加藤の作品には、ベンチで食事する人の弁当をのぞく設定がかなりある。あれこれ栄養のバランスについて言われて怒り出す人はいるが（1718回）、のぞかれただけで腹を立てた人はいなかったと記憶する。レストランの食事と違って、弁当には生活がストレートに出るであろうし、のぞき見されて不快になるのは、弁当の方が大いにありそうなものだが、これはどうしたことだろうか。

たとえば、2941回の作品では、通りすがりの見ず知らずの男が要求したおかずを、開いた口に黙って入れてやるほど、弁当を食う男は物わかりがいい。３５８９回の作品では「ひとの弁当を覗きたくなる悪いくせ」をもつ男が登場する。弁当を食べている男は、怒るどころか「変わった変質者だなあ」と鷹揚《おうよう》にあきれている。

さらにここに示す４２８４回の作品では、２９１３回と同じ状況でありながら、料理をのぞかれた男は悠然と構えて、食う気がしなくなるどころではない。真似する方もあっぱれなもので、食後にたばこの煙で輪を作るところまで真似て、「どうしてオレってこう盗用の才能にめぐまれちゃってるのかなあ」と自画自賛している。こうなると真似される方も得意げに見えないことはない。背景の事件は誰でも察しがつくだろうが、デザインの盗作が露見して問題となったものである（この

4284回（昭和41年７月15日）

作品は、漫画家自身を戯画化したもので、この自画自賛は、世相から「盗用」して作品にする加藤の密かな自負の表明である)。

これらの登場人物に比べると、2913回の作品に登場する眼鏡男の尊大さとユーモアの欠如はきわだっている。まったくのところ、大声を出した若い男の非礼をなじるくらいなら「この料理はまずいからよし給え」とでも反撃すればよかった。ただし、これは料理が旨ければの話である。

ぶしつけにのぞかれると、その時にしていたことを続ける気持ちは薄れるものだろう。自分の行為に一心に打ちこんでいるほど気が散るし、邪魔が入ったと思うことは間違いない。そのかぎり眼鏡男の不快には同情すべき点がある。しかし、この程度のぶしつけで本当に食欲が失せるだろうか……こんな調子でこの眼鏡男を批判しようとしても無駄なことだ。この眼鏡男は「食う気がしなくなったから、食う気がしなくなったと言ったまでだ」と反論するだろう。まことにそのとおりで、要するにこの男は他人の些細な無礼を盾に、このときとばかり自分の尊大さをひけらかしているにすぎない。実体が伴わないのだから、これこそ目くらましである。私たちは、若い男の困りきった表情に共感して④で微笑するが、そのとき意識するにしろしないにしろ、眼鏡男のこわもてに出た態度を笑っている。

「礼に非《あら》ざれば視《み》ることなかれ、礼に非ざれば聴くことなかれ、礼に非ざれば言うことなかれ、礼に非ざれば動くことなかれ」という孔子の教えを、某有名大学文学部の教務課はわきまえなかったらしい。孔子顔という言葉もあるし、この眼鏡男のユーモアの欠如から推理して、論語読みの論語知らずとはこの男のことかもしれない。

●幼児の事故多発——２９４６回（昭和三七年四月一二日）

前日の朝刊に「アッ、危ない！　幼児から目を離さないで」という見出しで大きな記事がある。この作品の掲載された当日の朝日新聞も「また子どもの事故」という見出しで、幼児たちの事故を大きく取りあつかっている。以下にこの作品の制作に初動を与えた、前掲の毎日新聞の記事から引用する。

三月一日から四月十日までの幼児（一～五才）の事故は二十四件、うち十九人が死亡している。交通事故は十一人で六人が死に、水死と転落死は十三人。年齢別にみると一～二才の幼児の死

2946回（昭和37年４月12日）

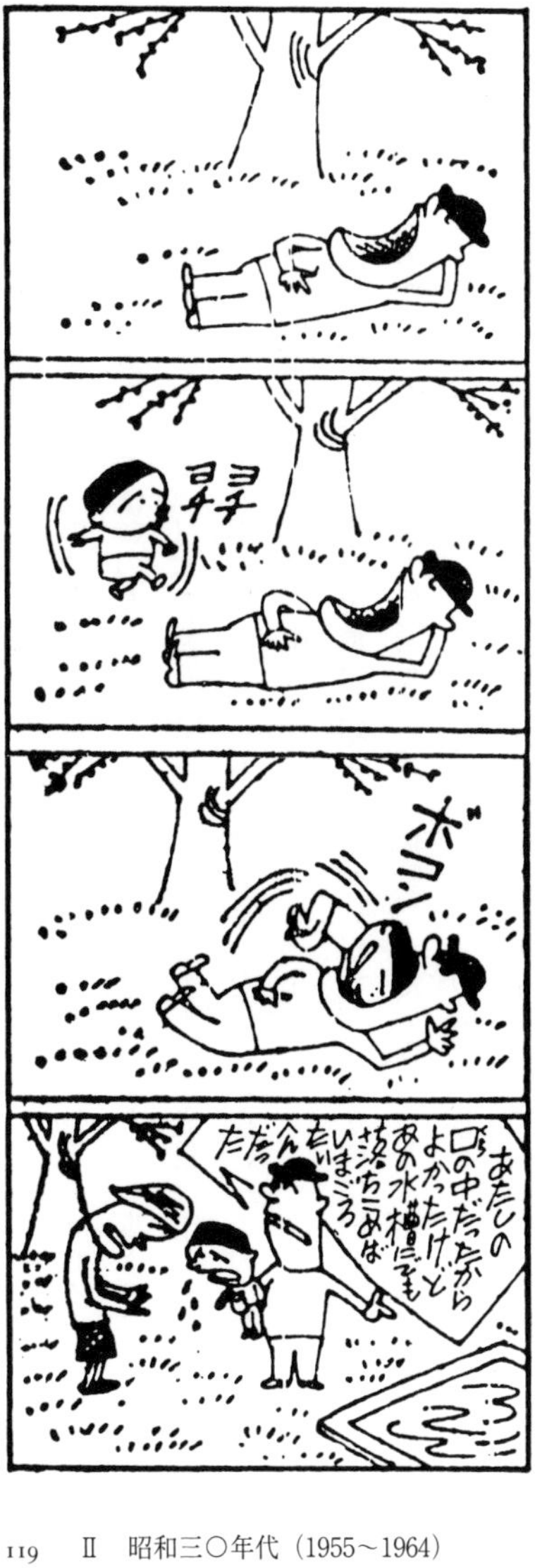

亡が十二人と圧倒的に多い。

この数字は東京都内にかぎったものである。この記事とともに、ガードレールはおろか歩道と車道の区別もない通りの、道幅いっぱいのダンプカーを遠望する前景で、よちよち歩きの子供たちが遊んでいる写真が掲載されている。日本の発展途上において、このような光景は至るところにあったであろうし、それがために子供の事故数が増加した時期もあったに違いない。この作品は、おそらくそのような時期に掲載されたものである。

それこそあいた口が塞がらないような突飛な発想に納得がいかず、大きな口に関わりのある記事が見つからないものかと、あれこれ三大新聞を捜したが無駄だった。ひょっとしたら、どこかで大きな口を開けて眠りこけている人を見たのかもしれないし、作品の構想を考えあぐねているうちにあくびが出て、それをさっそく利用したのかもしれないから、アイディアの根源を探っても無駄だと考える人もあろう。私にしても、たとえ大きな口を開いている人の写真が新聞に掲載されていようと、それとも自分のあくびから着想したのであろうと、そのようなアイディアの出所と、それを取り上げて作品にまとめる意義は無関係だとわきまえているつもりだが、どこか心細いらしい。たしかに、私はこの意義さえつかめれば不服はなかったはずだ。そうと決まったら、腹をくくって漫画家の秘密に素手で立ち向かうことにしよう。

実は上記のようなことを書いたあとで気づいたのだが、大きな口を開いた作品のモデルとおぼしい人がいないことはない。先に引用した記事が掲載されているその同じ紙面に、練り歯磨きを宣伝する歯並びのきれいな青春歌手の大きな写真があった。この歌手は口の大きいことで有名だった。

位置関係からすると、後ろ姿の幼児を飲み込もうとしているように見えないことはない。私自身は、この広告写真こそ目くらましにふさわしいアイディアの源と信じている。

この突拍子もない発想の意味するものは何か。この作品は、危うく惨事になるのを免れた挿話をあつかっている。「口の中だったからよかったけどあの水槽にでも落ちこめば」、わずかのスキに④に現われる母親の人生は暗転したはずである。しかし幸いなことに、この母子に惨事はおきなかった。

惨事にならない点は同じでも、もっとまっとうな状況を考えてみよう。この子が水の入ったバケツのなかに頭から落ちて、張り裂けんばかりに泣く事態になったとしよう。大人たちは大笑いするだろうが、これでは漫画にはならない（それだけで漫画にする人もいるだろうし、それで読者を笑わせる手腕をもつ漫画家もいるだろうが、加藤の狙いとは異なる）。漫画にならないばかりか、たまたま惨事を免れたということすら母親は気づかずに、無邪気に笑い転げて通り過ぎてしまうだろう。

加藤はそのような日常生活の忘恩を見逃さない。そのような生活上の忘恩に気づかない漫画は、加藤のものではない。作者は何も大それたことを要求しているのではない。一瞬ひやりとするだけの聡明さがあれば、それでいいのである。それさえ忘れなければ、それら多くの挿話は笑いごとですませて構わないことに属する。加藤が表現したいことはそっちにある。その意味では、笑いにささやかな社会的制裁を認めたベルクソンの笑い論は、作者に親しい。

日常生活では、私たちは大半の偶然に気づかずに通り過ぎる。そうであるかぎり不遜な忘恩の徒であることを免れない。この偶然の内実をいちいち知る羽目になったら、未来は恐怖に満たされてしまう。そもそも、気づかずに通り過ぎる偶然は、存在しないも同様である。あらかじめ考えることのできる偶然はありえない。

加藤はこの事情をよく知っている。この漫画家は、毎日ばらばらの事実から四つを拾い集めて作品に組み立てている。その典型として、１２２９回（七七頁）を挙げておこう。彼の作品は偶然の妙を造形しているのだ。そのなかに偶然そのものを問題にした作品がいくつかある。たとえば、３０２３回は「スレスレの一日」と題されている。スレスレのところでさまざまな危難を逃れた男の一日が綴られている（右上）。それがどんな幸運にせよ、偶然に期待しなければならないとしたら、生きていくことはできない。私たちはそれなりに注意を払って生活しているので、その注意の及ぶ範囲を出たところでおきる可能性のあることを列挙しても、通常意味はない。注意しなければならないのに注意を怠ったこと、つまり不注意を指弾されるべきことすら、しばしば何事もおこらずに過ぎ去っていく。その種の幸運があったことを後で知って、ひやりとした経験はだれにもあるだろう。

要するに、この作品では惨事はおきなかった。しかし、それはたまたま惨事にならなかっただけである。それを強調するために、幼児の頭を丸呑みできる大口が登場している。この偶然にひやりとするがいい、そして幸運に感謝するがいい。作者はそう考える。

もう一度この作品に戻ろう。1と2に描かれた大きな口をみて「子供が落ちたら危ないな」と考えた人がいるだろうか。2ではいるかもしれない。が気遣っている間もなく事故はおきてしまった。この幼児は誘われるようにおぼつかない足どりで歩み寄って、落ちたというより頭から投身した。穴があればのぞきたくなるだろうし、赤ん坊がのぞけば、身長のわりに頭が大きいから頭から投身することもあるだろう。本当に事故はあれよあれよという間におきるものだ。とはいっても寝ていた人の口のなかだから、大事には至らない……。

しかし、3まで見てきて笑える人がいるだろうか。笑うとすればこの幼児の格好と擬音にであるか、さもなければこの突飛さにであろう。率直にみれば、この状況の全体はむしろ読者を驚かすので、その笑いは不意をくらった驚きを粉飾するものである。もしそうなら、作者は狙ったとおりの結果を得る。ひやりとしたり、どきりとさせることこそ3の狙いだったのだから。

●生放送のテレビ番組――3279回（昭和三八年三月一八日）

これはラジオ・テレビ番組のページにある「マイクへ一言」という投書欄（一六日夕刊）に掲載された意見二つと、それに対する報道局次長の弁明にちなんだ作品。事件を投書の文面から再構成すると、「春夏秋冬」というテレビ番組でゲストの動物園園長がロレツの回らぬ醜態を演じ、さすがに非情のカメラも目をそむけていた。ああした事態になったら、番組を変更してレギュラーだけで何か話した方がいい、というものである。

ここで問題となっている一三日におこなわれた生放送のテレビ番組を加藤が見ていたのかどうか

わからないが、作品制作の初動を与えたのは、日時から見て一六日の投書であろう。投書は二通とも、酔っ払ってテレビ出演した人物と、そのような酩酊状態のゲストを登場させた制作者を非難するものである。しかし次長の話を信じるかぎり、そのような椿事《ちんじ》の出来はやむをえなかった面もあるようだ。報道局次長の弁明の一部を次に引用する（引用に際して酔ったゲストの名前は伏せた）。

テレビはこわいもので、酒に強い人でも、強いライトにあたると急に酔いがまわってくることが多い。酔っぱらいタレントがよく問題になるが、最初から酔っぱらいを出すわけはなく、打合せの時は平常どおりだった。ところがはじまって二、三分もするとしゃべり方がおかしくなる。放送後、××さんは非常に恐縮され、また局にも抗議電が殺到したが、いちいち自分が電話に出てあやまっておられた。

テレビの前にあぐらをかいて坐った亭主関白然とした和服姿の男は、すでに目がすわってしまっているのに、習慣からテレビのスイッチを入れる。すると画面には自分と同じく、酒で顔を赤くしたうつろな目つきの男が映る。亭主は、また酔っぱらってテレビ出演して勝手なことを言っている奴がいると思ったようだ。威厳を示すくせが出て「けしからん!!」と声を張り上げ、細君に抗議の電話をかけるように要求する。何事かと細君と娘が見ると、亭主にして父親である和服男は、鏡をのぞきこんで、ゲスト出演者が酔ってるぞと悪態をついている最中。

先のゲスト出演者がこの漫画を見たとしたら辛い思いをしただろうが、作品自体は酔ったテレビ出演者をからかうものではない。むしろ自分のことを棚に上げて、けしからんなどといきまく視聴者をからかうもので、この舞台設定は、酔っぱらいの愚行を借りて、問わず語りに作者の円満なテレビ観を表明している。

変換は、テレビの出演者から視聴者へとおこなわれているが、まず、この変換が可能であるとする作者の考え方に意味がある。加藤としては②の絵は、日頃から描いておきたいと思っていたイメージではなかっただろうか。見られるものと見るもの、テレビ出演者とテレビ視聴者との相互変換の可能性が、ここには鮮やかに定着されている。テレビ番組をけしからんとか下らないという意見は、テレビ視聴者がわが身に投げかける批評にほかならないという考え方がこの作品の底にある。この考え方は、「白鳥のタマゴ一個ほしいな……」とつぶやくみすぼらしい男を借りて、漫画家たらんとする断固とした意志を表明した加藤ならではのものである。言い換えれば、現世的な欲求を

3279回（昭和38年3月18日）

前に正直であるとともに、世相をそれと同じ正直な視線で見守ることを自分の務めとした漫画家ならではのものである。

私は未確認なのだが、この作品につけられた作品集のコメントが言うとおり、酔っぱらったゲスト出演者が「テレビはつまらない」などと発言したのだとすれば、酔ったうえの失言であったかぎり彼は恥じるべきであろう。作品の構成は、そのような発言のあったことを思わせる批評を蔵している。しかし、そうした発言の有無に関わりなく、2の絵が喚起するその根源的な批評は強力なものである。

このときすでにテレビ放送開始から十年が経過しているから、強い照明によって急激に酔いが回ることはわかっていたはずだが、このような失敗とその抗議電話に応接することを繰り返しながら、ビデオテープの普及も手伝って、テレビの画面は予定したことしかおこらない整然としたものへと仕上がっていったものと思われる。報道局次長は弁明の最後に、今後は出演前に一滴も酒を飲まないように注意することを励行したいと表明し、以降は録画に切り替えると断っている。

●花見酒――３３００回（昭和三八年四月八日）

この作品の受け取り方はさまざまだろう。この父親に失笑をもらす人もいれば、笑いごとではない人もいるはずだ。軽蔑から共感まで微妙なニュアンスの違いをはらんで、多様な笑いが可能である。ただし、それはこの作品の解釈の可能性が同じように多様だということを意味しない。加藤が読者に求める笑いの質は、かなり明瞭である。

3300回（昭和38年4月8日）

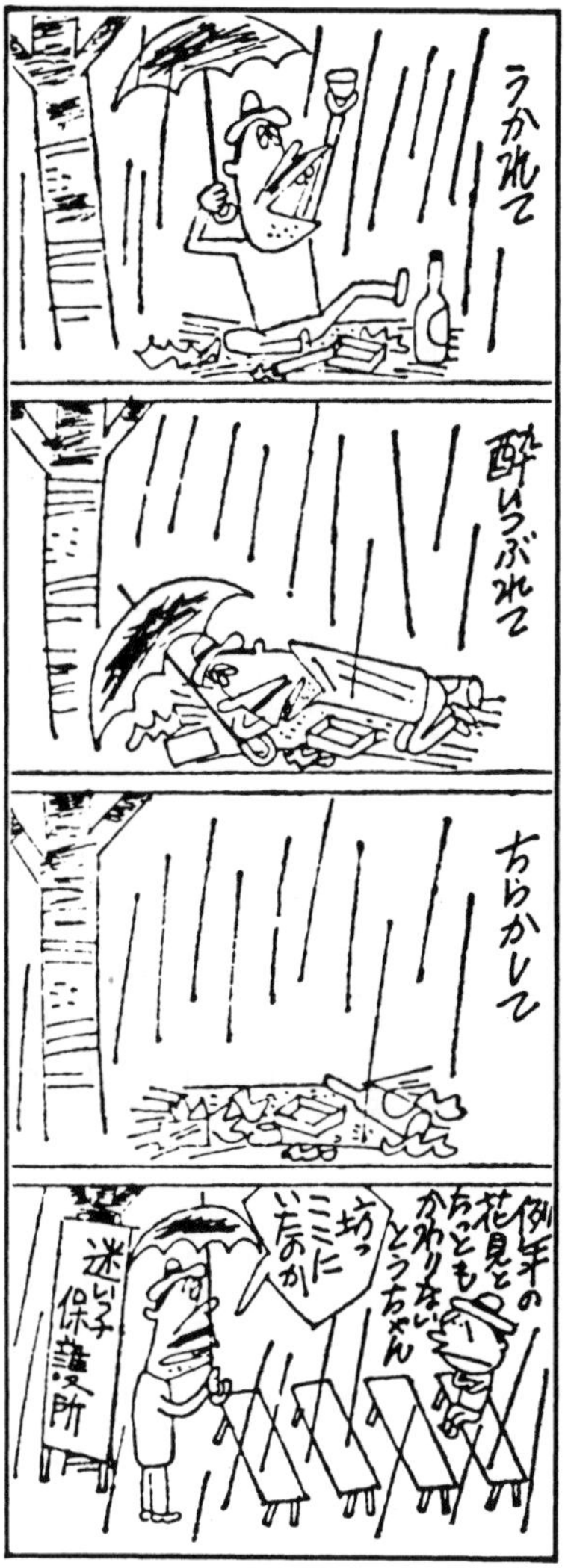

前日七日の朝刊に「花はよし、土曜だし／ゆうべ上野に四万の人出」という見出しで、夜桜のしたで浮かれている花見客の大きな写真と記事が出ている。その記事によれば、この七日日曜は午後から雨の予報。おそらく作者が、翌日掲載のこの作品に頭を悩ましていた頃には雨が降りはじめていたらしい。たぶん、作品中に描かれた雨足は制作中の現実を反映している。

しかし、作者がこの作品を作る主要な動因となったのは、この記事ではなく、前々日六日の夕刊に出ていた花見とは無関係の記事であろう。それは「抜き取って酔いつぶれ」という見出しで報道された、郵便局員の不祥事である。路上で酔いつぶれていた男を保護しようと所持品を調べていたところ、ポケットからある書房宛の開封した普通郵便が四通も出てきた。結局、郵便局員が同封されていた切手と現金を抜き取り、それで酒を飲んで帰宅する途中で酔いつぶれたものと判明した。皮肉なことにこの記事の隣りには、桜の咲いた校庭を入学式場へ行列を作って歩む小学一年生たちの晴れやかな写真がある。ここにも、ガラスと氷、ホースと男根を接合した視線がある。

漫画家は一介の郵便局員の愚行を皮肉りたかったのではない。首相の犯罪に読者の耳目を集めるのも、一介の郵便局員の愚行を題材に作品を作るのも、創作である限り何らの違いはない。この日もいつもと同じように作品を作るために精魂を傾ける。そして、まるで誂《あつら》えたような格好の偶然を得て、ある意味でこの漫画家の創作態度の基本を明かすような作品を得た。もちろん、二つ並んだ記事が、あらかじめ仕組んだような偶然に見えるのも、作品ができあがって眼前にあればこそである。

作品は、並んでいた二つの記事にもとづいて愚かな郵便局員を子連れの中年男に変換して、広大な無意識の世界に翻弄される人性を鮮やかにまとめている。作者は、ずっと年下の郵便局員の愚行を単なる愚行として一笑に付してはいない。しかし、郵便局員の心中を理解しようなどということは最初から望んではいないから、一人で茶碗酒を飲んで浮かれる男の心事を作者は忖度《そんたく》しようとはしない。「うかれて、酔いつぶれて、ちらかして」しまったと、うわべだけをさらりと描いている。

この子連れ男の花見酒は、それだけで物語のエピソードめいているが、見たとおり無口な子連れ男の愚行にすぎない。作者が語りたいのは、背後のストーリーではない。この作品が明かすのは、無意識の広大な世界の存在することと、それに触れる大切さである。同系列の最初の印象深い漫画として、二人の屑拾いの男が何気ない景気の挨拶を交わすだけの作品（143回、五一頁）がある。

この作品と同じように、今回の作品でも無意識の世界ははっきりと信頼をよせられている。

　郵便局員の犯罪動機が飲み代ほしさだとするなら、この作品に登場する男の酒を飲む動機は桜の美しさということになるか。それならこの作品に一片の桜の花びらすら描かれていないのはなぜなのか。作者はそんな動機などどちらも信じてはいないだろう。信じているのは、雨のなか傘をさしてまで酒を飲んで浮かれる男を衝き動かしている無意識そのものだ。おそらく、漫画にもならないような愚行を犯した郵便局員の無意識すら信頼している。彼らの無意識を信頼しているように見えるのは、結局、私心のない創作活動に身を預け得たからである。人は、自分の憤懣を紛らすために床屋政談で首相を批判することもする。自分の不安をくらますために女を愛したつもりになることもできる。そんなやり方から遠ざかること。それは創作においても決して容易ではない。

　誰も自分の無意識の世界を御することなどできはしない。そんな気になっているにすぎない。私たちはせいぜいその世界を尊重することができるだけだ。尊重するとはこうして正直にありのままに見ることだ。①と②を描く作者の視線はそう言いたげである。③の人気《ひとけ》のない空間の印象深さは、空の一升瓶や食べ残しのこびりついた経木など「ちらかして」いったすべてに、この男の知らない彼自身のすべてが刻印されているからだ。ここには、当人がいたのではその蔭になって描けない彼の別の面が描かれている。たとえば、この無人の一コマは、『まっぴら君』の代表作の一つである3

527回の1（前頁）と通じるものがある。

酔いつぶれた郵便局員や傘をさして茶碗酒を飲む男の無意識を探っても、酔い痴れる本当の動機を見出せないというのではない。もっともらしい動機を探し出すのもできないことではないだろうが、それは大した問題ではない。迷い子保護所で父親を待っていた子供と、その子供を迎えに来た父親とどちらが迷い子なのか、作者にははっきりしている。子供も、おそらくすべてを理解している。自分と父とどちらが迷子なのかすら理解している。「ちっともかわりないとうちゃん」に対して子供の立場から表明している不満は、皮肉でも揶揄でもない。もっと直接的な叱咤激励といったほうがいい。

子供のこの適切な批評は、一方でこの作品の印象を陳腐なものにする。作者は迷いの多い大人を追認するために、このセリフを子供につぶやかせているから。しかし、他方で臆せずにそれを表明することによって、作品は新芽をつけた若木の力強さを秘めることができた。この一言は、未来へ向けて成長し変化してゆかなければならない子供の決意表明に等しいものとなり、それによって作品全体が救い出されているからである。

●目を突きそうな傘の先——3352回（昭和三八年五月三一日）

やや遡った二六日の読売新聞朝刊の紙面に「小暴力に活用を／軽犯罪法できて十五年」という見出しで、この月の二九日に全国防犯少年課長会議が開かれるという記事がある。掲載日との関連から推定して、その会議の結果を報道する記事がこの作品に着想を与えたと考えたのだが、その会議の結果を報じる記事は、三大新聞で当たったかぎりでは見つからなかった。それ以外の記事にも目を通したが、やはりこの作品にふさわしい記事は見当たらなかった。ただし、断定はできないが、私としては、この作品を念頭に何度か三大紙を見直すたびに目に留まった記事を、この作品に初動を与えたものと信じたい気がしている。

それは、二九日の朝日新聞朝刊の東京版に掲載されている、小暴力や軽犯罪とは無関係の記事である。「ハイヒールで歩けぬ」「銀座の舗道を整形手術」という見出しを縦横にあしらって、尖ったヒールの先を敷石の溝にとられた足下の写真が入っている。写真は説明的で気が利かないが、「八丁目が汚名返上」すべく舗道の改修に至る趣旨は、一目瞭然になっている。

3352回（昭和38年5月31日）

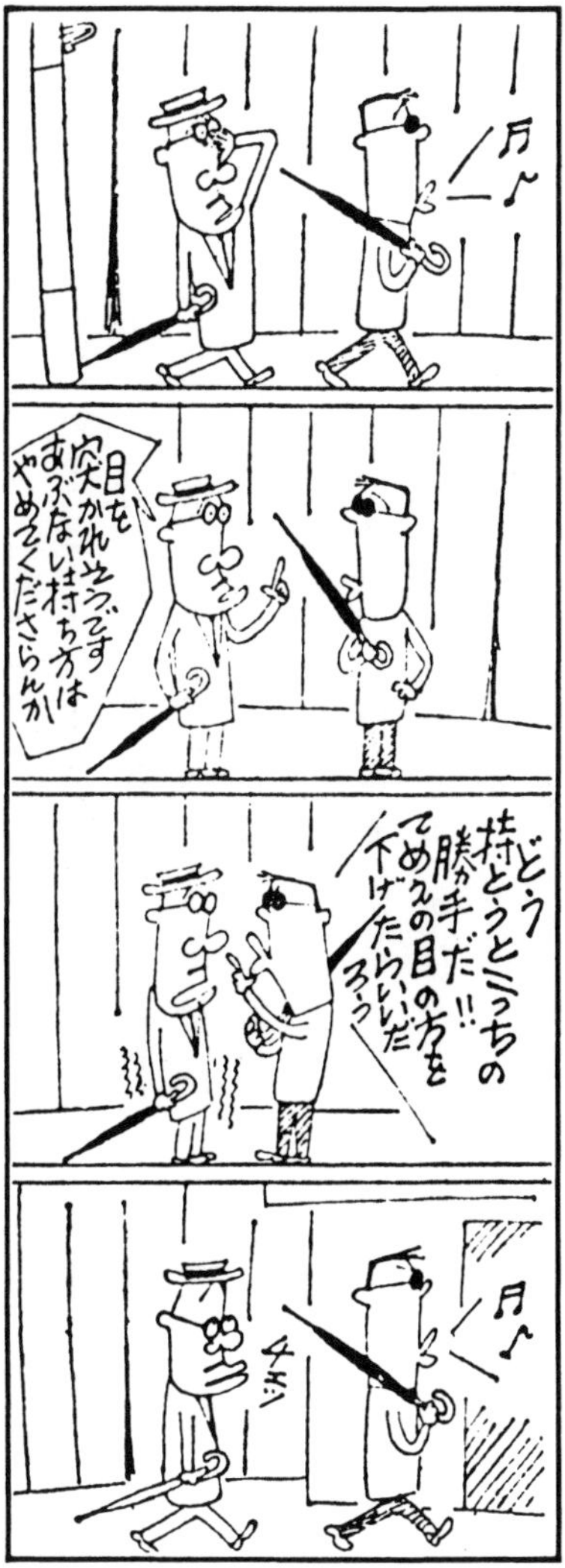

記事によれば、「敷石の四すみがけずられ、ななめ格子に組まれているため、人工的に深さ二十センチほどのミゾがあいている」という。二十センチのミゾはなにかの間違いではないかと疑うものの、ともかく「銀座通り連合会の話だと、歩道に足をとられた婦人たちの苦情は日に十件以上」あるというから、「お上品なモードと高級なセンスが売りものの」商店街としては、放置できない問題であったろう。私としては、この記事を素材として、突き刺さるという事態を軸に、足から顔へと変換がおこなわれていると見たのだがどうだろうか。

この作品では、背景まですっかり描かれている。それが登場人物の動作範囲を限定して、先を歩く人間の傘を避けにくい状況を作り出している。まるで幕の降りた舞台の額縁を使った芝居のようだ。しかも背景を限定する板塀らしい縦の線が、傘の先の作る角度を強調するのに効果をあげている。うしろを歩く男としては、かなり傘の先に脅威を感じたに違いない。しかし、どうしても脅威なら、前の男が立ち去るまで歩みをとめてもいいし、ちょっと無理をしてでも前の男を追い越してしまうこともできないことはない。なぜそうせずに一言注意したのだろうか。

私自身の経験から推察すれば、注意したのはごく当たり前の親切心からのはずである。それは駅の階段をあがっていたときのことで、脅威を感じたのは、この漫画のうしろをいく男の傘の持ち方に対してだ。足下を見ながら階段をあがっていく私の前に突然、傘の先が現われた。私が視線をあげたために視野に入ってきたのである。その時、他人に脅威を与えているとは微塵も感じていないらしい傘の持ち主の背中を見て、私も注意してやりたい気持ちになったものである。ただし私は、一歩止めて横にずれて脅威を感じる圏内を出てしまったから、この漫画のような目に遭わなかった。

腕の振りに合わせて傘の先が動いたから、下を向いて急いで階段をあがっていく人間には、脅威にとどまらない可能性があった。

この作品では、肩に担いだ傘の先が目を突きそうな危険を、後から来るものに与えている。しかし、肩に担いだ傘の先に危険を感じるには、かなり身長が高いはずだが、この作品では男二人はほぼ同じ背丈である。傘の先が脅威であることを具体的に絵にしなければならない作者には、これは目を突きそうな位置関係を表現する実際的な問題であったに違いない。この点『まっぴら君』に登場する人物は多くが三頭身だから、二人の背丈を同じにしても、不自然にならずにすんでいる。「てめえの目の方を下げたらいいだろう」という若者の理不尽な悪態は、読者を驚かしたり失笑させたりするが、もともと『まっぴら君』の登場人物たちのあいだでは、さほど理不尽な要求ではない可能性がある。身長に比べて顔が大きいから、目の位置を動かす余地は十分にあるという意味である。もっともらしい口調で苦情を言う相手の顔をよくよく見れば、目の下が十分に空いているし、若者はとっさにそんな返答をして、からかってみたくなったのではなかろうか。作者がこの点に関して自覚的であるのは、二人の顔の造作を見比べれば明らかである。

それにしても、他人に脅威を与えておきながら、平然と「こっちの勝手」を主張する若者の論理に諾々として従うのは何故だろうか。大声で脅されて震えあがったのだとしても、それなら、その場に立ち止まって若者をやり過ごせばよいではないか。自分の目の位置を下げる必要があるとは思えない。作者の投げつけた目くらましは、十二分に効果をあげているから、読者は一読して呆気に取られることだろうが、そのような印象とは裏腹に作品は小さく内部的に自足しており、現実との生き生きとした接触を心がける、真にユーモアのあるものにはなっていない。

『まっぴら君』では、多かれ少なかれ私たちは滑稽な登場人物に共感を寄せ、そのことによって笑い声をあげる。あいにくこの作品では、しかつめらしい口調の帽子をかぶった男は、その口調と目鼻立ちによって読者の共感を自分から拒否している。それは、作者が計算済みの処置であり、目の位置を下げて若者に従う結末を前提としているために彼を突き放した結果である。この作品で加藤はめずらしく、④でうしろの中年男のもつ傘を塗りつぶすのを忘れている。加藤らしからぬこの失念は、作者のこの傘の持主に対する無情を如実に物語っている。

私たちの笑いは、最終的には、舌打ちをしながら若者に従う中年男を冷笑する笑いである。

●ハトをひき殺した若者——3418回（昭和三八年八月五日）

三日夕刊の社会面トップに「どこかが狂っている」という見出しで報道された記事を念頭において作られた作品。小田原の城跡公園で、乗用車に乗った若者たちが早朝のすがすがしい空気のなかハトを追い回して、一羽をひき殺したというのである。こうして記事から書き写しながら、当時はハトを一羽ひき殺して記事になったのかとあきれるような気持ちになるのだから、誰にともなく恐れいる。もっとも、平成の世でも矢の貫通したカモが衆目を集めて、救助作戦に人々が躍起になったのは記憶に新しい。

この作品は、不文律という言葉を暗黙の軸に「どこかが狂っている」世相を料理したもので、それが崩れていることを端的に示す漫画になっている。現在、背景の事件について何も知らずに見ても面白い作品であるのは、とりもなおさず、この種の非常識が今でもしばしば新聞紙上で取りあげられるからである。それどころか、このような非常識が社会に常に存在するからである。

それでも、この作品に感じるおかしさは、ひょっとしたらこの作品の掲載された昭和三八（一九六三）年当時の笑いとはだいぶ変質しているかもしれない。そんなことを疑うと、確かに、今ではこの禿頭の老人のように率直に非難を浴びせることはないだろうという気になる。黙ってガラス戸をぴしゃりと閉めてしまうのではないか。

このようなことをあれこれ推量しても大して収穫はないのだが、少なくとも、次の一点は、この作品の理解に必須である。すなわち、このような事態に際して、黙ってガラス戸を閉める反応は、

3418回（昭和38年8月5日）

この青年の非常識な行為に驚かない人間にしか可能でないという一事である。後述するが、作者はこの青年の行為に驚きを感じない読者は想定していない。

ここでは、公園のハトを自動車で追い回した若者が、道端の開いた窓から室内にスイカの種を吐き出す若者に変換されている。公園のハトを自動車で追い回して遊ぶより、他人の家のなかにスイカの種を吐き散らす方が、人間社会では直接的な罪悪であるだろうし（ハトが抗議したり訴え出ることはないというそれだけの理由による）、それだけに、この漫画に登場する若者のごとく平然とこのとおりのことができるとは考えにくい。

しかし、作者はこの変換によって非常識な振る舞いを身近に引き寄せるとともに、読者が感じるはずのことをもっと絞りこんでいる。この漫画家は一種の実験をしているのだ。老人の家のなかにスイカの種を吐き出すのではなく、窓のしたで老人の家の外壁に立ち小便をした場合を考えてみれば、それははっきりする。どちらも非常識な振る舞いであることに違いはないが、受ける印象はまったく違う。この当時は立ち小便のような「非常識」は、しばしばみかけたことである。それだけに一方では、その不潔さと無礼さがしばしば非難された。そのような大いにありうる軽犯罪に変換したのでは、作品はまったく違うものになってしまう。

作品に戻ろう。新聞を読んでいた禿頭の老人は、何が起きたのか理解できなかったようだ。2で窓越しに見える老人の表情は、事情が飲み込めずに驚いている。無理もない。他人の家のなかにスイカの種を吐き捨てていいか悪いかもわきまえない青年がいようとは、長い年月を生き抜いてきたこの老人にしても夢想だにしなかっただろうから。事情は飲み込めないものの、室内を汚されて、当然、怒りが込みあげてくる。ところが、非難されても若者にはその理由がわからない。不思議そうな顔をして「あれ？　いけなかったかしら？」。この表情が本気らしいのだからあきれる。仕方なく老人は貼り紙を出す。

漫画家はあえて曖昧な事例に変換している。端的に言えば、虚実皮膜のうちにある、あり得ない事例を作り上げている。つまり、ハトを追い回すより直接的な罪悪であるとしても、一方、立ち小便ほどには社会において非常識な恥ずかしい振る舞いと考えられていない事例である必要があった。

ここでも作者は、目くらましの効用、驚きの効用を熟知してそれを活用する。昼寝していた男の開けっ放しの口のなかによちよち歩きの幼児が落ちこむ漫画（２９４６回、一一九頁）を思い出してもらいたい。驚きは、ほとんどこの作品と同じように効果的に働いている。

③で「あれ？　いけなかったかしら？」と若者が驚くとき、私たち読者も一緒に驚いている。もちろん、驚いた内容は異なる。若者は表情から見る限り、（他人の）家のなかにスイカの種を吐き散らしてはいけないとは知らなかったのだし、読者は、そんなことも知らない若者に驚く。ところが、私たちにしても実は、それを言葉による表明を必要とするレベルで知っていたわけではない。つまり、他人の家のなかにスイカの種を吐き出してはいけない、などと誰も（明示的に）考えたことがないという意味である。この一点に関するかぎり、私たちもこの若者と違わない。

私たちが考えたことがないのは、考えるまでもないことだからである。文字どおりの意味で、不文律のひきだしの隅に埋もれていたことだからである。わざわざひきだしを開けて探し出して確認するまでもなく、よくないことと承知しているから、ふだん、考えたことも言葉にして表明したこともない。そうであればこそ、漫画家に見事な目くらましをくわされて、読者は不文律の乱雑に押し込められているひきだしをがさごそ掻き回そうとして、改めていっぱい食ったことに気づいて苦笑するのである。文字どおり、この作品は不文律の解体を絵にしたものにほかならない。

この青年自身に非難されるべきことをしたという自覚が本当にないかどうかははっきりしない。が、それはどちらでもよいことに属する。非難されるべきことと知って一芝居打ったのだとすれば、さらに事態を悪化させるだけのことだからだ。

●金の卵——3527回（昭和三九年二月二四日）

税務申告は作者が毎年取り上げるテーマである（このテーマをあつかった4201回の作品を後ほど取りあげる。一六三頁）。ここでは時節がら税務署員に登場願って「使うより稼ぐが先」の成長期に特有な発想を表面借りながら、卒業式の間近い、当時「金の卵」ともてはやされた中卒者に絡めて作品を作ることによって、まったく趣の異なるものに仕上がっている。

金の卵に関しては、かなり遡った二月三日朝刊紙面に、「若い働き手ヤーイ」という見出しで「深刻な労働力不足の波紋」をあつかった八段におよぶ大きな記事がある。それによると「労働省がまとめたこの春の中卒者の求職、求人状況をみると空前の求人難」で「求人倍率は昨年の二・七倍から三・九倍にはね上がるという激烈さである」。「資本力に物をいわせる大手企業の求人攻勢はすさまじい」もので、中小企業のなかには操業を縮小したり、工場建設をストップするところまで出るありさま。「そば屋、すし屋の人手不足は目をおおうばかり」で出前廃止に踏み切るところが多く、なかには店をたたむケースもあるという。

　金の卵と呼ばれた中卒者の状況を知るために、この作品にとってはやや古い記事から引用したが、もちろんこの記事が作者に初動を与えたのではない。おりしも二一日に都立高校の入試が終わって、三大紙はどれも試験の傾向や解答を掲載したり、早くも翌年の対策を掲載していた。そして、この作品掲載日前日の二三日の読売新聞夕刊には、電気会社に就職の決まった中学生の焼死が取り上げられている。たまたま親戚の家に遊びに来ていて災難に遭ったもので「前夜楽しそうに社会にでてからのことを」語っていたとある。この中卒者の焼死事件は、朝日新聞でも読売と同じような観点から報道されている。おそらく作者は、この焼死した中学生を鎮魂するつもりで作品を作ったのだ

3527回（昭和39年2月24日）

ろう。この素晴らしい作品の背景には、たぶん間違いなく、苦学した作者の同情がある。

作者が描きたいのは何なのだろうか。この作品の面白さはどこにあるのか。零細商店主の苦しいやりくり算段は、笑いの対象だろうか。また、仮に彼が調子のよい男に見えるとしても、それが笑うべきことだろうか。せめて調子のよい男にでもならなければ、やっていけないではないか。それに不機嫌に世渡りするよりずっとましではないか。作品を見つめて考えてしまうとそんな疑問が浮かぶというのに、同時にこの作品がいかにも加藤らしい気持ちのよい作品であるという直観的な印象を妨げないのはなぜなのか。

笑いというものが必ずしも公正ではあり得ない以上、よくないと思いつつ他人の貧しいやりくり算段に失笑することはあるに違いない。ある人物について知れば知るほど彼の欠点は笑えなくなるはずだが、知らないのをよいことに私たちは平気で笑いの種にするだろう。人を傷つける笑いは生活のなかにたくさんある。人は結局それで自分自身を傷つけている。しかし、加藤はそのような笑いを求めて作品を作ることはしない。結局自らを傷つけるに至る人々の笑いを笑うことはあってもだ。

そうだとしたら、私たちは、このちょび髭をはやした商店主のどこに笑うのか。嘲笑する読者がいたとしても、彼らの解釈を妨げるものはなにもないが、そのような読者は加藤の読者ではない。苦笑になるか、微笑になるか、それは読者の立場によって異なるだろうが、どちらにしても同じところを見ている。それは何か。

この商店主がどのような意志や願望を持っているにしても、それとも言い方を少し変えて、どのような打算があってどのようなソロバン勘定を弾《はじ》いているにしても、そして、たとえどれほど思い描いたその道筋にそって自覚的に自分の行動を律することができたにしても、彼の行動の全体が、彼自身の思い描いた観念の範囲内に収まるわけではない。生活するというのは、たえずその観念をはみ出す部分をもち、またはその観念を他人や社会に侵食され、そのような思いがけぬ部分を理解克服してゆく過程である。

言い換えれば、そのような部分こそが、更新された意志や願望を作り出す原動力となっていく。場合によって、強い意志というものがひどく醜悪に見えたり滑稽に見えたりするのは、現実に対応して柔軟に改めていくことを知らないからである。そのような現実を無視してそこから遊離した意志は、病んでいる。このような意志こそ、強情な精神世界を作り出す。それは無知を補う手段であることもあれば、虚栄が仮装したものであることもある。これまで強情な精神を笑う作品は、いくつか取りあげて見てきたが、ここに登場する商店主は、少なくとも強情な精神の持ち主ではない。

この商店主の意志や願望がどのようなものか、具体的なことはこの作品からはわからない。彼の毎日のやりくり算段が悪辣《あくらつ》なものであるか、正直な真っ当なものであるか、それはこの絵の全体から、読者が一人一人判断すればよいことである。そもそもこの作品は、そのような言表が可能な意識の表層部分をあつかったものではない。ストーリーのなかに作品の主旨はない。雨のなか一人で「うかれて、酔いつぶれて、ちらかして」しまった子連れ男が登場する３３００回（一二七頁）の作品と同じく、作者の語りたいのは無意識の世界に触れる大切さである。無意識の世界を暴けば、何事かさらに明らかにできると考えているのではない。それもできないことではないが、もっと大切なことは、湧き出す鮮烈な泉を探し出してそこに手をひたし、できればその泉からじかに水を飲むことである。

　思い描いた筋道にそって生活し、はみ出したことも侵食されたことも極力見ないようにして生活するのも可能であろう。病んだ意志を強固な意志と思いこむことも不可能ではない。しかし、そのような生活に甘んじないことこそ加藤の願いにほかならない。絶えず潑剌として現実と接触するためには、私たちの無意識の世界を尊重して、それとじかに接触する必要がある。言表できる意識的世界は、別の見方をすればいかようにも言いつくろえる世界でしかないからだ。そのような表層の部分にとどまらずに、深く分け入らなければならない。

　加藤がこの3527回の作品で表現しようと狙っていることは、非常に困難なことだ。3300回の作品と併せて考えてみよう。二人の男の外見的性格は対照的だといってよい。雨のなか桜のしたで傘をさして一人で茶碗酒を飲む男の無意識は、ざらざらした手触りがあった。しかし、このちょび髭を蓄えた商店主の無意識は、手で触れるとつるつるして手応えがない。まるで、この男の禿頭に触れるようなものだ。一方は、せいぜい陳腐な流行歌をがなるだけで心中を示す手だてを知らない様子だし、それだけにもどかしげな暗い雰囲気を放ち、もう一人の方は、何もわだかまるもののない滑らかな言葉が口をついて出るばかりで、さっぱり自分の心中などないかのようである。人は経験的に前者には抑圧されたなにものかがあるような気がするのだ。古典的な精神分析が認めたように抑圧こそ無意識の存在を証言するから。

　しかし、ちょび髭の商店主にしても、もちろん無意識の世界がないわけではない。それは誰でももっている。商店主の意識的世界は、花見酒で一人黙々と酔っぱらう男のそれと同じく、文字どおり海面上に見える氷山部分にしかすぎない。いわば、無意識の世界は、両者とも首のあたりまであふれてきているのだが、当人はまったく気づいていないのである。それは誰でも同じ条件だから、ことさらに言明することも表現されることもない。

商店主には、約束した中卒者の意向が気がかりである。先に新聞紙面から引用したような状況にあっては、この商店主ならずとも、約束を交わすことのできた中卒予定者が、卒業したら約束どおりに来てくれるかどうかは重大問題であったろう。ひょっとしたら、彼が来てくれるかどうかに店の将来がかかっているかもしれない。過大な期待を抱くわけにはいかないと承知しつつ、店に来てくれるかどうか気を揉む毎日に違いない。

たまたまその少年をみかけて何を思ったかはわからない。ともかく今まで平身低頭してなにやら頼み込んでいた税務署員のことをけろりと忘れて、くるりと向きを変えて中卒者のあとを追っていく。この関心の切り替えの速さが、問わず語りにこの中卒者に関わる商店主の関心の深刻さを表わしており、傍から見れば、そこに思わずくすりと笑いたくなるおかしさがある。その笑いには、他人の心を見透かした立場の人に特有の意地の悪さがある。作品を一瞥して感じる人の悪い笑いはここに由来する。ところが、作者もこの商店主も、そんなあさはかな笑いで気を悪くするには、どうやら真剣過ぎるのだ。この作品の素晴らしさはそこにある。

少し視点をずらしてみよう。この零細商店主の真剣さは、「稼ぐに追いつく貧乏なし」とばかりあくせく働く真剣さでもある。この当時、人の耳目を集める「所得倍増」というスローガンで登場した池田勇人首相の内閣はすでに第三次を迎えており、多くの人々が所得を倍増しようと躍起だった。おそらくそれは先進国すべての傾向だったろう。その証拠に、レイチェル・カーソンが公害を告発した書物『沈黙の春』を発表したのが、前々年一九六二年、日本で水俣病が公害病と認定されるのは、熊本大学が発生源を特定してから十年以上たった一九六八年である。その影の濃さこそ、光の（と人々の信じてきた）部分の勢いも語っている。

商店主は、この項のはじめにも触れたように、払うことより使うことより稼ぐことで頭が一杯らしい。中卒者こそ、文字どおり金の卵を産むガチョウだった。彼に比べれば税務署員などどうでもいい。その意味では、商店主は③で二人を天秤にかけ、優先すべき人物を優先しているだけだ。しかし、正直な話、この作品によって喚起される私たちの笑いは、そのような商店主の心を見透かして冷笑してすましていることができない。それを商店主自身の真剣さが一蹴してしまうからだ。笑いはここでも、笑った私たちより正直だ。

実のところ、零細商店主は税務署員と中卒者の二人を天秤にかけたのではない。漫画家は、他人の心を見透かして喜ぶ笑いが欲しかったのではないし、自分を取り巻く人間たちを天秤にかける人物を造形したのではない。この漫画家は、そんなことが可能な意識のうわべの世界、つまりソロバン勘定のできる世界にさ迷っていない。

他人の心を見透かして失笑するのも、そんな笑いに気を悪くするのも、どちらも虚飾に満ちた世界でうろうろしていればこそのこと。漫画家はその間の事情を誰よりもよく知っている。そんな世界より下の冥界、税務署員も金の卵も等価で併存するところ、要するに無意識界で商店主にくるりと向きを変えさせる。だからおかしいのである。それは夢の論理なのだ。さもなければ、商店主は税務署員にみえすいた挨拶の一つくらい言ったに違いない。

実はここで露わになった重大な関心の存在は、別のことも明らかにする。つまり、この軽薄そうな男に奥行きがあるということ。それだけわかれば十分ではないか。軽薄という言葉が生きて動いているような人物がいたとしよう。すっかりそのつもりでいたのに（そう思い込んだ人間に非があるが）、その男に奥行きがあったと知った驚き。その男に苦悩があったと知った驚き（実際、ここでは驚く代わりに笑っただけかもしれない）。そのような事態を考えてみればいい。

この作品の笑いは、この商店主が調子のよい軽薄な性格をもっているように見える部分で起きるのではない。むしろ、そのような外見的性格が、私たちめいめいの人生において強制され割り振られた任意の属性にすぎない（とはいえ変更は難しいが）ことをはっきりと気づかせ、その奥にある何とかして生きなければならないという力の露出した、いまだ形をなさない世界に触れさせる地点、まさにそこで起こる。この作品の笑いは、他人の心を見透かした笑いがやんだところでこそ起きる。

もう一度はじめに戻って見よう。店主が何やらお願いしている声だけ聞こえる店先の陽だまりの絵は、なんと印象的だろう。実際にこの声だけが聞こえる店先に行き当たったと想像してみよう。その声は、声の持ち主のありのままの人生を直覚させるシンボルとして私たちの耳に達すると同時に、その人生のアリバイを提供するシンボルとしてもはっきり訴えてくるのではないだろうか。

●東京オリンピック――３５６１回（昭和三九年三月二九日）

昭和三四（一九五九）年五月二六日のＩＯＣ総会で東京オリンピックの開催が決まると、その翌日から二日続けて（1932〜3回）さっそく『まっぴら君』はオリンピックをテーマにした。1932回は、「東京オリンピック万歳」と喜ぶ人に「あたしゃ手ばなしじゃよろこばない」と反論する人が登場して、「ホテルその他の施設問題、このデコボコ道路、そのきたならしい洗濯物」とがみがみやる。翌日の1933回は、ペンキ屋さんが五輪マークを看板に書いていると、通りがかりの人が「商魂たくましいものですな」などとあれこれ批評する。それで五輪の輪がだんだん小さくなってしまう。漫画家は、ホスト役が務まるか心配が先立ってしまったらしく、ご祝儀作品を作ろうにも作れなかったようだ。

それはともかく、まず昭和三四（一九五九）年五月二七日朝刊トップ「東京オリンピック決まる」の記事から、リードを引用する。この文章からも当時の人々の喜ばしさは伝わってくる。

待望のオリンピック大会はついに東京開催と決まった。ミュンヘンのスポーツ会館で開かれているIOC会議は、……一九六四年（昭和三十九年）度のオリンピック夏季大会開催地を表決、東京はこの第一回投票で投票総数五十八票のうち三十四票を獲得、強敵ウイーン、デトロイト、ブリュッセル三市を退け、第十八回大会開催地に決定した。東京に決まっていた一九四〇年の第十二回大会を、戦争で棒にふった日本人にとって、その再来は長い間の夢であった。……かくてオリンピック聖火は、かつて渡ったことのないアジアへ、五輪の象徴する五大州最後の一つアジアの地にはじめて点じられることになった。

『まっぴら君』では、この後、六月に入るとダフ屋学校がオリンピックに備えて人員の養成を図ろうという作品（1942回）や、九月には陸上のコーチと称してノミの三段とびを扱うもの（20

09回）などがあるが、以降はしばらくオリンピックは題材から遠ざかる。開催準備が軌道に乗り、格別に新聞記事として取りあげられることもなかったからであろう。

五年という長い準備期間を設けて、敗戦後の日本の代表的な国際的事業として営まれたものにしては、加藤が扱った単一の社会事象としてはさほど作品数が多いとは思われない。この少しあとに示す東京都恒例の夏の渇水（一五四頁）や、泥沼都議会（昭和四〇年三月から六月）にちなんだ作品（一五九頁）などと同じぐらいの作品数になると思われる。

今回の作品はオリンピックがあと半年たらずになって、新聞にオリンピック関連の記事がしばしば取りあげられるようになった頃のものである。ここにはオリンピック一色に塗りつぶされてゆく

3561回（昭和39年3月29日）

世相に対する抵抗が、かなりあからさまに表明されているように見える。オリンピックに関しては、近づくにつれてしばしば作品に取りあげられるが、多くは心情的な反対派であるのが面白い。これは加藤がオリンピック反対派であることを意味するのではない。作者の考え方は、この整然とまとめられた作品に端的に表明されている。抵抗と見えるのは、相対的なものである。

作品に沿って見てみよう。冒頭①では、当時あちこちで口癖のように唱えられていたであろうセリフが示される。それが②の一喝で打ち消される。それならと③で、今度は桜の開花までの期間が言明される。それはただちに②と同じセリフで打ち消される。①と②が、③には圧縮して繰り返されている。この圧縮によって①から③までに生まれる加速感は鮮やかなもので、「かんけいない!!」というセリフを活きたものにする上で効果をあげている。それじゃあいったい何が関係あるのかという疑問に対して、④で勢いよくズバリと答えが示されるというわけだ。

「××まであと×日」と膝を抱えて日を数える男と、仲間を頭に乗せて、でんとあぐらをかいている男の間に作者が設けた対比は、歴然としている。それは少しも難解な思想ではないが、やはり実行は容易でないのも事実だ。「自分の持ち場で自分の任務を果たせ（膝を抱えて日を数えるようなことをするな）」というのである。実にこれほど簡単明瞭な思想もないだろうに、また、これほどないがしろにされている思想もないのではなかろうか。オリンピックまであと××日という合言葉に対する抵抗とか反撥と受け取られたところで、作者は意に介さないだろう。そのような自信は、作者のこの考え方自体に潜んでいる。

もちろん、人々は膝を抱えて、あと何日と指折り数えていたのではない。オリンピック準備に東京中がそれこそひっくり返されて、大変容を遂げることになる。昭和三九（一九六四）年一〇月一〇日のオリンピック開会に先立ち、一〇月一日から東海道新幹線が開業したのはそのおかげである。

●銀行内部の盗難事件続発――３５８５回（昭和三九年四月二二日）

この四月に目立った内部犯行と思われる銀行内の高額の盗難をあつかっているが、作品の制作に初動を与えたと思われる記事ははっきりしない。気がかりな題材に思いがけずアイディアが閃《ひらめ》いて、この日に割り込む形になったのではなかったろうか。

事件を日付順に列挙すると（参照引用した新聞記事はすべて朝日新聞）、まず協和銀行兵庫支店で起きた九百万円の盗難事件。これは四日土曜日に集金して金庫に保管、六日月曜日に気づいたという。記事は八日の朝刊に出ており、捜査課長の談話として「届け出までまる一日かかっており、現場も行員らがさわっているので、捜査がむずかしい」とある。同じ八日の夕刊に、今度は「千七百万円が消える／こんどは北陸銀行本店」という見出しで、前出の盗難と同様に「内部事情にくわしいものの犯行ではないか」と疑われる事件の報道がある。こちらも「六日夜から七日朝にかけて千七百余万円の現金が消えたと八日朝」届け出があった。さらに一八日の夕刊には、「また銀行で紛失」という見出しで富士銀行兵庫支店の七百六十万円の紛失が報道されている。この事件は、なんと前年一二月二〇日に発生したもの。「秘密主義は困る」という小見出し付きで、刑事課長の談話に「盗難届はまだ受けていない……早期に届け出て、捜査に協力してほしい」とある。

もちろんこの作品で面白いのは、おならをした犯人の詮索というプロットばかりではない。それ

3585回（昭和39年4月22日）

よりもずっと痛快なことは、たとえ何十年前であれ銀行内で繰り広げられることは絶対にあり得ない光景が展開していることである。漫画家は例によって敢えてありそうもない状況を設定して、諷刺をきわだたせることに成功している。

頭の薄くなった男が、鼻をつまんでおならをした犯人の詮議《せんぎ》をする。着席して仕事中だった部下たちも、鼻をつまんで上司の詮議に否認の声をあげる。あまりの臭気に鼻をつまんでいた男女は、カウンターの外から、客に声をかけられて今度は慌てて口を塞ぐ。いまどきの一見開放的な銀行とは趣をことにしているが、③まで来れば読者はここがどうやら銀行らしいと気づく。そしてこの光景が、どのような現実の事件を下敷きにしているか正しく理解しそうになる。しかしすでに私たちの目は4に移っており、作品がこの月の新聞紙面を賑わした銀行の内部犯行による盗難を問題にしていることを理解する。登場人物の独り言は私たちの内心に独自に思い浮かんだかのようだ。最後のコマにいたって、私たちは私たち自身の思考の動きに感嘆するように、この作品の諷刺の辛辣さに感嘆する。

そのとき、私たちはよくも悪くもおならをした犯人の詮索というプロット自体に笑うのではない。内部犯行と思われる現金盗難事件が発生したあとの銀行内の状況を、このような笑劇に変換してからかう漫画家の手腕に感嘆するのである。身内同士はたがいに猜疑《さいぎ》しあいながら、一方で外部に対しては結束して口を閉ざす秘密主義の内実は、見事に滑稽な光景へと変換されている。

この作品の秀逸さは、この四コマに描かれた行為こそ、格式ばった謹厳一本槍の銀行のしたことにほかならないと痛烈に諷刺している点にある。その点では、この作品で使われている変換は、単純な比喩に過ぎないといってもいい。しかし同時に、その比喩に関わる作者の態度が、漫画家らしい手頃な題材を利用したという趣からはほど遠いことも明らかである。作者には上品ぶる気持ちなど毛頭ないが、幼稚な笑いで読者をけむにまく気持ちもはじめからないのである。

この点をもう一歩踏み込んで考えてみよう。先に言及したいくつかの記事から判断するかぎり、銀行の秘密主義批判は逃れようがない。五カ月近く前の盗難をあつかっている富士銀行兵庫支店関連の記事などを見ると、叩けばまだまだほこりの出そうな予感すらある。だから作者がこの作品で銀行をからかっているという事実は見やすいが、そのために利用した、おならをした犯人の詮索というプロットの使い方の巧みさは、案外見過ごされるだろう。それは私たち自身が、文字どおり臭いものに蓋をしてしまう習性をもつからである。おそらくこの点で、加藤が身につけている自在さは羨望に値しよう。

くしゃみに関するパスカルの意見をもじって言えば（『パンセ』断片番号一六〇。松浪信三郎訳にもとづく）、おならは、霊魂のあらゆる機能を吸いあげてしまう。けれどもわれわれはそこから、人間の偉大さを否定する結果を引き出しはしない。というのも、おならは否応なしに出るものだからである。われわれはそれをおのずと催すとはいえ、意に反して催すのである。おならは、そのものが目的なのではなくて、他の目的のために出るのである。したがって、それは、人間の弱点のしるし、人間がこの行為に隷属しているしるしではない……。

だから、それを笑いの対象にするのは、幼稚であるか、さもなければ粗野なことであろう。しかし一方で、それがおのずと笑いを催す行為であるのも明らかである。それは「霊魂のあらゆる機能を吸い」取ってしまい「意に反して」例の機械じかけを人間のなかに出現させるから。だから、私たちはそこで笑うことも微笑することもできる。自然な微笑は、文化的な成熟そのものであり、無知で幼稚な笑いの対極にある。しかも笑いや微笑がそもそもきわめて内発的なものであるとすれば、そのかぎりどちらも否定できない。そして内発的でなければならないという点では信用と同断なのである。加藤が銀行の秘密主義を批判しようとして、このプロットの利用を思いついたときに見すえていたのは、たぶんこの間の機微である。

臭いものに蓋の習性は、素朴な笑いを抑制する文化的な成熟とどこが違うのか。私は両者が究極的には区別できないだろうと思う。一面から見れば、文化というものが「臭いものに蓋」のプロセスに他ならない。もちろん、だからといって銀行の秘密主義が容認できるものとなる訳ではない。醜聞を内部的にもみ消して外面をとりつくろえば、信用を維持できるとする銀行の未熟な体質を批判するのは、社会的な次元でおこなえば十分に足りることだ。しかし、一方でこの漫画家のようにこの習性を率直に見つめる態度をもつことができなければ、文化が「臭いものに蓋」のプロセスである限り、いくらでもこの種の事件は繰り返されるだろう。言い換えれば、そのような習性を率直に認める態度こそ文化的に成熟した態度と言えるのであって、現にこの作品がなによりの証拠である。

内部犯行と思われる盗難とそれを処理する銀行のやり方を、銀行員のおならとその詮議に変換したとき、作者は内発的な笑いの本質を押えて銀行の批判とすることで、秘密主義などと銀行の体質を批判するより遥か遠くまで射程に含んだ笑いを作り上げている。

●東京の水飢饉――3697回（昭和三九年八月一三日）

記録的な炎天続きで東京都の水事情が五次制限も考慮しなければならない状況に立ち至っていた頃の作品。この作品の掲載当時ですでに一カ月近く雨らしい雨がなく、この頃になるとほとんど連日、水または水飢饉に関わることが作品のテーマに取り上げられている。これより十日以上前の七月三〇日朝刊の記事を次に引用する。

東京の水キキンは、もうのっぴきならない。城南地区の品川区や大田区では終日、ひとしずくの水も出ない〝給水ゼロ地帯〟がひろがっている。「せめて赤ちゃんのミルクをとかす水を」

3697回（昭和39年８月13日）

と訴える母親、応急給水車に飛び乗って「この水はオレの地区の分だ」と叫ぶ住民。たまりかねていなかへの〝疎開〟さえも現われる始末。

十日も前でこの有様だから、この作品の掲載された一三日の窮状は、想像以上であったろう。

この作品は、絵の巧みさでまず読者を笑わせずにおかないはずだ。「太平洋高気圧みたい」な男の表情には、細君にハッパをかけられた亭主のみならず、義理も縁もない読者でも苦笑せざるを得ない。作品では逆に見えるが、いうまでもなく、いつまでも居すわって動かない太平洋高気圧が、アンダーシャツとステテコ姿の居候《いそうろう》に擬人化（変換）されている（亭主にも、テレビで天気を解説する予報官などのモデルがいるのかもしれない）。

それはそうだが、今となっては①の光景にはそのような擬人化以上のものがあるのが分かる。窮状は窮状として、作者は夏の恒例行事、水飢饉を積極的に甘受しようというつもりらしい。そもそも、それはお天気次第というのだから、仕方がないではないか。ヒステリーを起こした細君に叱りつけられるのは覚悟の上だ。今ではほとんど見ることのできなくなってしまった①の光景――畳の感触、思い出したように吹き抜ける風、セミの声、団扇《うちわ》に描かれた淡い絵、外を見れば抜けるような青空と筋骨隆々とした入道雲――を眺めればそれが分かるはずだ。どこもかしこも窓を閉めきって、外に向かってエアコンの熱気を吐き出す夏と比べるのは馬鹿馬鹿しい。

このステテコ男の実在性は、太平洋高気圧の実在性だといったところで誰も比喩としか思わないだろうが、作者は遥かな視線のもとでそれを信じていたのかもしれない。少なくとも一方に、ヒステリーを起こした細君がおそらく東京中にいたのである。③に見るとおり、ステテコ男は細君のヒステリーが実に心外そうだ。この表情は笑いを増幅するしかけであるばかりではない。遥かな視線が見た、人事に関わらぬ夏の表情だったのかもしれない。

細君の剣幕に恐れをなして、亭主が居候に退去を求めたものの（ないに越したことはないのに居すわって動かない邪魔な存在を居候にたとえた愉快な作品をすぐ後に挙げる）④に見るとおり逆に慰められる始末で、まったく退去する気配はない。重い腰を上げてやっと出ていったのは、これより一週間後の二〇日未明である。やっと居候が出ていったのと入れ代わりに、都心で四十ミリ、水源にも多量の降雨があって、夕刊は一面トップのあつかいで待望の雨を喜んでいる。

４０４３回は「太平洋高気圧みたい」な居候とは正反対の居候である。「長年にわたる放漫かつ

4043回（昭和40年8月30日）

ズサンな都政が因習的に続けられた結果」「〝伏魔殿〟と称された都庁に巣食う〝寄生虫〟ともいうべき外郭団体」（昭和四〇年八月二八日社説）を俎上に載せた作品。

こちらはセリフの面白さが主になっていて、「太平洋高気圧みたい」に態度の大きいのとは対照的に、家人の会話を盗み聞きして思わず悔し涙にくれる気の弱い居候である。

これだけをみれば読者はみな爆笑しただろうが、３６９７回の居候の実在性を知ってしまうと、セリフに頼る作品の弱さが目立ってしまうのはやむをえない。もっとも４０４３回の居候に実在性があっては、論理的に見るかぎりこの作品の意味がなくなるのだから、作者としては困難な課題であったに違いない。

Ⅲ　昭和四〇年代（一九六五〜一九七四）

●泥沼都議会——3943回（昭和四〇年五月四日）

議長選挙に絡む贈収賄事件により自民党都議三名が逮捕されたのに端を発して、都議会の解散に至るまで、乱闘都議会、恐喝事件などを織り交ぜ、各党の思惑と無責任から揉めぬいた都政を批判したもの。前項でも居候にちなんで見たとおり、当時、東京都議会は伏魔殿と称され、黒いうわさが絶えなかった。

都議が逮捕されたのは三月一六日、解散は六月一四日。その間、作者は都議会の醜態を十数回にわたり漫画にしてからかっている。これはそのうちの一つで、都議の総辞職を前提に進められていた辞表の提出が総辞職反対の一部議員により引き延ばされていたときの作品。一方ですでにこの月のはじめからリコール運動が始まっていたが、慣れぬ署名運動と手続きが煩瑣《はんさ》なために効率的に署名を集められず、こちらももたついていた。三カ月におよぶ泥沼都議会をあつかった多くの作品は、この作品で代表させる。大人の論理が優先しない子供のあつかい方についてもあとで考えてみたい。

掲載日の五月四日ともなればゴールデンウィークも残すところわずか。父子で遊園地に遊びに来たが、子供はまだ遊びたりないらしい。父親が帰ろうというのに、子供は憎さげな表情で大声を張り上げて出口のところでがんばっている。父親が手をひいて行こうとしても、足をふんばって動こうとしない。父親は、そんな我が子を見て都議会関連の新聞報道を思い出す。すると思わず「そんな都議会のオトナみたいな子はおいていく!!」というセリフが口をついて出る。すると今度ははっきり子供を置いて帰りたくなる。子供ははっとする。父母が夕食を食べながら、さも愛想を尽かした口調で話していた都議たちに自分が似ているとは。都議が何かも、何をしたのかも知らないけれども、父母のあきれた口調、さじを投げた口調が意味することだけははっきり分かったのだ。子供は顔がほてってくるのを感じ、身の置き場がないほど恥ずかしくなる……。

この作品の構造は単純なもので、辞表の提出を渋る都議会議員がもっと遊んでいたいと駄々をこねる子供に変換されている。と言いたいところだが、はたしてその変換があったと言えるだろうか。わがままを押し通そうとした子供ですら、昨今の都議会議員のようだといわれれば否応なく反省して赤面するほど、都議会の乱脈ぶりと無能さは歴然としており、いくら駄々をこねる子供相手でも、この変換では子供に失礼なのではないか。

同じ方法でこの泥沼都議会をあつかった漫画がほかにもある。３９５７回では「セビロを着たタ

3943回（昭和40年５月４日）

ヌキの集まり」とか「タヌキ寝入りの議員」とか、そんな言い方をしては「名誉キソンものだ」とばかり「ホントのタヌキに同情する会」のメンバーが動物園にのぼりを立てて出かける。ここでは、子供の代わりにタヌキがとばっちりを受けて迷惑していることになる。「辞世の句ばかり書いてる／あきらめがはやすぎる、辞表も書かないでガンバッてるオジイさんを見習ったらどう」と言われて「やかましい、ミソもクソもいっしょにする気か」と怒る、寝込んでいた老人もいる（3949回）。

つまり、ミソもクソも一緒にするような変換をするわけにはいかないと作者は考える。混同を活用し、取り違えを操作して人を笑わせてきた漫画家が、その活用や操作に疑問を感じてしまったのだ。作者はよほど都議会の無能ぶりにあきれていたと考えるほかはない。腐敗した権力に対する作者のこのような嫌悪は、55回（次頁）の作品にまで遡ることができる。

55回の作品を見る前に、子供のあつかいに触れておこう。『まっぴら君』に登場する子供たちは、何ら子供の特権を付与されていない。子供らしい振る舞いがないわけではないけれども、大人と同じように考え行動することもできる。今回の作品では、実に1から3までの子供の表情には、子供らしさがあるとは言いがたい。作者は意識的である。はじめから大人と別の世界に住む子供に変換する気持ちなどないことを、この表情は物語っている。逆に言えば、私たちこそ果たしてこの子供よりどれだけ知恵がついたか疑わしいということだ。

それは540回（六九頁）や3300回（一二七頁）の作品に登場する子供たちと一緒にしてみればはっきりする。塀のいたずら書きは子供ならではのことだろう。しかし、注意した大人に対す

55回（昭和29年2月28日）

る反撃では大人顔負けの論法を利用する。迷い子保護所で父親を待っていた子供についても同じことが言える。泣くどころか、去年と同じじゃないかと父親をなじっている。子供に関して、無条件に無邪気や無知を前提にしない態度から、この漫画家の大人を見る目を推察できる。大人こそ、この漫画家には無知で無邪気な大きな子供に見えるに違いないのだ。

そして55回の作品。玄関に揃えてある靴を失敬するなど、モノの氾濫する現代では考えられないが、この当時はまだあったかもしれない。子供心にそんな話題の交わされるのを聞いた記憶がある。造船疑獄、陸運汚職、保全事件などで検察による手入れに明け暮れた当時の政財界をからかったもので、それらをあつかった一連の作品の一つである。ここでも私腹を肥やす政治家から靴泥棒への変換は、「一しょにされちゃかなわねえ」という言葉によって取り消されている。それは作者の意見でもある。追いかけたものの「政治家とくらべればまだ罪は軽い方だ」と考えて途中であきらめた被害者も、靴をもとの玄関に戻す靴泥棒も、作者とともに生きている。

この作品も泥沼都議会をあつかった3943回の作品も、作品としての自律性は保っているものの、その背後に感覚的生理的な反撥と拒否が隠されており、加藤にとって、それら権力の不正と醜悪さはたとえようがないらしい。結局、ミソもクソも一緒にするわけにはいかないと考えた地点から、漫画家は権力とは無縁の世界へ引き返してくる。

混同や取り違えを利用して読者をけむにまく漫画家は、混同が不可能であること、政治家は政治家であって、たとえ泥棒にも劣るといえども、だからこそ泥棒と一緒にできないことを誰よりも痛感している。単純な構成の背後にある峻別《しゅんべつ》こそ、漫画家の強い眼差しに支えられている。

●続発した飛行機事故——4201回（昭和四一年三月九日）

恒例の税務申告を題材にしたもの。この作品には、現在的な話題に執着して作品を作り出す加藤芳郎の「場当たり主義」の、最良の部分が表現されている。読者はお互いに見つめあうことなく微笑み交わし、手を触れることなく互いを触知して、同時代者としての他者を我がことのように知るだろう。うわべばかりの合理主義、要するに軽信から、そういう交流がありうるのを信じられなくなってしまったが……。

今から見ると、ここには年中行事があるだけで、何も新聞の報道は取りあげられていないように見える。しかし、この日の夕刊の社会面を開いた読者は、1の男の表情と言いぐさを見て、すぐに四日と五日に立て続けにおこった飛行機事故を思い浮かべたはずである。四日は霧の羽田で着陸に失敗してカナダ旅客機が炎上し、六十四人が死亡した。その翌日五日は、富士山上空で英国の旅客機が乱気流に巻き込まれて墜落し、乗っていた百二十四人全員が死亡した。飛行機事故はほぼ一月前の二月四日にもあって、そのときは全日空機が羽田沖で墜落して、百三十三人が死亡している。今回の作品の制作にあたって直接的な動因を提供したと思われる七日の朝刊は、富士山麓における遺体収容のありさまを報告するに先立って、かなり感傷的な口調で次のように書いている。

三百二十一人の犠牲者を出した大惨事を三たび記者たちは追った。感覚のうえでは、いつかこ

4201回（昭和41年3月9日）

の大量の死に〝なれ〟ていた。悲しい〝なれ〟と思う。それを許してはならない。許すことが再び事故を呼ぶことになるからである。

作品を見よう。税務署を訪れたこの大きな口に出っ歯の男の表情は、かっこいいのが好きな昨今の若者には相手にされないだろうが、悪くない。この作品では、変換は素材に関してではなく、素材にまつわる感情に関しておこなわれている。素材そのものは、このあからさまな転調によって、さらにその前から読者の脳裡を去らない事故の惨状の強烈な印象によって、鮮明に浮かび上がるしかけになっている。転調のもとになった旋律は、具体的には、先に引用した七日の朝刊社会面の白抜きの横見出し「三百二十一人の死」やそこにある感傷的な記事などであって、そこで喚起される情緒からあえて正反対の笑顔を作りあげたのであろう。

つまり、憂鬱なはずの納税が「ごっそり納めるこの生《いき》がい」へと無理やりに変換されている。表面上にある納税者の心情の変換そのものは少しも突飛ではない。時期になれば、国税庁のポスターは、納税義務にかんしてそんな変換を当然のように利用するに違いない。漫画家はそれを盗用しているだけだ。

この作品が、起承転結の結びに相当する部分を欠いた構成になっているように感じられるのは、たわむれに切り替えた気分、それとも処世の知恵によって切り替えた気分が、落ち着く場所をえずに不安定な状態のまま漂っているからだ。これは当然だろう。作者にしてみれば、気持ちを切り替えてみたものの、素材となった事故が念頭を去らなければ、切り替えた人工的な気分が、そのまま永続するわけはないからだ。実感なのかイヤミなのか理解しかねている税務署員たちの困惑と、貼りついた納税者の笑顔は、転じたあとの行き先のわからないまま凝固するしかない。いうまでもなく、その笑顔を虚偽だと非難するには及ばない。まさしく宙ぶらりんのまま凝固することによって、虚偽や虚勢があるとすれば、それらはありのままに投げ出されているのだから。作品の眼目もそこにある。

もう一度、1に戻ろう。この日の夕刊の社会面を開いて『まっぴら君』を見る読者は、作品冒頭から否応なく連日新聞をにぎわした飛行機事故を思い浮かべたことだろう。三度もたて続けに起きた飛行機事故を思えば、「事故にもあわず」という言葉は、読者一人一人の心中に響いたはずである。何よりも事故に遭わなかった証拠に、この漫画を見ているのだ。本来「事故にもあわず、また今年もこの扉を……」と一気に述べられるはずのセリフを切り離し、いわばプロローグとして、現に生きているものすべてにふさわしいメッセージにしている。

それが2で納税者の言いぐさだったと明かされるこの展開に最初の笑いがある。それは本心であると同時に、どこか偽善的な痩せ我慢や強がりでもあって、3にそれが強調されている。この悲喜こもごもの情緒だけを定着しても作品になっただろうが、加藤はさらにひねりを加えて踏み込んでいる。4は、作品に介入する多少ともよけいな解説めくけれども、それにとどまらず、3で拡大して示された複雑な情緒を、人生の長い時間を背後に持つ情緒へとさらに展開している。

4のやや退いた視点は、税務署員と納税者を見渡す必要からばかりではない。「シミジミ」思いやる対象は、彼らの存在のまるごと全体だからだ。実感ともイヤミとも決めかねている税務署員の迷いは、この納税者自身の迷いでもある。4において迷いのなかですべてが凝固するとき、虚心に作品を見る読者は、この納税者と同じようにこわばった笑顔を顔にはりつけ、税務署員たちの困惑をともに経験する。納税者と税務署員のあいだに感情の交流はないが、彼らはそれと知らずに協力しあって、一つのかなり普遍的な心情を表現している。その表現は根本的には、生者が死者に感じる羨望と嫌忌の迷いを模倣している。

読者がその表現を意識すると否とを問わず看取するのは、言うまでもなく、大惨事の記憶を共有していればこそだ。『まっぴら君』の場当たり主義は、ここでは「現在の共有」を最大限まで利用している。場違いなことを言うと非難されるのを覚悟で言えば、この作品には、芸術のあるべき姿、表現の条件が完全に具わっている。私たちは、日々それと知らずに同時代者の経験を共有しているが、それはあくまでも直接的な経験にとどまる。政治家の腐敗も、顔を背けたくなる惨事も、それを注視する私たちを同時代者としてお互いに意識させることはない。私たちはそれを意識することができなくなってしまった。皆ばらばらにそれを感受するだけである。

しかしこの作品は、表現によって、表現となることによって、私が生成し変転しつつある流れのなかにあり、たった今、苦笑いして「ガッポリといったたって君にとってだろ」などと自嘲とも冷笑ともつかず思ったこと、その苦笑いが消える間もなく凍りついて④の迷いを追体験したこと……等々を反省させ、しかもその漫画体験が、私たち読者のあいだでどれほど違っていようとも、その差異を包み込んだまま誰においても成立していることを了解させるのだ。

とはいっても、その共有は充実した体験としておこなわれるのではない。充実した体験の鏡像、共有の鏡像に過ぎないだろう。しかし、いつでもそれが『まっぴら君』の目標とする到達点である。

だからこそ『まっぴら君』と言うのではなかったか。

それは、この作品が普遍的表現に達しているなどという意味ではない。多少誇張して言えば、新聞読者は、足下から掘り進んで、地下深くで通じている空洞によって互いに結ばれる。それは同時代者の相互理解である。おそらく、私たちは共有する生によって同時代者となるのではないだろう。共有できない死によって同時代者となるのだ。

だからこそ、おそらく惨事の記憶の暗黙の共有は、この作品から虚勢を見てとって黙って納得するところは、生者が死者を忘れるための第一歩にほかならないかもしれない。作品は、まさしくその機微を見すえて、このプロローグから始まったのである。

●国民各位へのお願い／吉田茂の国葬（一）——4681回（昭和四二年一〇月三〇日）

吉田元首相の国葬の前日と当日の作品を続けて論じる。国葬の前日から二日続けて同じ態度で同じ方法の作品を作るのは、加藤の吉田茂に対する思い入れを語っている。それを隠そうとしないのも、その思い入れの強さゆえであろう。心筋梗塞のため大磯の私邸で死去したのがこの月の二〇日で、享年八十九歳だった。

死去した翌日にもこの個性的な元首相を題材に、作品を作っている（4674回、次頁）。その作品に、漫画家の思い入れのよって来るところが率直に表明されている。国立競技場に向かって黒のベレー帽をかぶった男と白のベレー帽をかぶった男が歩いていく。入り口には「追悼！ 漫画家の集い」という看板が出ており、ぞろぞろ入っていく漫画家たちは、黒と白のベレー帽のどちらかを

4674回（昭和42年10月21日）

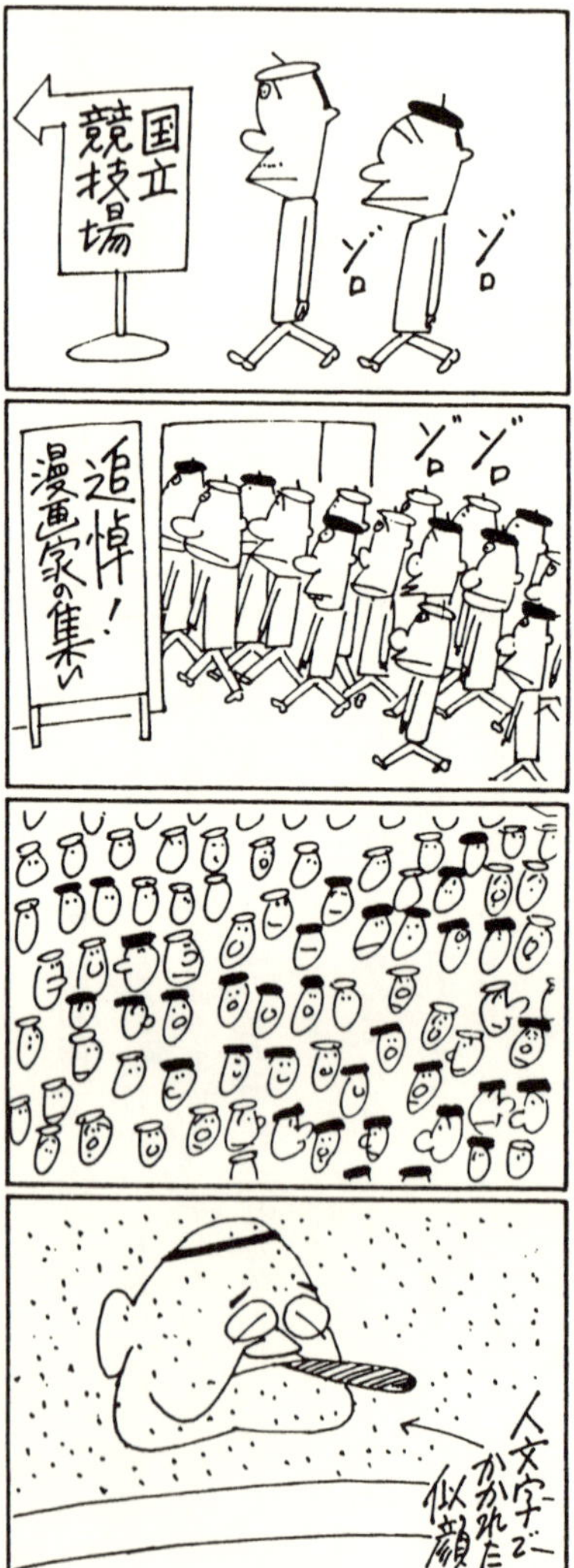

かぶっている。いったい何事かと思う間もなく、スタジアムを埋め尽くした漫画家たちは、人文字で葉巻をくわえた吉田元首相の似顔絵を描く。帽子をかぶり分けていたのは、このためだった。

ここでは、漫画家たちにさまざまの題材を提供してくれたユーモアたっぷりの男に感謝するために、加藤は漫画作品としての面白さを二の次にして同志を糾合している。それは126回の作品（四九頁）とも響き合う。

4681回の作品は、遅くとも二九日の夜までに作られている。一方、国葬儀委員会の名前により三項からなる「国民各位へのお願い」の発表されたのは、国葬当日三一日朝刊だから、この作品は、このお願いに基づいて描かれたわけではない。しかし、はっきりそれを先取りしている。葬儀委員長は時の首相である佐藤栄作。国家から国民に対して出されたお願いから、対応する項目を引用しておく。

　一、当日、各官庁において弔旗を掲揚し、歌舞・音曲をともなう行事はさしひかえますので、これに準ずるよう期待します。

残る二項は、指定時刻における一分間の黙禱要請と献花の受付時間の告知である（三一日朝刊）。これは戦後初めての国葬で、これ以前には戦時中の昭和一八（一九四三）年六月五日に、山本五十六元帥の国葬がおこなわれたと新聞にある（一〇月二〇日夕刊）。この一八年当時、作者は十八歳、夜学を卒業して就職したばかり。すでに漫画作品の投稿の常連で、賞金を稼いでは「お袋におこづ

4681回（昭和42年10月30日）

かいをあげていた」から、国葬がどのようなものか注意深く見守っていたことだろうし、吉田茂の国葬に際しても、その記憶ははっきり蘇ったに違いない。もちろん、国葬に対する国民の受けとめ方は、戦中と戦後ではまったく異質のものになっていたはずで、戦時中の当局のお願いはお願いにとどまらなかっただろうが、加藤は戦後初のそれがどのようなものになるか、容易に推察できたようだ。「国民各位へのお願い」を前提としたかのような作品になっている。

高歌放吟（古臭い言い回しだが、[1]はまるでこの熟語を念頭に描いた絵のようだ）しながら歩いていた職人風の髭面男が呼び止められて注意される。ところが、いかめしい表情と高圧的な口調の蝶タイをした男は、官憲でもなければ隣り組の世話役でもなく、何でも商売にする抜け目のない男にすぎなかった。

注意されて戦時中の国葬を思い出し、かしこまっていた髭面男は、一部百円と聞いてようやく自分の錯覚に気づいて、腹立たしさが込みあげてくる。ここで彼が思わず漏らした一言は、傍若無人とも天衣無縫とも評された宰相吉田茂のさまざまな言行録のなかでもとくに有名な事件にちなんでいる。いつまでもフラッシュをたいて壇上の吉田首相の前をうろつくカメラマンに対し、演者の喉を潤すように用意されたコップの水をひっかけたのである。それを腹立ちまぎれの髭面男に引用させることで、作者は吉田茂に対する敬愛の気持ちをかなり屈折した方法で表現している。

髭面男は、何を「チキショー」と怒ったのだろうか。下品な歌舞音曲をつつしめだとか、「むさくるしいカッコでフラフラ」するなとか、つべこべうるさいと思ったのだろうか。それとも、何でも商売にしてしまう抜け目のない蝶タイ男をだろうか。作品は巧みに怒った原因を迷彩のなかに隠してしまったが、それを明るみに出してみよう。

怒った原因は、直接的には、国葬に臨む国民の態度を啓発すると見せて、その実それを商売にした、いかめしい顔の蝶タイ男にあるのは明らかだ。しかしその背後には、国葬のいかめしさが控えている。作者は、国葬に反対しているのではない。国葬をいかつい儀式ばったものにしなくてはいられぬ人々に、激しい憤《いきどお》りを感じているだけである。それが、「チキショー」に続けて、吉田茂自身の言行を模倣したいと考える男によって表現されている。たとえばの話だが、吉田さんが喜んでくれると信じて、歌いたいと思う男もいるかもしれないと加藤は考えるのだ。それを形式的で画一的なお仕着せで国葬らしくできるとする権威主義、形式主義こそ、この漫画家の憎むところであろう。それは翌日の作品では、さらにはっきりする。

●葉巻／吉田茂の国葬（二）――４６８２回（昭和四二年一〇月三一日）

ここでも加藤の天邪鬼ぶりはなかなかのものである。天邪鬼といっては正しくないだろう。単に反対のための反対を唱えるつもりは毛頭ない。大輪の菊の花を飾ったテレビの前に紋付を着て正座し、吉田茂元首相の国葬に合わせて作られた追悼番組を見る老人の背後で、へらへらした態度のベレーを被った若造が、せんべいをかじりながら、テレビを漫然と見ている。本当はメロドラマでも見たいのかもしれない。せんべいが遠慮のない音を立てる。老人にはこの狼藉《ろうぜき》が我慢ならない。追悼番組の荘重な雰囲気が台無しだ。

そこで②に見るごとく叱りつける。すると今度はガムをくちゃくちゃやり始めた。同じように叱

4682回（昭和42年10月31日）

りつける。ここでも３５６１回の場合と同じように1と2で示されたことが、3の一コマを使って繰り返されて、速度が生まれ、読者の気持ちにはずみがつく。さあ次は、と思う間もなく葉巻が登場する。若造は相変わらずへらへらにやにやしているし、相変わらず無礼千万の狼藉だったはずなのに、それが突然、一変する。

私たち読者は、十分に知っている訳ではないとしても、ほとんど一気に吉田茂個人の記憶につれ戻される。「結城の羽織に白タビ、ステッキをつき、葉巻をくゆらした独特のスタイル。英国ふうの教養と天皇尊敬の〝臣茂〟を自認、豊かなユーモアを（一〇月二〇日夕刊）」振りまいた一人の男に。花に埋もれて姿の見えなくなってしまった死んだ男ではなく、非常に高潔な、しかも魅力的な人柄の吉田茂という男の記憶に。生者の自己正当化に利用される死んだ男ではなく、生者の模範たりうる一個人の記憶に。言うまでもなく、それは追悼番組も同じように狙ったことであったかもしれない。加藤が嫌うのは、ひとえに粉飾あるいは不要の祭り上げであり、読者の一人一人が、個人として吉田茂に対面することを望むのである。

●下手な泣き売――4976回（昭和四三年一一月一六日）

[1]の背景に題材があるとすれば、有名人の私事を暴きたてて騒ぐ興味本位の報道であろうか。これについては未確認で、もしも加藤がそのような題材を使ったとすれば珍しいことである。残る[2]

4976回（昭和43年11月16日）

と③の背景となる題材に関しては、該当する記事がそれぞれ見つかった。まず②の方は、一五日の朝刊に「ワイロ要求〝専門官〟／最高裁汚職でまた逮捕」という見出しで「最高裁判所の電気設備工事にからむ、贈収賄事件」が報道されている。「最高裁には検察庁や警察は絶対に手を入れないと業者をだましてはワイロを要求していた」もの。次の③は、一三日の朝刊に「〝軟禁〟帰りに万引／東大文学部の倫理学科生」の見出しで「新宿駅乱入事件で逮捕され、釈放中の東大生が本十冊を万引」して捕まったとある。ここにある軟禁は、林健太郎東大文学部長らを缶詰にした大衆団交を指している。

泣き売の熱演を聞いていた客二人の、「せっかくだけど内容がジーンとこない」「へただ！」という感想がもっともであるのは、何故だろうか。泣き売とは、客の憐憫《れんびん》を誘って商品を売りつける押売りをいうらしい。なぜ客の憐憫を誘うことで商売が成立するのかと言えば、憐憫が優越心、さらに究極的には虚栄心をくすぐり、施しを与えたくなる人間心理を衝いているからであろう。そこで他人の憐憫を誘うためには、まず自分を惨めな境遇に置かなければならない。

しかしここに登場する泣き売は、惨めな境遇を熱演しているつもりらしいが、聞き手にはそう思えない。羨望を誘うような境遇にあったことをほのめかしていると、聞き手に邪推させるに十分なことを言っている。聞き手がそのような邪推をするのは、もともと人は自分の惨めな境遇は隠したがるもので、得意な境遇は大いに吹聴したがる一般的な傾向があるからだ（この一般的傾向にもかかわらず、泣き売が商売として成立するのは、人間の虚栄がいかに強いものかの証左になる）。つまり、外人の金持ちと駆け落ちする女房なら美人に違いないないし、最高裁判所といえば、日本最高の法的権威を象徴するところだし、東大生といえばエリート中のエリートだと人は考えるものだからである。だから、聞き手は優越感を味わうどころか、自分のなかの羨望や嫉妬を逆撫《さかな》でされて、いくら熱演されてもジーンとくるはずはない。

私はここまで、故意にもう一つ別の場合を無視して進んできた。それは次のようなことである。聞き手はこの泣き売の熱演を前にして、彼が羨望を誘うような境遇にあったことをほのめかしていると邪推する前に、彼が嘘をついていると見抜く（疑うというより見抜くというのが実際的であろう）はずである。しかしその点では、この泣き売がジーンとくる内容を熱演する商売上手であったとしても同じことなのだ。胸に迫る内容であっても、聞き手はそれを本気で信じるわけではない（それはほとんど芝居で木戸銭を払うのに似ている）。たとえ嘘と見抜いても、気持ちを動かされるときも、逆撫でされるときもある。要するに、嘘と見抜く点ではどちらも似たようなものだ。

しかし、相変わらずこれだけではこの作品の面白さの根源はまったく分からない。この作品は、いったいどこが面白いのか。私たちは、何に苦笑するのか。

ここで実験的に泣き売の熱演を見守る客の男二人（彼らは読者の代表である）を消して、優越心をくすぐられたら何か買うつもりで、読者がじかにこの泣き売の聞き手になってみよう。すると、最初にこの作品に出会ったときに、私たちは4まで来て客の男たちの感想を聞いて初めて失笑したことがわかる。読者はまったく異議なく彼らの感想に同意し共感する。読者を代表した男二人がうつむきがちに立ち去るのは、私たちの身代わりでなくてなんだろうか。

言い換えると、心中の密かな羨望や嫉妬と向き合う羽目になった男二人を笑うことで、私たちは自分自身に知らんぷりを決め込むのだ。もともと最高裁判所に法律の厳正な執行者以上のものを見ることも、東大生に最高の権威を有する大学生を見るのも、外人の金持ちと駆け落ちする女房に羨望を感じるのも、無意味な羨望や無知な夢にほかならない。しかし頭では分かっていても、それらの羨望も夢も死んではいない。それを証明するのは、私たちがこの作品を見て漏らす失笑自体である。

●都会のマラソン／環境汚染（一）――５０５６回（昭和四四年二月二四日）

昭和四〇年代中期の『まっぴら君』には、公害問題をとりあげた作品が目につくようになる。公害が広く社会問題になりはじめたのは昭和四〇（一九六五）年早々（この年の四月には公害対策基本法案の国会提出が見送られている）からである。そのころは被害が工業地帯周辺に限られていたが、年を追うごとに広く住宅地区にまで及ぶようになった。その原因は、車社会の発展によるものであろう。

ここでは、大気と河川の汚染をあつかう作品を代表として取りあげよう。

５０５６回の作品は、二二日の夕刊に「都会マラソン／からだに毒?!」「排気ガスが〝伴走〟」という見出しで報道された記事にもとづく。次にこの記事から引用する。

皇居の内堀に沿って一周する約四・八キロの歩道コースは、距離的にみて格好のトレーニング場……。

だが、このコースは都内でも有数の交通ラッシュ地帯で、ノロノロ運転の車から吐き出される

5056回（昭和44年2月24日）

排気ガスの濃度も都内屈指。警視庁の調査では、祝田橋、靖国神社前、皇居前の測定で、一酸化炭素量の平均が二〇ＰＰＭ、ひどいときは五〇ＰＰＭにもなるという。

同庁では、この周辺に立つ交通警官の一酸化炭素ヘモグロビン血中濃度〝危険ライン〟を一四パーセントに置いて監視しているが、立っているだけで軽く一〇パーセントを越えるほど。このため、交通警官は勤務後に酸素吸入を受け、やっと勤務に耐えている状態だ。

一酸化炭素ヘモグロビン血中濃度の危険ライン一四パーセントが、今の水準からみて妥当なものかどうか、目に触れた資料から判断して疑問がある。川名英之氏の『ドキュメント日本の公害』（緑風出版）には、「一酸化炭素の大気中濃度が一〇ｐｐｍ以上になると、これを吸い込む人の血液中の一酸化炭素ヘモグロビンは五パーセントを超え、中毒症状が出てくる」とあるから、その三倍近い数値は掛け値なしの危険ラインである。おそらく「やっと勤務に耐えている」交通警官の話は本当だろうから、そんななかで口を開いて深呼吸せざるをえない状態になるジョギングが健康によいはずはない。まるで「ガス吸入機」をつけているようなものではないか。まことに「ガスかきわけ機」でも考案する必要があるに違いない。

排気ガスの規制が行なわれていくらか改善されたにしても、今でも事情は同じようなもので、苦笑してやり切れなさを味わうほかない。

作品は考案中の工夫に最後まで命名せずに実物をよく見せ、私たちの無力感をきわだたせている。ガスかきわけ機を漫画家が考案してからすでに三十年以上が経過してしまった。その間、遅ればせながら、運輸省による排ガス規制が次々に打ち出され、自動車排出ガスによる一酸化炭素の量は漸次減少していったが、自動車の増加そのものには対策がとられていない。一時に比べて改善されたとは言っても、大局的に見れば窒素酸化物などの地球規模の拡散と蓄積は続いているから、人体にさぞ大きな影響を与えていることだろう。このような研究や報道は、私たちは無意識に抑圧しがちであり、自動車のメーカーや販売会社をスポンサーとする新聞なども、あまり正面から取りあげようとしないものの、成熟した車社会が見すえなければならない喫緊《きっきん》の課題であるのは明白である。

●金魚が死んだ／環境汚染（二）――５５３７回（昭和四五年九月二八日）

ここにある５５３７回の作品は、昭和四〇年代半ば当時、大気汚染と並んで問題となりはじめた河川の汚染をあつかったもの。人間は空気と水という生命に必須の根源的な物質を、原状回復の望めないほど汚しはじめたのである。これも痛快なできばえの作品で、東京の河川の汚染された実状は、どんな数字のデータをあげるより実感できる。

一見したところそうは見えないが作品は二重構造になっている。痛快な作品だとはいっても、だからといって読者は誰も手ばなしで作品を誉めあげたい気持ちになれないし、その笑いも晴ればれしたものではあり得ないのだから憂鬱な話である。『まっぴら君』とはよく言ったものだ。

これは、二五日の朝刊に写真入りで掲載された、「一時間ももたず／東京の川の水／金魚で汚染実験」という見出しの記事にもとづく。「江戸川区公園課が同区内を流れる荒川、中川など九河川

5537回（昭和45年9月28日）

十ヵ所から水を採取……金魚を泳がせる実験をした」もので、「最も黒い旧中川の水に入れられた金魚は、……五十五分後に三匹とも腹を出して死んでいった」とある。作品は、「ホンの数分でとんころり」とかなり誇張しているものの、実験用の水を採取した当日の朝は雨が降り、普段より水はきれいだったと記事にあるから、実際のところ、さほどの誇張はないかもしれない。公園課としても、あまりショッキングな実験結果は望んでいなかったと思われる。

公園課の実験の意図は「川がどれだけよごれているか、住民にじっくり見てもらおうというもの」だが、漫画家は実験をそのまま借用して、その水を水デッポーに仕込んで強盗を働こうと考える。この作品の面白さは、水鉄砲で強盗を働こうというアイディアにある。このアイディア自体が、無邪気な子供の世界と、金次第の大人の世界との二重の構造をもっている。読者は水デッポーと聞いただけで、ただちに子供の世界を思い出す。それは追いかけっこの記憶であり水のかけ合いの記憶であり、何も身の危険を感じずに遊びに我を忘れた記憶である。

[3]と[4]はそのような子供の世界を模倣している。つまり水デッポーでは身の危険を感じないのが前提になっている。もしも噴きかけると本当に「数分でとんころり」の生命に関わる危険な水だとすれば、誰も笑えない。だからこの作品がおかしいとすれば、私たちはある種の安心、それどころか子供時代のにぎやかな楽しさを背景にして笑うのだ。

しかし、この当時すでに川の水が金魚にとっては致死性の水であり、広く生命一般を脅かす水に変質してしまっていた。二人の見物人にホールドアップさせることによって、作者が改めて語りたかったのは、いうまでもなくその現実である。このとき、[3]と[4]は遊びの世界とも漫画の世界とも無縁の世界を暗示している。

●死刑囚再審特例法案――5172回（昭和四四年七月一一日）

このチャーミングな作品は、八日の夕刊に小さく報道された衆議院法務委員会の動きをあつかったもの。見出しは「帝銀の平沢らの恩赦を検討／法務省」となっている。この記事を要約すると、次のような内容である。社会党の神近市子らが前年昭和四三（一九六八）年に議員立法として提案した死刑囚再審特例法案の審議が進められている。この法案は、昭和二〇（一九四五）年九月二日から二七（一九五二）年四月二八日までの米軍による占領期間中に起訴されたもののうち、死刑囚

5172回（昭和44年7月11日）

だけでも再審の道を開こうという主旨で、全国に対象となる死刑囚が七人いる。これらの対象となる死刑確定者に対し十分な検討をして、恩赦の適用を考慮したいと上記の委員会で法相が述べたのである。

この特例法案とは無関係にということで、二カ月後に対象者のうちの女死刑囚に初恩赦があって無期懲役に減刑されたものの（九月五日朝日新聞朝刊）、あいにくこの法案（正式な名称は「死刑の確定判決を受けた者に対する再審の臨時特例法案」）は日の目を見ることはなかった（第六十一国会にて審議未了廃案）。

それはともかく作者はこの小さな記事に目をとめて、さっそく先回りをして恩赦の実施される日を想像して作品に仕上げている。黒い帽子をちょこんと頭にのせたゴリラのような大男と、初老の小柄な男の取り合わせは、どこから考え出されたのだろうか。この日の社会面トップには「鉄鋼業界舞台に横領／…／背後に暴力団？」の見出しで「背後に暴力団などが関連した大がかりな恐かつ事件」が取り上げられているが、作品との関連は明らかではない。

ゴリラのような大男の目つきは恐ろしげだ。靴の裏がズボンを汚したら、「いい歳をしていい加減にせい」と怒鳴りつけてやろうと、うかがっているように見える。それともこの目つきは生まれつきで、格別憎さげな目をして睨んでいるつもりはないのかもしれない。それはどちらかわからないが、どちらにしろ何十年ぶりの娑婆を見る人間に対する同情をきちんともっていればそれで十分ではないか。

「さようですか」などとかしこまっているけれども、外見から判断するかぎり電車を降りて歩き出せば、善良なる市民をどやしつけて金品を巻きあげてはその日暮らしをしているヤクザかもしれない。神妙に手を膝においてかしこまる人間がそんな前歴の持ち主であるわけがないという人は、わかっていないのだ。一度は死刑を宣告された人間が相手では、ケチなおどしで世を渡る人間がかしこまるのは当り前の成り行きだろう。

もう一方の小柄な老人は、毎朝目が覚めると今日こそ刑が執行されるのではないかとおののく毎日を何十年も過ごしてきたのである。普通の人間とはもう外見しか類似点はない。隣りに恐ろしげなヤクザが坐っていようと、小鳥がいるぐらいにしか思っていないかもしれない。相手がそう信じていればこそ、ヤクザは確かに小鳥のような心根で初老の男の人生を一挙に理解しえたかもしれないではないか。人間の出会いとはそのようなものである。二人がそれぞれどのような人間であれ、人間の出会いはその可能性を排除しないはずだ。ここではたまたまそのうちの一人が、特別恩赦で何十年ぶりに娑婆を見た死刑囚だっただけである。

なお、作品の背景を知るために引いた新聞記事の見出しでは、法案の提出が帝銀事件を引き金としておこなわれたかのような印象を与えるが、大出良知氏の「深謀無遠慮　古川泰龍師の逝去を悼む」(『月報司法書士』二〇〇〇年一〇月号)によれば、教誨師《きょうかいし》だった古川泰龍という僧侶が、冤罪を疑われる福岡事件の再審のために奔走して神近市子らを動かした結果だった。

●蟷螂の斧／学生運動(一)――5219回(昭和四四年九月四日)

これから学生運動を描いた作品を連続して三点取り上げる。三者三様でどれも捨てかねた。ここ

5219回（昭和44年9月4日）

に示した5219回と三点目（5902回）の間にはほぼ二年四カ月が経過しており、5902回の作品の二カ月後には、連合赤軍による浅間山荘事件がおこっている。裾野が広がると同時に一方で尖鋭化していった学生運動は、この凄惨な事件によって一挙に終息へと向かい、以後ここに示した題材の作品は見られなくなる。その後は、企業爆破などで世間を騒がせる一握りの活動家によるテロ活動へと変質してしまう。

まず最初の作品の背景からみていこう。九月一日の夕刊に「バリケードやデモ／大阪／荒れる高校の始業式」の見出しで、高校に飛び火した反日共系学生運動のためにいくつかの高校の始業式が校長の挨拶だけで終わったり、各教室で分散しておこなわざるをえなくなった事態が報道されている（この記事によれば、高校への飛び火はちょうど一年前、昭和四三年の九月である）。

また三日の夕刊は、早稲田大学の大隈講堂と第二学生会館を占拠していた革マル派全学連が機動隊により排除されたと、一面トップで報じている。5219回の作品に直接の初動を与えたのは、この事件であろう。学生八十二人が逮捕され、殺人未遂、放火など六罪を適用された。社会面は、新兵器を繰り出す圧倒的な機動隊が学生たちを事務的に排除した様子を記事にしている。ちなみに医学部のインターン制度問題に端を発した一年にわたる東大紛争は、この昭和四四（一九六九）年の一月に安田講堂が機動隊により解放されて終結している。

この作品の背後には、虚しくはかない抵抗のたとえに使われる「蟷螂《とうろう》の斧」という言葉が隠されている。作者は学生運動を取りあげようとしていた日に、たまたまカマキリをどこかで見かけたのかもしれないが、作品に初動を与えたのは、間違いなくこの言葉であったろう。カマキリの登場する舞台にふさわしく、加藤には珍しい秋の庭の風物が描かれている。『まっぴら君』にはおそらく初出の葉鶏頭《はげいとう》がひどく印象的である。新聞受けのわきに生えているのは収穫の終わったトウモロコシだろうか。

ここではヘルメットに覆面姿のゲバ学生が、作品中でカマキリに変換されている。新聞受けに入り込んだカマキリが新聞にとまったまま、それを開いた読者の前に驚いて鎌をあげて威嚇《いかく》姿勢をとったようだ。言語的な連想に基づく作品の構造は簡単だが、そこに表現された感情は単純ではない。「よくよく見ればカマキリだった」というセリフには、三派全学連の学生運動に対する作者の失望が表明されている。東大紛争の折りにもそれにちなむ作品をいくつか作っているが、学生運動自体への言及はない。廃墟と化した東大安田講堂を、死神が「すみよさそうだ」と喜ぶ作品（5027回）や、その修復「費用はいったいだれが出すんだ」という観点から批判している作品（5026回）はあるものの、直接には学生運動を見すえていない。

今回の作品で初めて加藤は、学生運動を蟷螂の斧とはっきり断定している。騒乱罪の適用された国際反戦デーにおける新宿駅構内での騒動（昭和四三年一〇月二一日。この時は4955回の作品でカンパを募る学生の募金箱に支持できないと明言して石を入れる二律背反した漫画を作っている）、東大紛争、早大紛争などを見守るなかで、角材を振り回し投石を繰り返す三派全学連の過激な学生運動のあり方に、作者は見切りをつけたようだ。見切りをつけたのは確かだが、点描された秋の風物のせいか、ここには嫌悪より諦めがある。共感より無関心が勝っているものの冷淡ではない。権威への抵抗という一点で、この漫画家は自分の漫画をも蟷螂の斧と考えていたのだろうか。

●ストッキングに火／学生運動（二）――5275回（昭和四四年一一月一四日）

今度はまたがらりと趣を変えて徹底的な漫画である。これは佐藤首相の訪米阻止闘争にちなんだもので、作品の制作に初動を与えたのは、一四日の朝刊にある「首相訪米阻止／狂気の無差別ゲリラ」「アッ、女性の靴下に火」「地下鉄車内燃える」という見出しの記事に描かれた、学生の過激な行動である。作者がこの記事を参照しながら5275回の作品を作るのは時間的に無理だから、記事のもとになった報道は、その騒ぎを扱ったテレビやラジオから得たものと思われる。おそらく作者は、テレビでほぼリアルタイムに事件の報道を見てから、即座に自分の印象を作品にまとめたものと思われる。

この作品の真意は私にはわからない。過激派の活動を突き放してまったく相手にする気持ちがないのか、過激派とそれを生み出した社会を作者自身どのように理解すればよいのかわからずに途方に暮れているのか、それともひょっとしたら作者はヤケぎみなのか。上記の新聞記事からこの作品と関連する騒動のありさまを引用する。銀座線銀座駅と銀座四丁目付近の地下街で機動隊と学生たちが衝突したときのことである。

首をつかまれ、ねじ伏せられる学生。「危険です。避難してください」と声をからす駅員。一瞬前までいつもの帰宅時のように、混雑していた地下街は〝戦場〟と化した。……

5275回（昭和44年11月14日）

わずか十分ぐらいの騒ぎで、まったく関係のない市民十四人がやけどを負った。このうち、九人は若い女性。ほとんどがナイロンストッキングが燃え、たたいてもなかなか消えなかった。投げた学生自身も狭い地下街で逃げ場を失い、炎に包まれたらしく、焼けただれたジャンパーやセーターが地下街の便所に脱ぎ捨てられていた。

いったいこの狂騒は何だったのだろうか。バッグとスカートに火のついた女性の悲鳴を聞いても表情一つ変えない改札口の駅員は、実状を転倒した加藤のいわゆる目くらましなのだろうか。それにしても、音を消したテレビ画面に写し出された実況中継のような気味の悪さは何だろう。悲鳴をあげて走り寄る女性と駅員のコントラストが異様なら、火炎ビン被害特別出口の設置も奇妙である。それらを他人事のように表現した作品の全体の調子も不可解だ。つい数時間前の騒ぎを逆説的に表現したのだと言ってしまえばそれまでで、なにも判然としないのは相変わらずである。

おそらくここに登場する駅員は、作者自身なのだろう。作者は荒れ狂った世相を前に平然としている。それは意志的な態度であって、これぐらいのことで驚いてたら商売になるかというつもりかもしれない。それとも、ここにあるのは怒りだろうか。いずれにしても、作者は漫画の背後に身を隠して押し黙ったままである。現在から見れば作者の無力は露わかもしれないが、当時は多くの読者の共感を誘ったことだろう。

●爆弾テロ／学生運動（三）——５９０２回（昭和四六年一二月二七日）

三点目の作品に移ろう。現在から作品を見ると、爆弾テロを意図してアパートなどで爆弾を製造している最中におきた暴発事故にちなむ作品と考えたくなるが、この作品の掲載された一二月までに、暴発によって爆弾テロ犯人たち自身や周辺の住人が死亡する事故はない。その種の最初の事故は、昭和五〇（一九七五）年九月のことである。作者にはそのような事故の予感があったと考えることもできるが、５９０２回の作品の理解に当たっては、この事実をはっきり踏まえておく必要がある。

この作品の直接の動因は、二件の大きな爆弾テロ事件である。一つは一八日の夕刊一面トップに報じられている爆弾テロで、警視庁警務部長宅で歳暮を装った小包が爆発し、警務部長の夫人が即死した事件。もう一つは二四日金曜日に、クリスマス・イヴで賑わう新宿の交番派出所裏手にしか

5902回（昭和46年12月27日）

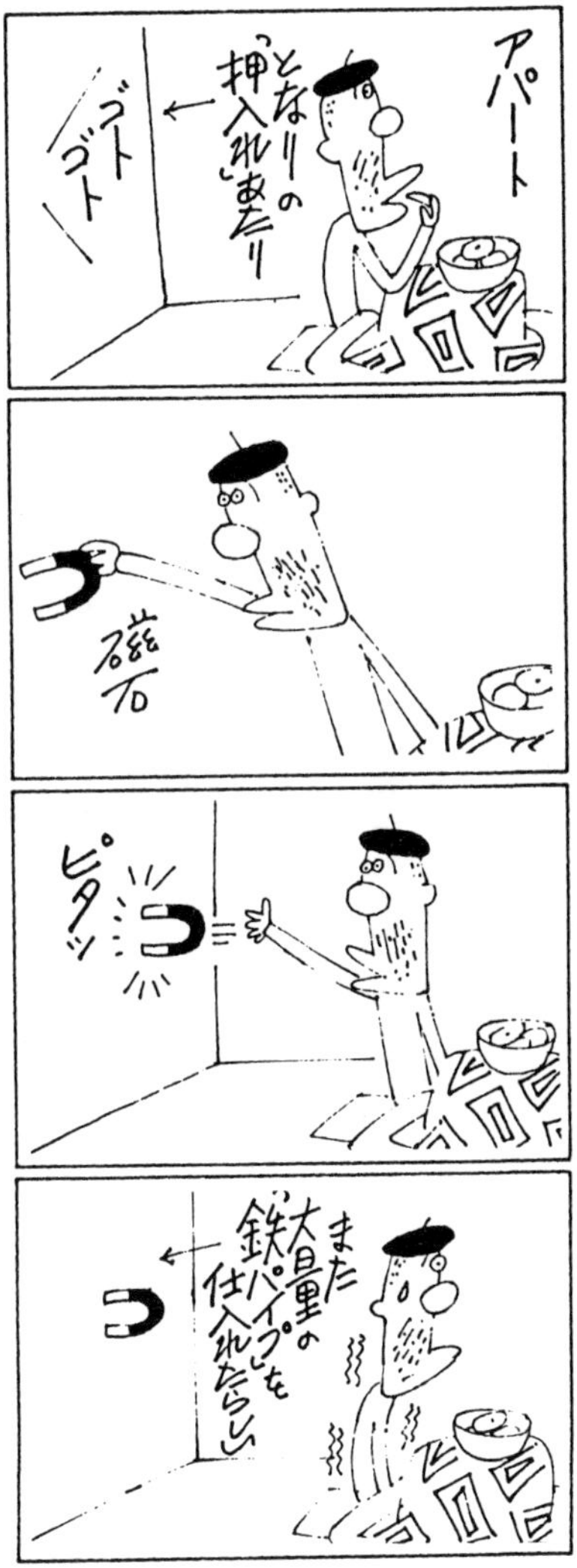

けられたツリー爆弾が爆発した事件。警官二名が重傷を負い、市民十二名が負傷した。どちらもどのような大義名分があれ許されない愚行である。二五日朝刊の社会面は見開きでこの爆弾テロ事件を取りあげている。二六日には「異例の《取締総本部》／爆弾テロに専従八百人」の見出しで、爆弾テロ犯人捜査体制の強化が図られたことが報じられている。５９０２回の作品に初動を与えたのは、この記事にある「過激派の〝爆弾工場〟となっている都内民間アパート（約十五万棟）については、監視をして実態をつかむ努力をする」というあたりであろうか。

先に言及した二五日朝刊の社会面には「ただの置忘れカバン」の見出しで、置き忘れられたカバンを爆弾を仕込んだカバンと疑った、笑うに笑えない事件も小さく報道されているから、加藤はそのような題材で面白おかしい作品を作ることもできたはずである。記事にはならないものの、似たようなことはあちこちの派出所や要人警護の場面で起きたに違いない。しかし、さほど面白くないこの作品をあえて作ったのは、漫画家として、作者がこの爆弾テロに関わる作品で読者に求める笑いの質を厳密に限定したかったからであるように思われる。

こたつに入っておやつを食べているのは一人住まいの老人だろうか。薄い壁一枚を隔てて隣りに住む住人の顔はわからない。押入れをゴトゴトいわせて在室する気配があるのみだ。普通なら一人暮らしの寂しさを紛らしてくれるはずの隣人の気配が、ここではまったく異質のものになっている。作者はすでに、無差別テロに走った犯人たちとまったく断絶したところにいることを感じている。共感も同情も成立しないから、漫画といっても笑いは磁石の誇張した使い方のなかにあるだけである。

壁の途中で、まるで中空に浮かぶように隣室の鉄材に引きつけられている磁石のイメージは、姿が見えない漠然とした爆弾テロ犯人を引き寄せ、それによって恐怖を喚起している。繰りかえすが、作者は、爆弾テロ犯人たちに批判や諷刺に堪える実体があるとは信じていない。隣室には、加藤が何度か引用して作品とした芭蕉の俳句「秋深き隣りは何をする人ぞ」の感慨に堪えるような隣人は存在しない。

ここにある恐怖は、爆弾テロの標的にされる可能性とか爆弾暴発事故の巻き添えになる可能性に関わるものではなく、孤立して現実から遊離してしまった虚ろさに対する恐怖であろう。磁石が吸い寄せているのは、そんな虚ろさなのだ。

三者三様の三つの作品を見比べると分かるように、加藤の学生運動に対する視線の変化は歴然としている。この三つめの作品では、相手がすでに共感しうる限界を超えてしまったことを、手探りのうちに確認しているようだ。

このほぼ二カ月後に連合赤軍による浅間山荘事件が発生し、その解決とともに、尖鋭化した過激派の凄惨な内部崩壊が暴露されることになる。

●捨て子と選挙——5297回（昭和四四年一二月一〇日）

第三十二回衆議院総選挙と、このころ相次いだ捨て子事件を絡ませたもの。まず「立候補届け出締切る」という見出しで一面トップに報道された九日の朝刊から、この総選挙の争点を少し引用しておく。

5297回（昭和44年12月10日）

安保、沖縄を最大の争点として、物価、減税、大学、農政、公害など当面の政治課題を取上げて舌戦を繰広げるわけだ。今度の総選挙は一九七〇年代の日本の政治進路を方向づけるという重要な意義があり、国民がどのような審判を下すかに大きな関心が寄せられている。

党派別の立候補者数を見ると、公明党が前回の倍以上の候補を立てているのが目をひく。それに対抗するように自民党と社会党は前回より候補者を絞って守りの態勢に入っている。暮れもおし迫った二七日の投票結果は、社会党の大敗北と公明党の二倍近い躍進。自民党は無所属の当選議員を追加公認して三百議席を確保した。

一方の捨て子について見出しで追うと、三日に「こんどは産み逃げ」の見出しで捨て子の記事がある。この見出しから、その前にも同種の報道のあったことがわかる。八日には「今度は〝お願い捨て子〟／女の赤ちゃん二人／母親が置手紙して」の見出しで報道された記事がある。その記事の冒頭から引用すると「師走の風の中《しあわせな町づくりを》と叫ぶ選挙カーの声をよそに……また二件の捨て子があった」とある。九日にも「子を産む資格ない親」の見出しで、前日と同じく二件の捨て子を報道している（以上いずれも朝刊）。作品は形の上では今しがた引用した八日の記事の視点を借用しているが、ずっと意味深いものになっている。

捨て子事件にまつわる人情的なドラマはここではいっさい切り捨てて、作者は別のことを考えている。立候補者が「なにとぞよろしく」と頼むのは、立候補者当人への投票である。乳母車を押す女性が「なにとぞよろしく」と頼むのは、自分の子供である。両者の交換が成立する可能性はないわけではない。一方は子供の養育を引き受け、もう一方はその立候補者に投票すればいいのだから。しかしこの交換は成立しなかったらしい。立候補者は泣きじゃくる赤ん坊を抱えて、慌てふためいて親を追いかけていく。

作者は議員候補者に投票するのは、その候補者に我が子を託すようなものだと考えている。あいにくその心は立候補者にはまったく通じなかったようだ。いや理解したけれども、とてもそんな覚悟はないのかもしれない。読者の笑いは、不審や疑問が解ける④で、自覚も覚悟もありそうもない立候補者の慌てぶりを見て起こることになる。単純な構造のなかに、作者は巧みに目くらましをしかけて自分の考えを表現し、あわせて立候補者諸君の自覚を促している。私たち夕刊の読者にとっては、世相をのぞく前のまたとない準備体操であった。

●海水浴場の大腸菌数――5486回（昭和四五年七月二八日）

この作品は、二六日の朝日新聞朝刊の記事に基づいている。「海水浴場／塩素滅菌が効果」という見出しの記事である。厚生省の調査によれば、海水浴場は「神戸市須磨のほかは、大腸菌群が当面の合格ライン百ミリリットル中一万個以内、透明度も海面下三〇センチ以上のところがほとんどで、まずは合格という」わけで「塩素滅菌の効果が目立ち、去年よりぐっと清潔になったことがわかった」らしい。ただし同省の大腸菌群の最終的な目標は千個以内というから、一万個以内だからといって安心するのは気が早い。「てやんでぇ！」は、この新聞記事を読んだ作者が思わず発した言葉だったろうか。

一見して、誰しも絵の巧みさにまず感心するに違いない。このラウドスピーカーを持った浜辺の監視人に、私たちはどこかで出会ったことがあるのではないか。③の監視人のセリフに呼応した「あんたのことらしいわよ」というセリフも鮮やかだ。この一言は、「誤解されるおそれ」を便器形のゴムボートにしっかりと結びつける役割を果たしている。監視人当人にとってはあくまでも誤解される「おそれ」だし、海水浴客にとってはあんたのこと「らしい」のだが、逆説的に両者は「誤解されるおそれ」を青年のまたがった便器形のゴムボートに確実に結びつける。

要するに、誤解されるに決まっているのだ。どんな誤解かと言えば、大腸菌が減ったなど疑わしいという見解である。この監視人は自分の浜辺がなんとしても活況を呈してくれないと困るから、厚生省の発表は渡りに船だ。実際に大腸菌の数を数えたことはないし、それが減ったかどうか危ぶんでいるが、なにしろ厚生省のバックがある。自分の言葉がつい内々に懸念を語っていることなど、まったく気にも留めない。「このたびグーンと減りました」などと厚生省の発表のおかげで突然減ったかのような言いぐさも、当人には皮肉を言う気がないだけに、いっそ辛辣である。この四コマには、婉曲な当てこすりというもののきつさ、そっと背後から忍び寄って心臓を一撃する狡猾さがある。

作者は自分の誤解を強いて強調するつもりはないし、天邪鬼に厚生省の汚染調査に異議を唱えようというのではない。きわめて密やかにしかも堂々と、漫画家らしい方法で実状と懸念を記したまでである。

5486 回（昭和45年７月28日）

●劇画家と漫画家――５４８８回（昭和四五年七月三〇日）

これは加藤には珍しく同業の漫画家の劇画作品に言及したものである。同業の漫画家などと書いたが、実は作者としては、劇画の作者には劇画家という名称でも着せて、四コマ漫画の作者とははっきり区別されるようになってほしいと考えているらしい。

箸につまんで片足が出る、片腕が出る、箸をもった料理人ときたら気味の悪いぞっとするような顔つきをしている。しかしどれも残酷な少年漫画を読む若者の錯覚で、料理人は「ふつうのおでん」を作るおでん屋の主人だった。この主人のセリフがなかなか意味深である。

この作品の制作に初動を与えた記事は、ほぼ一週間前の二三日にさかのぼる。四段抜きの見出し「少年マガジン特大号販売禁止／劇画が残忍と有害図書に」で報道している記事である。その報道からかなり経過した後だから、あるいはそれを噂した同業者の楽屋ばなしが直接の初動を与えたのかもしれない。それとも、意地の悪い熱心な読者から、この報道をなぜ取りあげないのかと挑戦的な投書でもきたのかもしれない。おでん屋の主人のセリフはそんな想像をさせるに十分だ。

そのおでん屋が少々問題であって、前日の作品では光化学スモッグに目をやられた氷屋の主人を登場させているし、前々日の５４８６回（前項）を見れば海水浴の光景である。つまり、この作品の発表は真夏である。真夏におでんとは、作者が素材の調理法を見つけかねて苦しまぎれの設定なのか、それとも故意に選んだことなのか、そのあたりははっきりしない。

先に引用した見出しの新聞記事によれば、ジョージ秋山氏の「アシュラ」という作品が問題視され、神奈川県の児童福祉審議会が全員一致で有害図書に指定した。紙面では少年マガジンの編集長の反論を併記して、児童福祉審議会の見解とバランスをとるように配慮し、さらに教育評論家阿部進氏の談話をのせて、児童福祉審議会に対して批判的な立場を鮮明にしている。氏の談話の一部を次に引用する。

パッと見て〝これはひどい〟の一言で〝有害図書〟に決定したセンセイ方の意識はどうかしている。（中略）〝けしからん、けしからん〟だけで社会的責任を回避するような審議会では困る。

省略した部分にジョージ秋山氏のプロフィールと彼の作品の弁護が簡潔に展開されているが、ここでは「アシュラ」の弁明や批判が主旨ではないので割愛した。ここに引用した談話は、語る当人

5488回（昭和45年7月30日）

が児童福祉審議会に類する会議に参加した経験のあることを容易に推察させるもので、もっともな批評にちがいない。

ちなみに読売新聞は、同じ二三日に対社会面トップを八段使って、写真入りで詳しく報じている。「残忍マンガ売らせぬ」「有害図書に指定」と見出しを縦横に組んで、一見したところ作品に批判的である。

加藤の作品は、必ずしもジョージ秋山氏に同情的ではない。批判もしないが弁護もしていない。阿部氏に比べれば、冷淡に見える。それは、一方で阿部氏も正しく把握している児童福祉審議会委員の意識のあり方をからかいながら、他方で作品の重心を漫画と劇画の違いの強調に置いているからである。漫画家とはいっても、加藤にはそもそも同業者意識がないといってよい。

作品に沿って見ていこう。3まで各コマの絵にキャーッという悲鳴が添えられている。3ではじめてその悲鳴をあげている若者が描かれる。この悲鳴は、『まっぴら君』の絵のタッチとあいまって全体を見るからに漫画然とするのに効果をあげている。作者はいたずら好きな笑いを浮かべながら、「どうだ残酷だろ」と自慢げだ。悲鳴もなかなか効果的でしょう? 足が一本出てきたからといって、切られた腕が出てきたからといって、どくろがごろごろしているからといって、残酷だとは少女じみている。3までにある「どうだい、まっぴら君もなかなか残酷だろ?」とでも言うようなからかう調子、冗談半分にそれを自慢する調子、それらは、明らかに児童福祉審議会の委員ならびにジョージ秋山氏を相手の、漫画家一流のパフォーマンスである。しかし作品は4で一転する。はた迷惑だといわんばかりの表情のおでん屋は、劇画の残酷さとやらも、それをすぐ「けしからん」と発売禁止にする審議会の委員たちのいかめしさも、もはや眼中にない。

今回の作品にかぎらず「まっぴら君」は劇画のおどろおどろしい迫真的なタッチとはまったく無縁だが、だからといってリアリズムの所在がどちらにあるかはわからない。それはタッチによって決まるのではない。なにやら「迫真的な」タッチと評される表現が、皮相で観念的なものにすぎないことも大いにありうる。ましてストーリーのリアリズムなど無意味な論議である。それこそ理屈はいくらでもつけられる見本であって、誰しも好きなようにする他はない。その好例が、今回の有害図書指定である。

少年マガジンの編集長ならびにジョージ秋山氏と児童福祉審議会の委員は、互いに自分たちの正当であることを主張してやまないであろう。一方、『まっぴら君』にはストーリーと言い得るようなものはないが、だからといってリアリズムがないということにはならない。まして衛生無害で有害図書に指定される心配は毛頭ない、というわけではない。作者のそういう自負が、④に集約されている。

児童福祉審議会の委員たちが、箸の先に摘まみあげられたおでんの具を劇画世界の残虐な道具立てと見まちがえる子供に変換されている。それとも、変換など存在せず、ザンコク少年まんがの見過ぎで、あらゆるものが人肉の切れはしやどくろに見えてしまう子供が描かれており、これこそ劇画の弊害であると作者は言いたいのだろうか。この作品は、一見したところ、そのような多様な解釈を許すところに成立している。

同じ絵が、一方で、人肉の切れはしの絵を見れば眼を覆わんばかりにして叫び声をあげ、「これは酷い」「けしからん」と有害図書に指定する児童福祉審議会の委員を指し、他方で、有害図書にすぐに感化されて想像世界と現実世界の区別がつかなくなる子供を表現しているとしたら（つまり、加藤は少年漫画を弁護していない。それどころか、少年漫画の作品には我関せずの態度なのだ）、なんという皮肉だろう。児童福祉審議会の委員の感受性の初々しさは、ザンコク少年まんがの読者と同じレベルにあるらしい。このような視点こそ、『まっぴら君』の本領である。ナンセンスは徹底しているし、ナンセンス漫画に対する信頼も徹底している。

この作品に有害図書を発売禁止にすべきだという結論を読みたい読者は、そもそも加藤の作品も痴者《しれもの》の戯《ざ》れ言《ごと》にしか見えないだろうから、自分たちが援用できる論理をここで読み取るのはむず痒《がゆ》いことだろう。だいたい海水浴場に和式の便器形をしたゴムボートを持ち出す馬鹿がいるもんですか、おでんの具に人の腕を出すなんてどういう神経かしら……等々、加藤も少年まんがの残酷さを排斥する人々の手にかかれば、あきれられるだけだろう。

一方、劇画作者も加藤の機知とは無縁だから、加藤の方法が劇画作者を喜ばせるとは思えない。「ほれ、普通の漫画だ。漫画家まで巻き込まないでくれよ！」。ここには、数秒ですべてを表現しなければならない四コマ漫画の作者の密かな自負がある。劇画と四コマ漫画は、小説と詩ほどに違っており、四コマの小さな舞台では、口ではなく目がものを言う。雄弁によってではなく、一瞥《いちべつ》によって勝負は決するのである。実例はいくらもであるが、次に示す作品などちょうどいい例だろう。

●大幅な石油値上げ――5650回（昭和四六年二月二四日）

第一次石油ショックは、昭和四八（一九七三）年一〇月に起こる。この作品は、その前触れをなす大幅な石油値上げにかかわる作品である。それだけ言えば、察しのよい読者は作品の鮮やかなできばえに吹き出すことだろう。

中国人が家族で経営する中華料理店だろうか。娘の口調も店主の口調もどこかぎこちない。そのぎこちなさと店主の大陸的な鷹揚《おうよう》さがマッチしている。そこには何やら処世上の狡猾な知恵すら感じられる。確かに4の店主の応答は巧妙だ。客の表情もいいし、石油臭いどころか人間臭い作品で心おきなく笑える。この主人の返答には、客も苦情を言いそびれるに決まっている。

5650回（昭和46年2月24日）

例によって、素材となった記事から入っていこう。一八日の朝刊に「原油値上げそっくり肩代わり／国際資本が要求」の見出しで、一面に二〇パーセントに達する石油値上げ通告の記事がある。二三日には「台所に飛び火？　石油戦争」「連鎖値上げの恐れ／灯油もちろん衣料、野菜も」と縦横に見出しをあしらって、一面トップで報道された記事がある。これは国際資本が要求した原油大幅値上げの波及効果を考察している。作品の制作に初動を与えたのはこの記事である。そこから引用する。

産油国から原油の値上げをのまされた国際石油資本はその負担増加分のほとんどすべてを原油価格引上げの形で日本の石油会社へ肩代わりさせようとしている。……日本がかぶる負担増加分は年間約千五百億円。昨秋の第一次値上げ分も含めると二千億円に達する計算。半年間に二二パーセントの値上り率となる。……二千億円は日本の人口一億人で割ると一人当たり年間二千円。……石油の利用方法は幅広いだけに、影響も大きい。

この記事には「石油の樹」と題してその利用方面や加工品が樹状に示してある。この樹は私たちの全生活分野を覆っている。周知のように、その石油の樹のおかげで公害も必至の状況に立ち至っているし、公害にかぎらず、私たちの生活のなかで「石油のにおい」のしないものを探すのは難しい。そんな現状をこの作品は巧みに利用している。

この中華料理店にしても、もちろん都市ガスを使っているだろうから、確かに「石油くさい」のだ。国際石油資本は日本の元売り各社に原油値上げ分の肩代わりを要求したが、今度は元売り各社が日本の企業に肩代わりを求め、さらにその企業が末端の消費者に肩代わりを求めれば、④の店主のセリフにもかかわらず、この中華料理店にしても値上げするに決まっている。

作品に戻ろう。娘の運んできた料理をさっそく箸を手にして食べようとして、ふと鼻をついたにおいに箸の動きが止まる。どんぶりを顔に近づけてみる。よくわからないので、今度は鼻でにおいをかいでみる。振り返って客の不自然な動作に気づいた店の娘が歩み寄って声をかける。ここまで客に一言もしゃべらせずに動作だけ示すことで、読者に何事かと期待させるところが憎い。すでに私たちは作者の手中に落ちたも同然だ。

3の新聞から顔を上げた店主の心外そうなセリフで、読者ははじめて客の動作に納得がいく。客は「料理が石油くさい」と苦情を言ったらしい。はっきり言えば鼻でにおいを嗅いでいたところからわかるように、事実を直述しているだけだ。客にすれば、たとえば暖房用の灯油をあつかって、その手も洗わずにどんぶりをもったのではないかと嫌味でも言いたいところなのだ。読者はすっかりそう思い込んでいる。ところが、どんぶりをもって現われた店主は「石油くさい」という言葉を「石油のにおい」に置き換え、それとともにこの言葉を寓意的に使って、さっき灯油をあつかった手でどんぶりをもった失策をくらまそうとする。

私たちの生活に石油のにおいのしないものなどないよ、この料理にしたって都市ガスで調理しているからね。そういう意味じゃきっと石油くさいと思うよ。でもうちは値上げなどしないから心配しなくてもいいよ。大丈夫だよ。よけいなこと言うようだけど、あんまり神経質にならない方がいいね……。

作者の巧みなセリフをパラフレーズして味気ないものにしたことを大目に見ていただきたい。私たちが笑うのは、客の主張を受け入れながら（うちは石油のにおいしても）、しかも平然と自分の失策を言い逃れる（しんぱいない、しんぱいない）店主の巧みさから発するのは明らかだ。

もちろん平然と言い逃れをするためには、それなりにしかけが必要で、そのために店主の言葉は二重構造になっている。二重構造になっている「うちは石油のにおいしても」の部分の、どちらに店主がいるのか私たちには判然としないところが愉快なのだ。料理が石油くさいことを認めていると思ったら、そうではなく石油と無縁じゃないというだけのことらしい。かといって、料理が石油くさいことを認めないわけではないらしい……。この神出鬼没に現われたり消えたりする店主の離れわざに私たちは笑う。いわば客も読者も、二つの穴から顔を出すモグラを相手にモグラ叩きゲームをさせられたらしい。しかもこのモグラは、私たちに叩いたと見せて、その実すばやく身を引くから痛くもかゆくもない。

当てにならない話だが、店主が心配ないと保証したのは、本来この店の値上げに関してである。どんぶりに付着した灯油のせいで料理が石油くさいぐらい心配ないとしても、それは謝罪すべきことだ。しかし、この店主はつけ込まれないように用心して、謝罪せずにすますつもりらしい。どんぶりに灯油が付着しているだけだから石油くさいぐらい心配ない……と言うわけにはいかないが、「しんぱいない、しんぱいない」と言いくるめるのは、やはり店主自身の失態である。かくして謝罪しないばかりか、値上げしないと恩を着せる腹だから大したものだ。この店主の邪心のない笑顔が食わせ物であることに気づいても、不快になるどころか拍手を送るのは、ひとえに彼の巧妙なユーモアのおかげである。

●四選された佐藤首相——5791回（昭和四六年八月一一日）

作者は、佐藤栄作首相に関して、自民党の総裁選挙への四期目の出馬を話題として取りあげて以降（5532回、昭和四五年九月二一日）、自民党臨時党大会で総裁四選を経て、昭和四七（一九七二）年六月に退陣表明があるまで、ここに見る作品も含め十回以上も、その政権への執着を皮肉った作品を作っている。『まっぴら君』の作者にとって、権力への執着はよほど不愉快だったらしい。

この作品は、佐藤栄作が自民党の総裁に四選されて二年の総裁任期の半分近くが経過したころの作品で、八月一〇日の夕刊に「高級ファッションやーめた／モードの王様サンローラン氏」の見出

5791回（昭和46年8月11日）

しで報じられた記事にちなんでいる。高名な服飾デザイナーのサンローランが「《高級ファッションから手をひき、今後は既成服市場の仕事に専念する》と高級ファッション界からの引退を表明した」というのである。

佐藤首相の政権への執着とそれに対する加藤の強い批判を知ってこの作品を見ると、この漫画家が世相を利用して自分の表現したいことを表現する手腕の鮮やかさには、ほとほと感心するほかはない。①と②を見ただけでも笑みが浮かんでくるが、作者の求める笑いはそんな生半可なものではない。③でまず苦笑せざるをえないだろう。もっともそれは、佐藤首相の政権への執着を目の前にしている当時でないとむずかしいかもしれない。

さて最後のコマにたどり着いて、初めて作品の制作に初動を与えた世相に出会う。ここでも私たちは苦笑を重ねることだろう。なるほど氷を頬張って（佐藤首相の豊頬までかすかに暗示し）「サンローランついに引退ね」と言えば、「佐藤さんがついに引退ね」と聞き違える可能性はあるから。しかし音声上の類似にもかかわらず、この作品の全体は、音声の類似を微塵もあてにしていない。制作に初動を与えた素材は単に口実にすぎない。読者はそれをはっきり理解する。それがこの作品のすべてと言ってもいいほどである。

そのすべてを表現するために作者は周到に準備する。作品にはちゃんと高級ファッションの方面に少しは興味のありそうな洒脱な雰囲気の婦人が登場している。ステテコ姿の男とは反対に、おそらく彼女には政権に執着する男のことなどまるで興味がないだろう。この設定も作品を懐の深いものにしている。ブッカキ氷をしゃぶりながら（おりしも第五十三回の全国高校野球大会が準々決勝まで進んでいた）、モゴモゴ独り言を言ったのは、自分の興味を惹いたことだ。横になってうたた寝していたステテコ男にしても、自分の関心事をその独り言のなかに聞き分ける。どうあっても、ステテコ男は聞きたい言葉を聞いたに違いないのだ。読者は作品を見終わって反省的にそれに気づく。そして、作者が強い調子で佐藤首相の政権執着を批判していることを理解する。そんなことは一言も書いてないけれども、この作品の構造そのものが、それを断固として表明する。

しかし、音声の類似など不要だったとはいっても、作者はあくまでもサンローランの高級ファッション界からの引退報道を必要としたので、その記事がなければ、この作品は生まれなかった。洒脱な雰囲気の女性が一方に登場してこそ、ステテコ男の機械的な反応を笑い、しかも政権に執着する男を深く印象づけることが可能となった。

漫画家にとって個人的には意味も興味もないだろう記事をオチにしたのは、時評を自らの務めとした漫画家の節度であり、ここにこの漫画家の自由がある。この作品の密かな、しかし断固とした芯の強さは、この節度に由来する。この作品は、首相の政権執着批判を百回唱えるより印象深く、それを表現することに成功している。作品による表現は、何と不思議な力を秘めていることだろうか。それはストーリーを語ることとも、主義主張を表明することとともまるで関係がない。

すでに総裁四選決定を報じる紙面のコラムで「人心をして倦まざらしめん、のが政治の要諦ならば、すでに倦んでいる人心はどうする」と早々と皮肉られているし、退陣表明から一年以上さかのぼる昭和四六（一九七一）年の五月にも、「政権末期」と題したコラム（五月一七日夕刊の『憂楽帳』）で佐藤首相の指導力の凋落は皮肉られている。そのような現実こそ、加藤が見抜いて執拗に

5554回（昭和45年10月17日）

批判したところであっただろう。

　政権に執心する佐藤首相を批判している作品のうち、やや見方の異なるものを見てみよう。5554回の作品では、作者は首相の無為に焦点を合わせている。

　加藤がここで批判している佐藤首相の無為は、私にはこの首相の政治哲学であったように思われる。無為と長期政権は、コインの裏と表のようなものだった。それを示す印象的なエピソードを紹介する。四選出馬表明後の記者団との質疑応答のさなかのことである（昭和四五年一〇月一五日）。

　中国側の佐藤首相に対する不信が日中関係の前進を阻んだ側面もあったらしく、働きかけはおこなったようだが、何もかも現状維持のままで打開を図ろうという基本的な態度では、中国側も受け入れられなかったようだ。

記者との質疑応答のなかで、こちら側の働きかけにもかかわらず進展がないので、先方が悪いとは言わないが「佐藤政権はなにもしていない」と首相が弁明するところで記者席から笑い声が起きる（毎日新聞による）。これは佐藤政権は働きかけはしているが何も悪いことはしていないという文脈であって、無為を自慢しているのではない。しかしこの笑い声は、佐藤政権の無為を笑ったといっても誤解ではない。あいにく括弧に囲んで（笑）としか示してないから、それが爆笑だったのか、押し殺した笑い声があちこちからもれる程度だったのか、それはわからない。

たしかに最高権力の座について、何もしないことを自らの徳とするのは一種の見識でありうる。いやしくも一国の首相なら、汗を拭き拭きせっせとみずからの蓄財に励んで、それを国政と言いくるめるようでは仕方がない。浅薄な主張をかざしてヤニ下がったたいこもちを演じる必要もない。人間的な魅力という点では、そこに好き嫌いの入る余地は大いにあるだろうが、最高権力の座につくものという観点からは、両者のあいだに選択の余地はないように思われる。みずからの無為が部下の働きやすい環境を作るならば、無為は徳であろうし正しいことだから。しかし、それをみずからの徳としうる世界に佐藤首相がいたか、疑わしい。彼は自分の部下たちのなかに、自分と同じ無為の哲学をもつ官僚を見出すほかなかったのではないか。中華人民共和国の国連加入が決定したときに、佐藤栄作自身がそれを感じただろうと私は想像する。

皮肉なことに佐藤政権を継ぐのは、正反対の哲学を信奉する田中角栄であった。この間の事情が朝日新聞に印象深く点綴されている（昭和四七年七月五日）。

田中氏は佐藤首相から「右腕」といわれるほど政権の中枢に参画したが、しばしば「待ち」にしびれを切らした。「早く首相の決断を……」とぼやく姿がよくみられた。そして、最後はみずから動いた。結果のよし悪しは別にしても、彼が動くことによって佐藤政治は一つずつ問題を片付けた。そして、その激しい動きによって、彼自身もまた自民党内で一歩、一歩、実力者の地歩を固めた。

佐藤栄作は政権の座を、同じ官僚出身の福田赳夫に譲りたかったらしい。しかし、その無為のゆえに「田中総裁実現の最大の功労者は佐藤首相」だと皮肉られる結果にならざるをえなかった。

●田中角栄首相の誕生――6055回（昭和四七年七月一一日）

吉田茂に見出されて高級官僚から政権の座に登りつめた佐藤栄作の次は、今度は一転して、就任当初は庶民宰相と謳われた田中角栄の登場である。庶民宰相と親しまれて人心の期待を集めたのはもっともであって、前項の最後に引用した「待ちの政治」にしびれを切らして動いた田中角栄は、日本人の多くの期待を担ったに違いない。彼は、七月五日の自民党臨時党大会で福田赳夫、大平正芳、三木武夫らと争い、投票の結果、第六代の自民党総裁に選出され、翌六日の第六十九回臨時国会で首相に指名された。

ご祝儀めいた作品はあるものの、田中角栄の人物にまで踏みこんで作品としたのはこれが最初である。コンピューター付きブルドーザーともてはやされたその国民宰相を、けたたましい音をたてて開いた扉の向こうからキーコキーコきしる三輪車にのせて登場させるとは、加藤も相当な神経である。作品上では、社長さんということになっているが、誰もこの人物に田中角栄以外を連想しない。

コンピューター付きブルドーザーとコンピューターつき三輪車のあいだには模像同士の関係がある。作者がすでに世間に流通している「コンピューター付きブルドーザー」なる呼び名からこの作品の社長を作りあげたのは確かだとしても、どちらも模像という点では似たようなものである。

もちろん「コンピューターつき三輪車」は流通している国民宰相の愛称のパロディであって、作者は自分のこしらえたイメージの流通を願っているわけではない。この作品には、田中角栄に対する底意はなにもない。むしろ親しみをこめた紹介と考えても誤解ではないだろう。コンピューター

6055回（昭和47年7月11日）

つき三輪車のセリフにもそれはうかがえる。出前を運んできたラーメン屋の主人の笑顔は作者のものので、敬意や親近感やらをこめて冠せられた愛称を、作者はひとまず疑ってみただけである。

イメージとイメージを衝突させて、軽信を混乱させるのは漫画家の常套手段であろう。先入観というぐらいだから先に入ったイメージの方が強いに決まっているが、それを漫画家は逆手にとって利用しただけだ。私たちは情報操作で巧みに作られたイメージを、それが手軽でわかりやすいという理由で使いはじめただけで、実のところ、何もはっきりしていなかったのだ。三輪車なのかブルドーザーなのか、それともそれ以外の何なのか、誰もこの当時はまだはっきりと知らなかったというべきである。

●テルアビブ国際空港の乱射事件——６０５９回（昭和四七年七月一五日）

一万回の連載を収めた『まっぴら君』全一〇巻からは四つの作品が削除されている。いずれも第一巻にある。いわゆる差別語が使われているからだとは容易に想像がつく。差別用語が使われているのは、そのうちの二つである（残りの二つはそれぞれ政治的、宗教的な配慮により削除したらしい）。

しかし、それらの作品を初出の新聞紙上で一読すればすぐにわかるように、どれも全体の空気には、差別をしようなどという意図は微塵もない。どのようなハンディキャップを負うものであれ（作品ではあからさまに差別語を書き出している）、そうでない人とまったく同じようにあつかっている。差別語が明示されていようと、その言葉を使う人間の使い方を見ずに、機械的に抑圧するのは差別を陰にこもらせるだけで本当の解決とは程遠いだろう。差別の解消は一人一人の人間がひそかに実行するしかないはずである。

　差別があれば削除するとすれば、この作品こそ削除すべきであったろう。ここでは作者は明らかに差別している。ただし差別しているとは、差別を利用しているという意味だ。男女のカップルならば、こののぞきはゲェーッとは言わなかったのであって、同性愛者であればこそだからである。そして作者はのぞきのこの反応によって笑いを誘っているからだ。この作品が削除されなかったのは、現代の日本が同性愛に対して寛容ではないからにすぎない。

　とは言っても、私がこの作品を取りあげたのは、作者を非難するためではない。作者は差別の根

6059回（昭和47年7月15日）

拠の実在を信じ、その正当性を主張しているわけではない。漠然と存在する差別感を利用し、それをおのずから明らかになるように掻き立て、輪郭を露わにして、その所有者に返しただけである。

この作品を初めて見たとき、私はこののぞきに同情して大笑いしてしまった。③で思わず耳を疑ったのぞきに、私は我がことのように共感する。それはおそらく作者の意図したとおりの笑いなのである。「死んだらお星さまになろうネ」というセリフにあるセンチメンタルな響きに対する反撥に等しい、はじけるような笑いである。そのような笑いを読者に要求するために、ひげヅラの同性愛者たちとのぞきが、加藤の演出のもとで共演している。

実はこの作品の制作に初動を与えた記事は、同性愛者同士の甘いささやきとはいっさい関係がない。昭和四七（一九七二）年五月三〇日にイスラエルのテルアビブ国際空港でおきた乱射事件の生き残り犯人である岡本公三が、イスラエルの軍事法廷でおこなった陳述にもとづいている。岡本は通訳時間も含め一時間半にわたり、赤軍兵士として世界革命戦争に参加する意義を述べ、その陳述の最後に次のようにつけ加えた（七月一四日朝刊）。

われわれ三人は死んだあと、オリオンの三星になろうと考えていた。それは子供のころ、死んだらお星さまになるという話を聞いたからだ。われわれが殺した人たちも、何人かは星になったと思う。革命戦争はこれからも続くし、いろんな星が生まれると思う。しかし、死んだあと同じ天上で輝くと思えば、これも幸福である。

われわれ三人とは、乱射事件の実行犯人たちである。この事件は、アラブ・ゲリラが日本人決死隊を徴兵して、飛行機を降りてきた乗客や出迎えの人々を、自動小銃と手投げ弾で無差別に殺傷したもの。実行犯のうち京大生二人はその場で自爆して死亡した。終身刑を宣告された岡本は、昭和六〇（一九八五）年にパレスチナ・ゲリラとイスラエル兵士の捕虜交換により釈放されている。

読売新聞によれば、岡本の弁護士はオリオンの星になるという上記の発言をとらえて精神鑑定の必要を申し立てたが、合議の結果、却下されている（七月一四日朝刊）。岡本は精神異状を装うつもりでこのような意見を述べたとは思えない。精神異状をいうなら、このゲリラ事件の全体を言うべきだし、オリオンの星云々も含めて岡本の革命理論全体を対象にするほかない。

作者は岡本個人を同性愛者だと判断したのではないだろう。作者は、革命理論を信じこんで現実から遊離した赤軍兵士の狂信的な閉鎖世界を、同性愛者の不自然な閉鎖世界へと変換したのだ。③にある「オレたちも」とは、そのような閉鎖的な世界の同質性を意味している。いったい同性愛者にどのような考え方があって何を主張するのかわからないが、私自身は彼らの世界が不自然であるという判断を放棄できそうもない。私はこののぞきほどあからさまにゲェーッとやることはないとしても、本質的にこののぞきと同じ立場であることを認める。それはこの漫画作品の作者の立場を意味する。ホモ・リブが米国並みに力をもてば、この作品は、その内容を問うことなく削除の憂き目に遭うだろう。私にはそれはかなり馬鹿げたことに思われる。

加藤はこの作品が差別を利用していることに自覚的であって、同性愛者の世界が不自然であるという考え方を隠すつもりはないけれども、それを愚劣な排除すべき世界としては描いていない。死んだら星になろうと誓い合う男たちは、そのままなんの嫌悪もなしに提示されている。同性愛を頭から毛嫌いしている漫画家、つまりこの作品ののぞきのようにゲェーッとやりかねない漫画家の作品ならば、二人の男たちはもっと戯画化されていたはずである。ところが、のぞきのあさましい表情と比較すると、彼らの戯画化はずっと抑制されている。したがって作者は、笑い転げる私のような読者を必ずしも全面的に肯定していない。だからといって、それが岡本らの狂信を肯定することにならないのは言うまでもない。

どうかもう一度虚心に作品を眺めてほしい。漫画としてはありふれた題材（ホモとのぞきの組み合わせ）を使ったこの漫画作品を生んだ契機が、狂信者たちの無惨で不条理な確信にもとづくものであることを思うとき、けげんな気持ちにならないだろうか。

まったくのところ、この作品はどうして生まれたのか。岡本ら赤軍兵士の憎しみのこもった目に映る現実の世界がどんなものか、作者が想像しようとしたのは確かである。赤軍と私たちを結ぶのは、憎悪とか軽蔑とか否定的な感情なのであって、それらを中心に据えて思い巡らしながら、しかも作者が求めていたのは笑いだった。この時、作者は、どちらにも重心をかけようとしていない。赤軍の革命理論はもちろん、夕刊を無心に開くであろう作者を含めた日常の世界にすら、重心を置いていない。両者はいわば二つの極として、作者の創作現場を乗せた地球のように回転した。作者は、ナンセンスの力を利用する術《すべ》を知っている。

岡本の弁明を読んで、作者は思わず「ゲェーッ」と心中に叫んだのだろうか。問題を簡単にするために、こんな疑問を提出してみたのだが、たとえそれが事実だとしても、そのような自分を作者は鮮やかな手ぎわで批評している。この作品に、作者のストレートな嫌悪しか見ない人もいるかもしれない。あわただしく数秒で通り過ぎる四コマ漫画であってみれば、まして赤軍派に対する強い反撥があれば、そんなふうに理解してこの作品を通り過ぎていった読者も多かったことだろう。ストレートに生理的な反応をした作品も『まっぴら君』にはないわけではない。ここでは、そのような「理解」にも一理あることはある。一理あるどころか必至だといってもいい。ただし、そのまま通り過ぎずに、立ち止まる必要がある。作者は、そのような作品の表面的な印象を、驚くべき巧妙さで利用しているのだ。

作者は、反吐が出そうな気持ちのままに作品を造形したのではない。それなら、ホモたちはもっと戯画化しなければならないし、のぞきの戯画化こそ抑制されなければ筋がとおらない（そうなれば、同性愛者の権利が認められる世の中になれば、この作品は削除されて当然の作品になったろう）。のぞきがのぞき見た光景に嫌悪感を覚えて「ゲェーッ」とやったところで、同情を得るどころか失笑を買うだけだ。いったい誰がそんなのぞきの味わった嫌悪感を尊重するだろう。

背景の事件に戻れば、そもそも読者は誰も、この言いようのない不条理な乱射事件の報道に出会ったとき、岡本公三のこの弁明を読んだとき、ここに登場するのぞきと同じ単純な反応で納得することはできなかったはずだ。もっと言いようのない不快さ、馬鹿げていると思いつつ、わが身を蝕《むしば》む不快さを味わったはずである。作者がそれを味わって、それが一体何に由来するのかを追究しなければ、この作品はありえない。そして笑いは、それが必至であるところでしっかり摑《つか》まれている。

同性愛者とわかったときに感じた嫌悪に加えて、現実離れした信じがたい言いぐさにさらにひどい吐き気や気味の悪さを感じながら、のぞきが逃げ出す④が印象的である。しかも、そこにのぞき一人しか描かれていないのは意味深い。彼の嫌悪感を保証しているのはのぞき自身の感情をのぞいて何もないということ、その不愉快さは、のぞき以外の誰の責任でもないということを、このイメージは語っている。先ほどと矛盾したことを言うようだが、ここではある意味で、のぞきの味わった嫌悪感は限度いっぱいまで尊重されている。あわせて、彼の愚かしさも。私たちは笑いの自発性によって、へまをした――男女のカップルと同性愛者のカップルを見間違えた――のぞきを否応なく笑っている。しかし、本当は、「ゲェーッ　ゲェーッ」とやりたくなるような、男たち同士の睦《むつ》言《ごと》を笑ったのではなかったのか。私たちはのぞきに共感したはずではなかったか。

この錯綜した事実は、そのまま笑い転げる読者自身に降りかかる問題であって、いつのまにか、笑いものにしたはずの同性愛者たちの姿は消えて、私たちだけしかいないところに笑い声が響くのである。なんと根拠のない不遜な笑いがあることだろう。なんとみかけ倒しの脆弱《ぜいじゃく》な笑いだろう。同性愛者の不自然な世界を笑い飛ばしてから、私たちは、自分たちの勝ち誇った差別の笑いが、自分たちを差別して笑ったことに否応なく気づくのだ。結局、この作品で呵《か》呵大笑《かたいしょう》して私たちが現世から吹き飛ばそうとするのは、岡本らが憎んで敵とみなした世界、現に私たちがそれでも遊離せずに耐えている苦界としての現実、要するに私たち自身である。

●ハワイ旅行――６０６８回（昭和四七年七月二六日）

この作品の素晴らしさにも舌を巻く。「えっ、俺のことかい」とばかり易者に歩みよって占ってもらった怠け者の表情がいい。この男の存在感は、このささやかな笑い話のリアリティそのものであろう。男の心の動き方は一見不可解に見えるが、確かにこうしたものだろうとどこかで納得がいくのが不思議である。といっても、夏になれば恒例行事のように水難事故が報じられる海浜へ押しかける私たちが、自分だけは事故に遭わないと確信して振る舞っているのを思い返せば、少しも不思議はないのかもしれない。

そうであればこそ、溺れ死ぬと言われたハワイへのこのこ出かけようとするこの男は、私たちの分身かもしれないし、親しみも増そうというものだ。アンダーシャツにステテコで両手を腹巻きに突っ込んで所在なげに歩く姿が懐かしい。最近では見かけなくなってしまったのがこうなると残念だ。暇をもてあましているようだから、易者が呼びとめれば、いそいそと歩みよるに違いない。

作品の背景となったのは、「夏休み／さんざん初の日曜」「高波の海、水死続出」と縦横に見出し

6068回（昭和47年7月26日）

をあしらった二四日朝刊の記事などである。その記事から引用すると「水死続出。二十三日だけで、死者、行方不明者合わせて全国で四十五人。ビールを飲んで飛込んだり、監視員の注意を聞かず荒れる海にはいって高波にのまれたり。これからがシーズン。御注意を……」、と例年のことである。この作品は、このような事実に、当時はまだ珍しかったハワイ旅行を絡めている。

そのハワイ旅行というプロットの背景は、今度は二四日夕刊にある。一面に七段抜きで「ハワイで日米首脳会談」と見出しを掲げて、田中首相とニクソン大統領の首脳会談開催が決まったことが大きく報じられている。東京とワシントンで同時発表された。

まさしく解剖台の上でミシンとこうもり傘が出会うような組み合わせから、漫画家は絶妙なタイミングそのものを、一つのあるかなきかの時期を作品に定着している。私がこの作品論で何度も使っている近松門左衛門の用語、虚実皮膜を実体化したような作品ということになる。

つまり今しがた「まだ珍しかったハワイ旅行」と書いたが、実はここが微妙なところで、珍しかったとは言っても、ハワイ旅行はこの怠け者で貧乏な男の耳にも達するほどに多くなっていたのである。言うまでもなく、ハワイ旅行が国内旅行より手軽になった今日のご時勢では、この漫画は成り立たない。「おお、それじゃ今年はハワイは見合わせよう」ですんでしまう。腹巻きに両手を突っ込んだこの暇人にとっては、まだハワイ旅行など月世界旅行ほどに縁がなかっただろうから、ハワイで水死と聞いては、まんざらでもない気持ちになったのだ。ナポリとまではいかないが、ハワイを見て死ねるなら本望と思ったか。

もちろんこれは言葉の綾であって、この男はハワイで水死するという易者の見立ての後半は、嬉しがらせる前半ゆえに閑却しているにすぎないだろう。

総理府編纂の『観光白書』昭和四九(一九七四)年版を調べてみると、昭和四四(一九六九)年以降「対前年比で四十パーセント前後の大きな伸び」を示していた海外旅行者数が、この昭和四七(一九七二)年にようやく百万人を越えて百三十九万人に達している。このうちハワイ旅行者数は、昭和四六年が十四万五千人弱、四七年が二十二万五千人と五〇パーセントを超える増加を示している。ちなみに平成五(一九九三)年の海外旅行者数は、千二百万人に達せんとする勢いで、ハワイ旅行者だけで百五十七万人(推計)もいる。

●箱根に山賊が出没――6171回(昭和四七年一一月二九日)

当日の夕刊を開いた読者は、抱腹絶倒してしばらく記事を読むどころではなかったことだろう。背景を知らずに読んでも、ドテラを着た山賊ふうの男の表情とセリフには吹き出す。

作品の背景となったのは、二七日の朝刊に掲載されている「箱根に少年山賊/車の十三人観光客次々襲う」という見出しの記事で、それによれば「山賊は六台のマイカーに分乗した……不良少年グループ十三人。休日を利用して各地から箱根見物にきていた若者たち五グループ二十二人の車七台を片っぱしから襲い、現金二万余円と腕時計など奪ったうえ、七人を木刀などでなぐり、三日から十日のけがをさせた」のである。群れたところで気が大きくなって遊び半分に山賊まがいの犯行におよんだだけらしく、その日のうちにパトカーと捕り物を演じて半数がその場で逮捕、残る少年らも帰宅後、肉親の説得などで自首して解決した。

6171回（昭和47年11月29日）

作品に登場するのは、どうやらさっそく山賊を真似てみようという別グループの少年たちらしい。道を尋ねられた②のドテラ男の「なぬッ」は、少年たちの態度に当惑したためであって、彼らの言葉が聞き取れなかったのではない。その点ではホモ同士の睦言に面食らったのぞき君と同じである。いわば形式と内容のあいだに隔たりがあって、そのために意味をただちに了解できなかったわけだ。

この②の存在が笑いを増幅するのに役立っている。私たち読者も③まできてこのドテラ姿の男の心中をなぞるように、「なぬッ」とばかり当惑させられるのだ。彼の身なり、表情、口調と、彼が大音声《だいおんじょう》で叱正したその事実はどうもしっくりこないから。④で若者のセリフによって合点がいくように、なるほどこのドテラ男は見るからに山賊ふうなのだ。まさか山賊に礼儀を説かれようとは誰も思わない。私たちが背景となる事件を知らなくても笑えるのは、笑いが意表を衝いたこの一点にかかっているからだ。しかも、この驚きは、若者の言葉を聞いて、その場で一転二転する。それは他でもない私たちの理性がもともと動揺して常なきものだからである。

「こんなこと言っちゃなんですけど、どうもね。最初見たときホームレスかと思いました。それがねえ、子供たちを一喝して下さって、本当に驚きました」

「まあ、どうでしょ。子供たちの言うことを聞いてたら山賊ですって。本当にまるで山賊。いくら子供たちを叱ってくれたとは言っても、ちょっとねえ」

「子供たちときたら、山賊の前に土下座して家来にしてくれですって。まあ純真でなんと言ったらいいものやら」……。

私たち読者の笑いは、現実の外界世界に対して認識をはしょろうとする経済的な頭の働かせ方、外見だけで人となりを判断しがちな大人の習慣や偏見を突き放すことによって発生する。それが可能になるのは、土下座した若者たちの視線に同化することによってである。山賊志願の若者とともに、読者は外見にとらわれがちな習慣的な見方や偏見を脱ぎ捨てて嬉しくなるのだ。

この作品が醸す笑いには、楽しさだけでなく嬉しさ喜ばしさがある。これら若者たちの柔軟で素直なものの見方は敬服すべきである。人にものを尋ねるときには、それにふさわしい態度でなければならない。彼らはそのような礼儀をこのドテラ男から学んだばかりではない。このドテラ男の豪放な堂々たる態度こそ、自分たち山賊を志すものの首領にふさわしい。そのような彼らの判断には、一途でしかも混じり気のない正しさがある。「オレたちも」という若者の独断あるいは誤解の背後には、爽快な真実がある。それはドテラ男を当惑させるし、私たちの爆笑を増幅するのだが、それでも、私たちはそこにゆるぎない真実のあるを直覚している。すべては目に見えるとおりなのではなかったか。

言うまでもなく、私たちはその正しさを維持できなくなってしまった。やたらに理性が幅を利かす世紀に生きているからだ（とは言っても、その理性とやらは人類の命運のかかった地球の温暖化すら阻止できない代物にすぎないが……）。若者の論理の進め方は、固定された現在の社会秩序を顧慮しないから、ドテラ男を社会的に容認されない山賊の首領として仰ごうという、とんでもない結論に至って私たちの笑いを誘うわけだ。しかし、本当は私たち読者の大笑いするところは、そのような大人の論理を自明とする私たち自身かもしれない。

●八年の愚行――６２１４回（昭和四八年一月二五日）

この作品を見ただけで、どのような事件や世相が背景にあるのかおわかりになるだろうか。ヒントとして、掲載日（昭和四八年一月二五日）のほかに私自身の個人的な事情もおまけにつける。実は『まっぴら君』全一〇巻を何度か読みなおしている最中、まだ加藤芳郎という漫画家について論じたい気持ちが動揺していたときに、すでに何度か見たはずのこの作品にようやく目が留まって、びっくり仰天するとともに、私ははっきりとこの漫画家を論じてみようと決めた。私が迷っていたのは、漫画に対する偏見やら論じきれないという自信のなさに加えて、この漫画家に対する不信もあったのだろう。それがこの作品によって、いわば加藤芳郎に身をまかせようと決心した。その意味で私にとっては格別の作品である。
掲載日からただちに察しがつくような記憶力抜群の読者は別として、なにか祝い事があったらしいとは察しがつく。しかし、それにしては④のじいさんの愚痴は祝い事にふさわしくない。そもそも個別的な背景があるのか疑いたくなる。③の漫画然としたばあさんの裸体で笑わせるだけではないか……。

勿体をつけずに申し上げよう。昭和四〇（一九六五）年二月の北ベトナム爆撃開始によって、米国が国家の総力を挙げて介入してから数えただけでも八年の長きにわたって繰り広げられたベトナム戦争が終結し、パリで和平調印がおこなわれるという米国ニクソン大統領の発表にちなむ作品で

6214回（昭和48年1月25日）

ある。日付に重要な意味がない漫画家の作品だとすれば、これがいったいベトナム戦争終結とどのような関係があるかと疑ってももっともだ。この作品が載った夕刊を手にした読者にしても、ベトナム和平について本気で思い巡らしたことがなければ、前日の夕刊一面トップの記事は思い浮かばなかったかもしれない。

前日二四日夕刊の一面は「ベトナム和平成る」の大きな見出しを掲げて、フランス軍とベトナム軍のあいだで昭和二一（一九四六）年暮に始まった「四半世紀の戦火に終止符」がうたれることを報じている。このリードを引用する。

ベトナム戦争はついに終わる。少なくとも米軍は完全にベトナムから去る。ニクソン米大統領は二十四日正午から全米向けテレビ放送で、米国にとっても最も長く、苦しかったベトナム戦争の停戦合意が成り、すでに仮調印も二十三日パリで終わり、二十八日午前九時には停戦が発効する——などの劇的な発表を行なった。

この停戦は、米国がベトナム戦争から手を引くための口実にすぎず、名誉ある撤退を粉飾しただけだったことは誰の目にも明らかで、米国はアジアの後進国に敗北したのだ。ドミノ理論が生きていた当時としては、米国の撤退は勇気のいる決定だったろう。しかし、背に腹は代えられない状況だった。それにしても、その後さらに歴史が変転してソ連が崩壊することになろうとは、このときは誰にも予想すらできなかった。

ベトコンと北ベトナムが勝利するために払った犠牲は甚大だった。米国もこの戦争によってひどく消耗して、経済的にも文化的にもさまざまな問題が噴き出した。実質的にこの時点では米国の撤退以上を意味しなかったとはいえ、やはりどちらにとってもこの和平調印は喜ぶべきことであったに違いない。

作品の表面上は、ベトナム戦争の終結といっさい関係がないと考えたとしてもなんら不都合はないものの、昨日の今日であるし、素直に作品を眺めれば1と2には前日の夕刊一面の大きな見出しを思い出すのが自然であって、三十年近くが経過した現在の立場で強いて結びつけるのとは異なり、読者はめでたい「花笠音頭」にベトナム和平実現を改めて思ったはずだ。それなのに、3にある姉の無粋ないちゃもんはどうしたことだろう。

この突然の方向転換は、たどるのが困難かもしれないが、理解できないことではない。作者はこの和平協定では手放しで喜べないと考えて、このような方向転換をしたのではあるまい。まだ手放しで喜べる状況ではなかったとしても、それは別の話だ。加藤一流の目くらましであるとともに、自己批評と見るのが妥当である。自己批評だとすればなんと柔軟な心の動きだろうか。なにはともあれめでたいことだとする歓迎一色の論調のなかで、「いっしょに声合わさんでくれ」というこの無粋ないちゃもんは無類ではないか。

とはいえ、これはジャーナリスティックで外面的な天邪鬼の反応ではない。そうでないことは、1の絵からも作品の全体の雰囲気からも看取できることで、単なる天邪鬼の反応だと思いたい向きを論破する必要もない。世相を見守ることを務めとした漫画家にとって、この和平協定に対する喜ばしい思いは非常に強いだけに、それだけに一層、和していることに安直さを感じるので、1と2にあるめでたさや晴れやかさは3があっても損なわれていない。3には『まっぴら君』ならではの

6215回（昭和48年1月25日）

屈折がある。

「やくざ者」に漫画という表現手段を見ていると考えるのは間違いではないが、それだけでは自己卑下になってしまう。まさしく③で方向転換をおこなうことによって、加藤は「やくざ者」を信じる道をたどる。①と②のイメージのあいだには何ら意図的な食い違いはないのであって、見事に声は合っている。銭湯の高い天井に響いて、歌っている当人も聞いている湯船の客もさぞ気持ちがよかったことだろう。③で弟を一喝した姉にしてみれば、これまでの長い人生やくざ者の弟に苦労させられどおしだっただけに、めでたいからといって、そうそう心安く声を合わしてほしくないのだ。そうは言っても、いっしょに銭湯に通う姉と弟であってみれば無粋ないちゃもんもいつもの調子であって、いずれにしても心配をかけどおしの弟は頭が上がらないのである。

その次の6215回は「和平調印記念ジャン大会」と称して麻雀卓を囲んだ男たちの作品。米国代表、北ベトナム代表、南ベトナム代表、南ベトナム臨時革命政府代表と、四つの立て札をおいた席に「日本時間午後七時」、四人の仲間がドヤドヤ集まって坐りこみ、さっそく麻雀を始める。これが漫画の世界だし、これが現実の世界だと、作者の視線には皮肉も優しさもたっぷりであって、「やくざ者」に対する信頼は微塵も揺らいでいない。

●あいついだ異変騒ぎ――6337回（昭和四八年六月二三日）

私は夕刊紙上でこの作品に出会って以来、『まっぴら君』のファンになった。この作品の切り抜きはいまだに持っている。それだけに作品集で出会って掲載日を確認したときは感慨があった。切り抜いた当時、六千回を超える連載だという事実に目はいかなかったし、それが二十年近くに及ぶ営為だとは考えもしなかった。ましてその後、平成の世にいたるまで『まっぴら君』が続くものとは夢にも思わなかった。何もかも消耗品になった現代では、その持続だけでも貴重であろう。

またしても水たまりの登場である。加藤自身の漫画論としてこれほど明快かつ痛快なものはないだろう。まず作品の背景を調べてみよう。2にヒントがあるように、あいついで報道された異変にちなんだ作品である。前日二二日の朝刊と夕刊に、立て続けに自然界の異変が報道されている。朝刊には「夕暮れの新宿／トンボの大群だ」「無気味な夏空黒々／池袋ミツバチ、目黒ヘビ騒ぎ」という見出しを縦横にあしらった記事がある。記事によると、トンボの大群が現われたのは新宿区の

6337回（昭和48年6月23日）

西武新宿線中井駅から新井薬師駅にかけての住宅街一帯。午後五時ごろ外で遊んでいた幼稚園児が「ゴミがいっぱい飛んでくるよ」と叫んだので、母親が出てみると何万匹というトンボが黒い帯のようになって空を流れていく。

どの家からも主婦や子供たちが飛び出した。捕虫網を持ち出す子供やカメラをかまえる人もいて木かげの多い静かな住宅街は、時ならぬ騒ぎ。

騒ぎは約十五分間つづいた。あとには群れからはぐれたトンボ。芳賀さん方の庭だけで、ざっと五十匹。……

見出しからも分かるように、この記事にはほかにミツバチ騒ぎとヘビ騒ぎが報道されている。次は夕刊。「今度はサンマだ／汚染の横浜岸壁に大群」の見出しに写真入りで報じられている。写真にはくわえ煙草の青年が、棒の先の網でサンマを捕らえて得意そうに笑っている。こちらも少し引用しておこう。

サンマは体長二、三十センチのかなり大型で、大群が押し寄せた騒ぎに大桟橋では昼過ぎから港で働く人達や近くのオフィス街のサラリーマンたちが続々と。その数二百人。サンマはゴミと油で汚れた海面にキラキラと青い魚体を見せてあちらに五匹、こちらに十匹と群れをなしてスイスイ。

雨が降ったあとに出現して、いつのまにか消えてしまう水たまりは、加藤芳郎の漫画『まっぴら君』の属性を表わしており、作者の水たまりに対する偏愛は、漫画作品に対する愛情にほかならない。それは、事件や世相を映し出すはかない水たまりであり、一夜明けて新聞が新聞紙に変わるとともに消えてしまう。つまり、水たまりは作者が自分の作品の宿命としたところを表わしている。もっと端的に言えば、水たまりは作者が作品に取り上げようとする事件や世相そのものだ。今回の作品では、これまでの水たまり作品に比べると、それが一層くっきりと表現されている。

新聞を新聞紙に変化させる時の経過を甘受するのは、作品を自律させる努力を無駄にするわけではないし、それと矛盾することではない。作品の自律は何より批評を務めとする作者にやってくる倫理的な要請であって、たとえ作品が一晩で過去に埋もれようとも、だからといって作品自律への努力を無視していいわけではない。

はじめに紹介したように、この作品も直接的には二つの記事を必要としている。新鮮なうちに手早くそれらの素材を調理しなければ、作者には何も残らない。外在的に存在する素材、つまり制作動因は、突きつめていけば創作衝動と区別できないに違いない。それほどに作者は、社会的な現実と密接にかかわっている。ここにこそ『まっぴら君』の場当たり主義の真骨頂がある。同時に、作品の自律を追究してやまない必然もここにある。表現の素材と主体は、区別できないほど密接にかかわってこそ、作品と呼びうるものを生み出すというだけの話かもしれない。これはなにも『まっぴら君』に限った話ではなく、芸術作品の多くに言えることだが、この作品には、素材とそれを表現しようとする漫画家の主体の緊密な結びつきが、水たまりのどじょうすくいという3の絵に、鮮やかに定着されている。

　だから手ぬぐいを首にかけてざるをもって現われたのは、漫画家自身である。2のセリフは正確だ。いつだって作者は「便乗して」作品を仕立てあげていたはずだから。現われるや、頬かぶりして裾をからげスネ毛を丸出しにすると、読者の笑いを誘うべく、加藤芳郎は捨て身で作品を造形してきたのだ。といっても、作者は自虐的な露出趣味などとは無縁である。「さっきの雨でできた水たまり」を相手にどじょうすくいをするという、意表をついた鮮やかな機略で、作品の背後にすっかり身を隠してしまって、読者に何一つ気取《けど》られない賢さをもっている。

　どじょうすくいをしてどじょうが捕まるかどうかは、作者の腕次第だ。捕まらないときもあるだろう。しかし、少なくとも今回の作品では、「さっきの雨でできた水たまり」でざるから溢れるほどのどじょうをまんまと捕まえたようだ。愛読者は誰もその点で異議はないはずである。

●落雷事故多発——6375回（昭和四八年八月七日）

作品の背景となったのは、数日にわたり連続して取り上げられた落雷による死亡事故である。この作品発表当日の朝刊にも「また雷がゴルファーを狙いうち」の書き出しで、落雷による死亡事故が報じられている。作品は自在な展開をして、単に落雷事故を連想させる作品とは別次元の仕上がりである。

今でもときどき、傘をクラブ代わりにスイングの練習をしている光景をプラットフォームで見かけることはある。当時どの程度ゴルフが普及していたのかはっきりしないが（次に言及する新聞記事によれば、昭和四〇年当時二百万人、昭和五〇年はじめに推定八百万人）、金持ちのスポーツということになっていたから（いわゆる「ゴルフ税返還訴訟」の上告審で、最高裁はゴルフをぜいたくな娯楽として、課税をしても違憲ではないとする判決を昭和五〇年二月六日に出している）、プラットフォームなどで熱心のあまりフォームのチェックなどしていれば、ゴルファー氏は周囲の不快な視線をはっきり感じることもあったに違いない。経済的な不満をもたない人でも、ゴルフをしなければ、このトラ斑《ふ》のズボンをはいた雷氏のように「虫が好かんなあ」と思うことはあるだろう。

実はこれはゴルフの普及の程度に関わらぬ問題であって、またゴルフにかぎらない問題であって、さらにおそらく経済的な不満の有無にさえ関わらぬ問題であって、私たちは「虫が好かない」相手を必要に応じて探しだすと言ってもよい。今回の作品の面白さは、4にある雷氏の言い回しのなかに潜む、このような「虫が好かない」状態の巧みな全体的表現にある。

この雷氏のような鬼は、どこにでもいるし、誰のなかにでもいるといっていい。そうであればこ

6375回（昭和48年8月7日）

そ、一方、背後のベンチに坐った人物の自分に対する嫌悪を感じつつ、内心に反撥を押し隠して平然と「いまなにかおっしゃった？」と応じるゴルファー氏もなかなか鍛えられている。こちらも似たような経験を誰しももっているだろう。[1]の目つきとほとんど描き分けているとは思えないのに、私には[2]のクラブを振り終わったゴルファー氏の目は、背後の雷氏をにらんでいるようにしか見えないのだが、気のせいだろうか。もし「虫が好かん」と言う相手の視線を背後に感じつつ、粘りつくようなスイングをし終えて背中で敵意を放ったとすれば、それを見守る雷氏の嫌悪は完成するというものだ。このような暗闘も、こうして漫画らしい漫画で見れば笑いぐさかもしれない。たとえ、この雷氏と同じくプラットフォームの傘ゴルファー氏に嫌悪を感じた経験をもつ人でも、[2]に描か

れた発言者の表情には、自分を客観視しつつ、やはり苦笑するだろう。彼のセリフも余分なものがないから共感を呼びやすい。

④の雷氏のあからさまな表明には、ヒジョーに漫画らしい誇張した言い回しの面白さがあるばかりではない。ここには「虫は好かない」けど「雷は好く」という単なる言い回しの面白さのほかに、「虫が好かない」という漠然とした言い回しに潜むあらゆるレベルの悪感情が表現されている。それは軽い気持ちで当人が認めるような「気に食わない」程度の反感から、相手の死を願うほどの憎悪（「雷好き＝雷の直撃＝死」）まで、あらゆる強さの悪感情を含んでいる。その発言者が、ゴルファー好きな雷当人だったというオチは、この悪感情の階梯の最上段にあるもの、つまり相手の死を願うほどの憎悪を、漫画の世界らしい笑いにまぎらすのに効果をあげている。「好き」とは、ここでは結果的に殺すに等しいのに、悪感情と対立した「好き」という言い方で、偽装は表面的には完璧である。

つい一週間前の作品では世界十一カ国の青年の意識調査を取りあげ、性善説と性悪説のどちらを信じるかという質問について、作者はどうやら性善説の立場から作品を作っている。果たして今回の作品が性善説論者の作った作品だろうか。そんな疑問も可能かもしれない。しかし、そのような疑問が浮かぶとすれば、それは私の論じ方が悪いので、悪感情が人間に本来的に内在するものであるかのような印象を与えたからであろう。「虫が好かない」相手を必要に応じて探すとはいっても、悪感情が性欲や食欲と同じように人間に本来的にそなわっているという意味ではない。ましてここに登場したのは、角のはえた雷であって、不平に顔を歪めた人間ではない。

私たちが思い込んでいるほど自分の思いのままになるものではないとしても、感情も理知と同じく自我と外界の相互的な働きかけのなかで生まれ育ち、形作られるものである。それにしても、虫とはうまいことをいったもので、それが自我とは別の生き物であるかのようなあり方を言い当てている。私たちは、不毛な負の感情を理性で排除しようとしても思うにまかせないことが多い。だからといって、ぐずぐずそれにこだわったり、それらの負の感情こそ人間の本性であるなどと考えるには及ばない。それは何気ない行為によって刻々に克服できることである。たとえば、このゴルファー氏は、何食わぬ顔で喧嘩を買ったりせずに、背中から放射した嫌悪を投げ棄て、目的の電車に乗って目的地へ行けばいいだけである。目的地につけば、さらに別のもっと重要な目的が彼を待っているはずだ。それが目的といい得ないような目的であったとすれば、挑発に乗らないということのささやかな決断によって、それはいっそう目的にふさわしいものになるだろう。

●インフレ下の日常生活／田中角栄の時代（一）――6433回（昭和四八年一〇月三一日）

この作品から、田中政権の時代とその残響（6873回、二五五頁）まで五つの作品を一連にして論じる。はじめの三作品は、インフレ下の日常生活をあつかったもので、このような題材をあつかう作者の手ぎわは、驚くほどぎこちない。そのあたりの事情を作品の背景をたどりながら、考えてみよう。

一方で、「福祉元年ともてはやされた」ように、「老人医療を無料とする法案や老齢年金の大幅増加と物価スライド制」の導入をはかり、「日本の社会保障はこれによって国際水準に肩を並べることになったといわれ」るまでにしながら、選挙のたびに敗北を喫して、とどめに金脈問題を突かれて退陣した田中角栄政権の時代から抜き出した作品は、インフレ絡みの作品ばかりである。何事も金で解決を図ろうとした首相の時代らしいというべきだろうか。この一連の部分をまとめるに当たって、中村隆英氏の『昭和史2』（東洋経済新報社）の対応部分を参考にさせていただいた。断りのない「」内の文章は、手ぎわよくまとめられているこの著作からの引用である。

この作品の制作に初動を与えたのは、直接的には前日三〇日の朝刊一面トップの記事だが、作品全体の印象からも察しがつくように、激しいインフレ傾向の続く世相が背景にある。

作品は、正岡子規が明治二八（一八九五）年に郷里の松山から東京へ帰る途中に立ち寄った奈良

6433回（昭和48年10月31日）

で作った有名な俳句を踏まえたもの。寺の境内に設定されているのも、下の句のためであろう。帽子に眼鏡の男が坐っているのは、自分のリュックサックらしい。奈良へ観光旅行に来たのだろうか。鐘の音の代わりにどこでも聞くような、それでいて正体のわからない機械音がする。達観した僧侶はこともなげに値上げを口にするけれども、旅行客の方はげんなりした表情になる。背中合わせの二人の表情の対照が、この作品の眼目である。

世間では、身近の消費財を中心にモノ不足と買いだめ騒ぎがおこり、一一月に入ると、すぐにトイレットペーパー・パニックが発生する。一一月二日の朝刊から、そのパニックがどんなものか少し引用する。これは都内のある生活協同組合での話である。

灯油も一カン三百八十円でチケットを三十一日売り出したところ、二十カンも一度に申し込む組合員が続出。驚いた組合側は、一組合員当たり五枚一組のチケットだけに制限する始末。「まだまだ値上げする」という物価高への恐怖感にかられたのか、しょうゆ一年分（一・八リットルビン十二本）を申し込む人や、トイレットペーパーをごっそり〝買いだめ〟押入れに詰め込んだり、古新聞でさえ〝まだ上がる〟と〝売り惜しむ〟人もいるという。

こんな浮き足立った状況が、6433回の作品の作られた背景にあることを思えば、一見ひどく観念的とものんきともみえる作品の見方も、いくらか違ってくるだろう。

『まっぴら君』では、主婦たちの狂奔はまったくといってよいほど皮肉られていない。その代わりにこのような印象の作品が作られる。家庭をあずかる女性の涙ぐましい努力をからかうことは作者にはできかねたのだが、作品の方は何やら耳慣れぬ仏教語混じりで、遠大な説教でもしかねない雰囲気がある。半分はこのすました雰囲気自体が笑いの対象なのだろうが、半分は作者は本気で愛する女性たちに、戦後の窮乏を思いたまえと言いたいらしい。つまり、ここでも空腹ゆえに白鳥の卵をほしがった男が顔を出す。この点については、達観した僧侶とともにあとで論じることにする。

●買いだめ／田中角栄の時代（二）――６４５０回（昭和四八年一一月二一日）

当時は、前項で引用したようなパニック状態だから、この作品に見られる若者たちの発言ももっともであろう。今、状況をわきまえずにこの作品を見ると、トイレットペーパーなどもらっても荷物になるし、格好悪いから断られるに決まっていると考える人もいるかもしれないが、発表当時ト

6450回（昭和48年11月21日）

イレットペーパーは貴重品扱いだったのだ。老人にしても、こんなときにトイレットペーパーをあげようとは、よほど嬉しかったらしい。しかし、こんなことで貴重なトイレットペーパーを見ず知らずの若者にくれてしまっては、老人は家に帰ってから家庭を守る女性たちからさんざん小言をくったに違いない。一方、貴重品のトイレットペーパーが思いがけず手に入りそうな二人の若者は、もっと喜んでもよかっただろう。それを知りつつ無愛想な表情にしたのは、作者の廉恥心だろうか。

生活の防衛に躍起の女性をほとんど取り上げない代わりに、モノ不足に慣れていない若者を取り上げた作品は、この他にもいくつかある。そこでは節約慣れしていないために簡単に騙されたり（6461回）、節約と耐乏生活を奨励する新聞を読み終えてトイレから出るとめっきり白髪の増えていた若者（6447回）が登場する。駅弁の蓋についたご飯粒から食べて、隣りの席のおじさんに激賞される若者（6489回、二四二頁）もいる。

生活防衛のために「買いだめ」に走った家庭の主婦たちの心底にあったのは、必ずしも誉めるべき動機ばかりだったとは思えない。一途に急激な経済成長を続け、消費こそ美徳であると思いこんできたのに、ここへきてにわかに節約や耐乏生活を経験することになって、節約や耐乏生活をすることへの自信のなさが、たやすくパニックとして燃え上がった一面もあっただろう。しかし、どうやらそのような視点は、『まっぴら君』の作者のものではないようだ。

前記の『昭和史2』によれば、日本国内のインフレーションはその源を、昭和四六（一九七一）年八月一五日にニクソン大統領により発表された新経済政策にもっている。この政策により、日本はヨーロッパ諸国に遅れること十日あまりで変動相場制へと移行し、「不変と信じられていた三六〇円レートが一朝にして崩れ去り、毎日円レートが上昇していく状況のもとで、とくに輸出関係業者はパニック状況に陥った」が、その後再びＩＭＦ体制が回復して、一ドル三〇八円に決定した。しかし、「この切上げ幅は日本側の予想を上回るもの」だったため、政府は「国内経済の回復を図って、思い切った景気刺激対策を採用した。すなわち財政支出の拡張と公共投資の増加がまず打ち出された。……一方、この間のいわゆるマネーサプライは、いちじるしい増加を示した」。しかも予想より大幅な円切上げにもかかわらず貿易は順調に推移して、輸出が順調に伸びた。「国内においては資金供給の増加のために、株価や地価がはねあがり、各種商品の投機も進行しはじめた。その結果、物価の上昇が目立ちはじめたのは一九七二年の年末になってからである」。「日本銀行が引締めの方針に転じたのは一九七三年春からであったが、この転換は遅きに失したというべきであろう。国内物価はみるみる上昇を開始し、……卸売物価指数は七三年には前年比一六％の上昇を示し、消費者物価指数も前年比一二％の上昇となった」。

このような国内事情に、さらに国際的な要因が加わることになる。つまり、石油の需要増加をにらんだ石油輸出機構の値上げ政策が追い撃ちをかけ、さらに第四次中東戦争が昭和四八（一九七三）年一〇月に勃発して、「国全体のエネルギー需要の四分の三が輸入原油によって賄われていた」日本は、一挙に危機的な状況に陥ったのである。これが、これまでに示した二つの作品の背景にあるインフレーションの原因である。

国際的な激しい変動がインフレの原因の一つとしてあったという意味では、田中角栄は不運だったといえる。しかし、日本銀行が引締めに転じたのが遅かったというだけで、国内物価が持続的に

6489回（昭和49年１月14日）

上昇することは説明できない。田中角栄を指揮者として日本は狂躁曲を演奏したのではなかったか。田中角栄の個性は大きな影響を与えたのだ。これは田中個人に罪を負わせようというつもりではない。多数の田中角栄たちが現われたという意味である。その辺の事情はここに示した６４８９回の最後のコマにもかなり屈折して描かれている。このちょび髭男は真剣に日本の将来を憂えていたらしい。隣の席の若者が弁当の蓋についたご飯粒から食べる姿を見て感激している。彼の心情を思えばうるわしい話でそれはいいのだが、そこで早速札びらを出すのはどうもいただけない。ちょび髭男がまるでその自己矛盾に気づいていないところに事態の深刻さがあって、そう思えば読者の笑いは引きつったものになるだろう。

●取付け騒ぎ／田中角栄の時代（三）――６４７１回（昭和四八年一二月一七日）

これは一四日に発生した信用金庫の取付け騒ぎにちなむ作品。この取付け騒ぎは、モノ不足のパニックが経済企画庁や通産省の躍起の広報によって沈静化したところで入れ代わりに発生しており、沈静化したとは言っても、信用金庫に駆けつけた人々の心底には、モノ不足に対するのと同じ不安が、依然としてわだかまっていたことを物語っている。こうなると当時の人々は、④で僧侶が言うように「世の中ホンにただごとじゃない」という思いを強くしたことだろう。

「デマにつられて走る」「信金取付け騒ぎ／愛知〝怪電話〟が震源？」の見出しで、社会面の半分

6471回（昭和48年12月17日）

近くを占める一五日朝刊の記事から事件をかいつまんで再現すると、次のようになる。

騒ぎの発端は、一三日の午後。舞台となった信金の支店に、理事長の死亡で経営が危ないという話を聞いた客が約六十名かけつけた。一四日朝になると、開店の九時には約百五十人の客が押しかける騒ぎになった。倒産するという噂を聞いて集まったもので、午後三時には八百人にまで膨れあがったため、この支店では整理に警察の応援を要請。一方で地方財務局の指示により、信用組合連合会や親銀行から十億円の送金を受けて、この信用金庫は、他の支店や本店にも押しかけた多数の客の分も含め、前日からこの日の夜十時までで十四億円以上の払い戻しをおこなった。同信金理事長の話では、倒産などまったくのデマ。大蔵省も経営内容は優良だと言っている。警察が調べたところ、預金を引き出した客のうち、十数人が匿名で同信金の倒産を告げる電話をもらっていたことがわかり、業務妨害と信用毀損容疑で調査中とある。

コメントを求められた社会心理学の教授は、デマは情報が非常に少ないときのほか「情報が過多なのに信用できるものがないときに起こる」と話している。この作品の掲載日の朝刊社説も「情報不信が原因」だと力説している。実際、さまざまの情報が参照可能であっただろうから、信用金庫に押しかけた人々は、信じる意志をもてなかったとみなすことができる。この点では、次に引用する社説の指摘することは深刻に受け取られるべきである（一二月一七日）。

通産大臣が灯油値上がりを三百八十円に抑えると言明したとき、店頭ではすでに五百円にもなっていた。首相が国会で耐乏の公平を演説したあと、街ではＬＰガスの不公平な配分が起きている。法律をつくって価格を厳しく統制すると発表した途端、多くの製品についてカケこみ値上げがつづいた。一事が万事、政府が国民に約束したことは、モノ不足や物価に関する限り、何一つ実現されていない。これが国民の間に徹底的な不信をつくっている。

一方に信じられない政府があり、一方に何物かを信じたい気持ちがあれば、信金が危ないと聞いて、自分の財産を取り戻すために預金先に駆けつけたとしても自然である。信じられるのは金だけだと考えたわけではない。それでは、欲にかられて騒ぎになったとでも言いたげな「世の中ホンにただごとじゃない」という加藤の視点は誤っているのか。実は、ここでも「おおかたまたなにかが値上げになった音でしょう」と言い放って動じない僧侶が姿を現わす。二人の僧侶には作者の思想が託されている。あわせて弱点も、と言おうか。

作者は、そもそも非常に受け身の生活に徹しようとしている。肩身が狭いときは肩身を狭くして生きようと決心している。そのような作者の哲学が、率直に作品の形で表明されているので、次にそれを見ておく（6671回、次頁）。

昭和四九年九月一四日に日本赤軍を名乗る三人組が、オランダのハーグにあるフランス大使館を占拠し、大使ら八人を人質にして仲間の釈放と身代金を要求した。事件は、一八日に五日ぶりに人質が無事解放され、犯人たちが身代金と仲間をつれて飛行機で飛びたつことで一応の落着を見た。一八日夕刊が一面トップでそれを報じている。社会面と対社会面では、この事件の顚末とオランダ国内の受けとめ方などを取材している。表面的には、オランダ日本大使館の謝罪を見出しとした対社会面の論調が、この作品の背景にある。

一見すると、日本人による国際的なテロリスト活動に、同じ日本人として肩身の狭い思いをして

6671回（昭和49年９月19日）

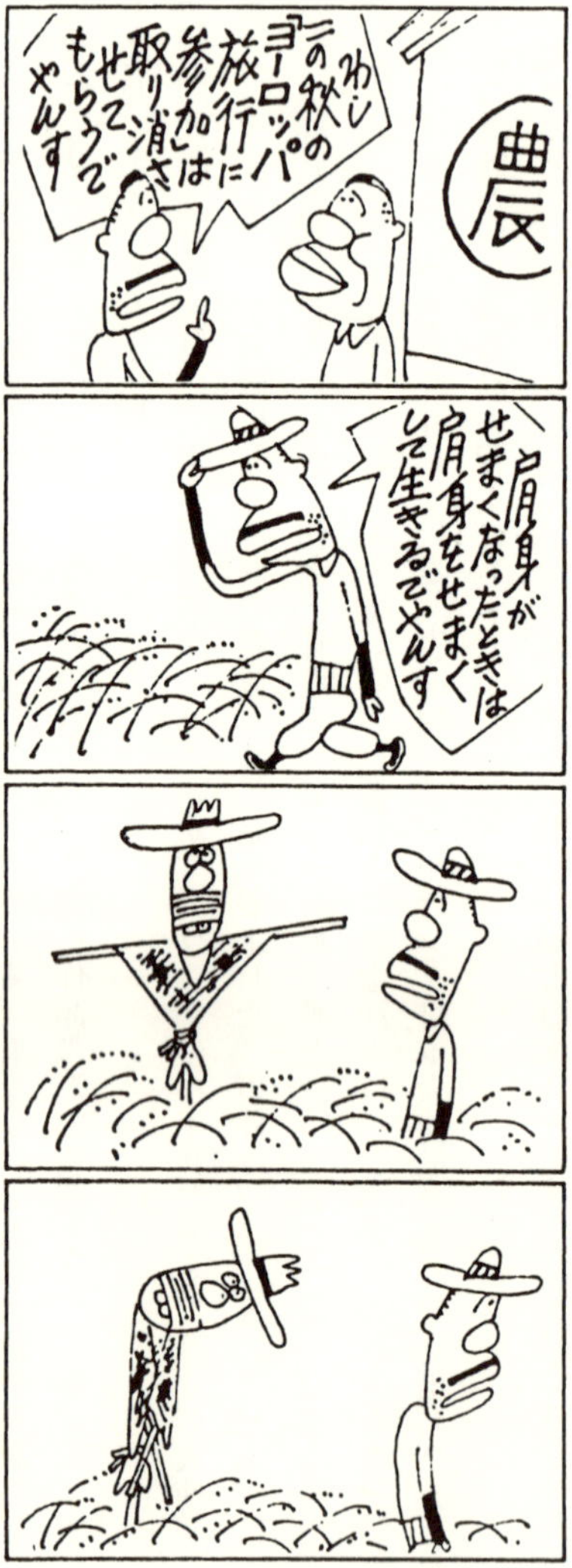

いることを語っているだけだが、作品の構造は漫画家の技法の確かさによって奥深いものとなり、「肩身がせまくなったときは肩身をせまくして生きる」気持ちを有無を言わせず読者に納得させるものとなっている。

作品は、A–B/A′–B′の構造をもっている。「肩身がせまくなったときは肩身をせまくして生きる」という農協の組合員の手で、かかしは肩身を狭くしてもらったわけではなく、かかしが自分から肩身を狭くしたかもしれないわけだ。③と④の間の省略の作為が連鎖反応を暗示し、どうどう巡りの追いかけっこを模倣している。A″–B″には作者や読者が登場して、肩身の狭い思いを実感することになるだろう。無言でありながら読者を誘導するかのような印象は、「肩身がせまくなったときは肩身をせまくして生きる」という循環論法じみた作者自身の考えと、技法の確かさが一致して生じている。

６４７１回（二四三頁）の作品に返れば、そこには生活に関して作者にある断念があって、もともと主婦たちの努力をいささかも軽んずる気持ちはないとしても、それを自らの努力とする気持ちははじめからない。それは、権力に対する諷刺や皮肉を生業とする漫画家が払うべきと信じた犠牲を裏に隠している。網代笠《あじろがさ》を逆さにしてカズノコを待つふりをしてみた老僧には、信金を取り囲んだ生活者の生活防衛の意識は、激しいインフレ傾向の続く世相のなかだけにかぎらず、そもそものはじめから「ただごとじゃない」のであって、この漫画家は諸行無常を唱えながら逃げ出すほかはないといってよい。

ここでも作品は善意の解釈をすれば、半分はこの僧侶を笑いつつ、半分は浮き足立った生活者の欲望を批判している。このような作者のあり方は、「白鳥のタマゴ一個ほしいな……」と呟いた加藤のなかの生活者と矛盾するものではない。この赤裸々な願いは依然として同じである。それどころか、加藤は相変わらず、この一言を呟いたと同じ場所から見ている。だからこそ、昭和二九（一九五四）年に比べれば格段に豊かになった世間に対し、諸行無常を唱えたくもなろうではないか。「白鳥のタマゴ」に対する渇望は、生活者のものであると同時に、作品の自律を願う漫画家のものである。げっそりした表情の生活者と澄ました僧侶の何食わぬ表情が、背中合わせに並ぶ６４３３回（二三七頁）の作品の④には、加藤のなかのこの二面が端的に表現されている。たぶん、家庭や生活を守ろうとあくせくする主婦たちからはのんきすぎる、いい気なもんだと非難を浴びせられるに違いない。作者はそれらの批判を、誤解も含めてすべて甘受するだろう。

社説の指摘した国民のあいだの徹底的な不信は、田中政権の関わった選挙において、ことごとく批判票になったようだ。選挙管理委員会の委員長が異例の声明を出して企業ぐるみの選挙運動を批判した、翌昭和四九（一九七四）年の第十回の参院選挙でも、企業に集票を強制したにもかかわらず自民党は後退し、田中内閣は窮地に追い込まれることになる。投票翌日の社説から引用する（昭和四九年七月八日）。

選挙戦をふりかえってみるとまさに〝狂乱選挙〟の批判があたるものだった。今の日本の政治に巣くっている病根を、これほど鮮明に印象づけたものはなかった。……まずは〝金権選挙〟と〝企業ぐるみ選挙〟の横行である。選挙公示前から、事前運動は目にあまるものがあり、警察当局の違反取締りは、検挙、警告とも選挙史上最高を記録した。過熱選挙の裏では大量の札束が乱舞する。億単位で、全国区〝十当七落〟、地方区〝五当三落〟のうわさが絶えず流れたが、選挙に勝つためには、カネに糸目をつけず、手段を選ばぬという政治の指導者の姿勢が、これほど露骨に示されたことはない。

なりふりかまわず戦ったにもかかわらず自民党は敗北し、与野党の勢力は伯仲する結果となる。七月一二日に金権政治を批判して三木武夫が副総理を辞任、一六日には政治姿勢の全面転換を要求して容れられずに福田赳夫蔵相も辞任。選挙結果が判明した時点で田中角栄の方法がすでに破綻していたことは明らかで、二人の領袖が閣外に去ることで田中内閣は追いつめられる。

このような末期的な状況にある首相を端的に示したのが、次の作品である。生活者の諷刺ではなく、権力の諷刺になれば、作者の刃は俄然切れ味を増す。とはいっても、単なる皮肉や嫌みの当てこすりを諷刺と思うなら、がっかりすることだろう。作者は諷刺する対象に好意を感じている。

●所信表明の拒否／田中角栄の時代（四）——6635回（昭和四九年七月二四日）

安く売りたいんだが……、という叩き売りの妙な論理は、作者一流の鮮やかな目くらましだから、さながら疑問符が二つも三つも点灯する。今となっては、一見しただけでは理解できないが、その皮肉は何のことやらわからないままに感じるはずだ。

この奇妙な論理は、七月二四日に召集された第七十三回臨時国会において、田中首相が所信表明

6635回（昭和49年7月24日）

を拒否したことを皮肉ったものである。商売人なら言うまでもなく、少しでも高く売りたいところだが、一国の首相はその所信を、「安く売りたいんだが、そうもいかない」事情があるらしい。

実は私には、新聞を読んでも首相が拒否する理由が判然としない。その本音を探る記事はあるものの、どうやら筆者にもはっきりしないような書きぶりなのだ。以下にその記事から抜粋して引用する。おそらくこの記事の推理するとおりであって、加藤の漫画も基本的には同じ考えのようだが(ただし、記事はこの作品の翌日の紙面)、加藤の漫画の方が拒否の理由を田中角栄の心底まで踏み込んで考えているように思われる。

せめて首相演説と各党代表質問ぐらいはやった方がよい、という意見は野党のみならず与党内にも多い。……「……ここで一つ譲ると野党の要求が次々と出てきて、歯止めがきかない。野党は物価審議をしたいなどと口実を作っているが、国会論戦になれば〝金権選挙〟〝金権政治〟だけの問題をふりかざすだろう。最初が大事なのだ」と[自民党関係者は]弁明につとめる。

しかし、これらの発言はタテマエ論だろう。……国会運営のちょっとしたつまずきが田中政権の首を絞めないという保証はない。首相が所信表明を拒み続ける理由は、案外と党内反主流派の動きを封じるのが最大のねらいではなかろうか。……(七月二五日朝刊、[ ]内は引用者註)

人は悪そうに見えない叩き売り商人の、黙りこくった表情が実にいい。田中角栄にも作者自身にも似ている。正直だから何をしゃべるかわからないし、いっそ黙っていることにしたらしい。賢明な判断だ。痛烈な皮肉にもかかわらず、作者は田中角栄を個人的には好きなのだろう。作品全体からは皮肉をぶつける相手に対して好意が放たれているように思えるのだが、どうだろうか。

眺めていると、彼の前に並べられたスイカが田中角栄の政敵たちに見えてきかねないから不思議だ。表面政敵を自称しながら、そのくせ金の無心ばかりして、ひょっとしたら、あまりできのよくないスイカかもしれないし、そうなると安く売りたいのもこの叩き売り商人の自然な気持ちに思えてくる。③で台をぴしゃりと叩く彼の心中は、実のところ笑えない複雑なものだ。この動作は「ひとこともしゃべらない」決意の固いことを表わすとともに、田中角栄の反主流派に対する敵意、無念さ、悔恨、侮蔑などを封じ込めている。振り下ろす棒の軌跡を描いた線の多さはどうだ。作者は一体そこに何をこめたのだろうか。

作者の好意にもかかわらず、残念ながら二六日の社説は、「国会をあまりに軽んじた態度である。議会政治の指導者の正常な行為とは認められない」と手厳しく批判している。なるほど社説の言うとおりなのだろうが、安売りしたくてもできない窮地にあることを隠そうともしない正直さは、悪くないではないか。金の力に頼る自分の政治手法が完全に破綻してしまったことは、誰よりも田中自身が理解していたのである。

このように、すでに倒れかかっていた田中角栄にとどめを刺したのは、立花隆氏と児玉隆也氏が『文藝春秋』一一月号に発表した田中角栄をめぐる二つの評論だった。後任人事は、椎名悦三郎自民党副総裁にゆだねられ、昭和四九（一九七四）年一二月四日に三木武夫が総裁に指名された。章を改め次に示すのは、政権の座を三木武夫に譲り渡して半年後のもの。作者の冴えわたった手腕は、6433回や6471回に比較すると別人のようである。これで田中金脈問題は、永久に葬り去られたかに思われたが——作品からは、これで金脈追及も終わりという失望がにじみ出る——、八カ月後に思わぬところから改めて火を噴くことになる。

Ⅳ　昭和五〇年代（一九七五〜一九八四）

●うやむやになった金脈問題／田中角栄の時代（五）──6873回（昭和五〇年六月七日）

上品でありたいと願っている向きには、見せるのを遠慮しなくてはいけないかしらと少々心配になるものの、なんと漫画らしい魅力のあふれた作品だろう。知らない人も多いだろうから念のために断っておくと、作品は子供っぽい春歌の替え歌を利用している。4の「しまった、ますますうっとうしくなっちゃったーン」というセリフが素晴らしい。

作品の背景を少し追ってみよう。まず六月一日の朝刊に「田中金脈審議、持越しも／自民、参考人出席に反対」の見出しで報じられた記事がある。参院決算委員会で予定されていた田中金脈問題に関する集中審議が、参考人出席をめぐって与野党の話し合いがつかず、結論を週明けに持ち越したのである。いまさら言うまでもなく、与党自民党は参考人の出席にことごとく反対して、金脈問題の追及をかわそうとした。

五日の朝刊一面には「田中金脈遂に追及うやむや／参院決算委〝時間切れ〟／今後、集中審議は困難」と三行にわたる見出しで「約半年にわたった決算委の金脈審議は、うやむやのうちに終わる可能性が強くなった」ことが報じられている。同じ日の社会面には、決算委員会の委員長（社会党議員）が慣例として一年交代のため、「無念の交代」を余儀なくされ、田中金脈追及がシリ切れになることが委員長の話を中心にまとめられている。それによれば、この委員会で田中金脈追及の始まったのが昭和四九（一九七四）年一〇月二五日。以来、衆参両院始まって以来という四十六時間二十分をかけて追及したが、答弁に立った役人らのガードが固く、守秘義務の壁も破れなかった。自ら疑惑を晴らすと約束した田中角栄自身は、沈黙を守って無視を決め込んでいる……等々。

「ムシムシしてうっとうしい」のは、六月の天気のためばかりではない。田中金脈問題がなんら実質的な追及もできずにうやむやになるという報道も、気分をうっとうしくした原因だ。しかしこの男はそれを忘れていたらしい。気分転換にドンブリたたいて春歌まがいの替え歌を歌ってみて、口をついて出た歌詞にそれを思い出した。④の「しまった」というセリフは、馬鹿げたことを思い出してしまったとぼやいているのだろう。

先に説明した五日朝刊の報道を読んだとき、作者はまずこの替え歌を思い浮かべたのかもしれない。そうだとしても見てわかるとおり、この作品の面白さは、替え歌の素朴なおかしさに依存していない。それを作品の中心に据えて、笑いを誘ったのではない。四つのコマにまとめるに当たって、

6873回（昭和50年6月7日）

思い出すという心の動きを契機として、③の歌を相対的に背景に押しやり、④の秀逸なセリフを導き出している。それによって初めて作品は奥行きのあるものになっている。

問題は、この想起によってなぜ③の歌を作品の中央から背景へと移動したのかという点である。この処理は、作者の心象内部で替え歌を相対化する処理だと思いたいところだが、見たところ事実は逆であって、替え歌は、背景に移されることで、作品中ではむしろ確固としたものになっている。失念と想起を利用して背景へと移したのは、もっぱらそれを意図してである。この間の微妙な事情には、いったい何が隠されているのだろうか。

作者にとって、『まっぴら君』による諷刺や皮肉は、私怨や妬みとはもちろん、自分の個人的な正義感からも無縁である。無縁でなければならない。それは、漫画家として基本的なことだ。人間的にどこか非常に魅力を感じているにしても、権力を利用した不正な蓄財が作者には我慢ならない。としても、あくまでもそれらの気持ちを個人的な心情から切り離さなければならない。③は加藤の肉声で歌われなければ面白くない。と同時にそれは、作者とは無縁でなければならない。

これらの矛盾した要請を実現するために、作者は作品を独り立ちさせる。自分の心中に思い浮かんだ替え歌は、思い浮かんだときすでにはっきりと自身の肉声で歌われたといってよい。それを切り離す作業が必要だ。失念と想起を設けて④へと流れを作り出したときに、矛盾した要請は、実現されたと考えられる。みずから思いついて歌ったにせよ、③は夢の論理のうちにある。夢は現実と相容れない訳ではない。両者は縦横に織り込まれて私たちの生活を形作っている。④でそれがはっきりする。

ここでは、もう一歩進める余地がありそうだ。ドンブリをたたいて大きな声で鬱憤《うっぷん》晴らしに歌を歌えば、いくらか気分が晴れるのではなかったか。あいにく作品ではその逆らしいのだが、なぜだろうか。私たちの笑いは、3よりも4でおきる。この笑いは何に由来するのだろう。さらに、4のセリフの秀逸さは、何に由来するのだろう。

私たちは五感によって自分たちの環境を感受し、考え、意欲し、環境に働きかける。言い換えれば、私たちは現実に向かって開かれている。どのジャンルの作品であれ、作品といい得るものは同じく現実に向かって開かれている。それは作品の自律性と矛盾することではない。私たちが現実のなかで環境とのあいだで交渉するためにつねに開かれていても、自分自身を失わないのと同じことだ。それどころか、開かれていなければ、私たちの個性や自律性を云々することは意味をなさない。作品もおそらくその点は同じことである。作品も生きている。漫画家は現実を模倣しながら、それとは別の現実を作り出す。この作品は、そんなことを納得させる奥行きのあるものである。

田中金脈問題の追及が時間切れになったという記事を読んで、作者は私たち読者と同じような怒りや失望や不信を感じたであろう。この作品には、先にも述べたように全体に失望や落胆の気配がある。それは最終的には4の男の姿とセリフが浮かびあがらせるものだ。4まできて私たちが笑うとすれば、その笑いは共感の笑いだといっていい。一つの期待が失われたというのに読者が笑うのは、この独身男の漫画然とした生活のようでいてそれではなく、彼の失望のようでいてそれでもない。共感は共感それ自体によって、それらいずれからもはみ出した笑いになっている。

読者がある現実から感受したこと（記事に対しては漫画家も読者の一人だ）と、読者がその現実をテーマにした作品から感受することのあいだには、はっきり断絶がある。後者は別の生き物、別の現実にかかわることだ。私たちは、この作品から田中金脈追及がうやむやになったことを思い出すだけではない。読者は、作者の工夫を自覚しないまでもすべて追体験し、自分たちの失望や落胆を乗り超えている。そこにあるのは、密かな侮蔑だろうか、それとも単なる楽天だろうか、それははっきりしない。そのわからなさは笑いのもつ不思議な力とでもいうほかない。そして少なくとも失望や落胆とはまったく異なった積極的な力である。私たちは彼を笑うことで、私たちの中のある傾向の気分を笑い飛ばし、その斜面を逃れることができる。端的に言えば、④の体を丸めた独身男は、六月だというのに例のように冬眠を憧れかねないが、読者はこの作品のおかげでそんな落とし穴には落ちないですむ。

●沖縄海洋博覧会――6910回（昭和五〇年七月二二日）

七月二〇日から半年間の予定で開催された沖縄海洋博覧会にちなむ作品（昭和五一年一月一八日閉幕）。沖縄は昭和四七（一九七二）年五月に本土復帰した。本土との格差を解消して、沖縄経済全体を本土並みにしようと意図した事業である。大阪万国博の開始直後に構想が浮上し、インフレや石油ショックのあおりを受けながらも五年近くを準備に費して開催された。

前日の作品（6909回）では、海洋博を記念して刺青をしたチンピラが登場する。当人はイルカが躍動している図柄のつもりだが、背中を見た人は「オニヒトデがじっとしてる」としか思わないというものだから、作者が海洋博をうさん臭い視線で見ているのは明らかだ。

6910回の作品は、海洋博初日の模様を伝える前日の記事にもとづく。その記事から作品に関連する部分を少し引用する。押すな押すなの盛況を伝える写真にもかかわらず、見出しには「さえない初日」とある。

会場内のレストランはどこも目が飛び出るほど高い。家族で食事をすれば軽く一万円がとんでしまう。……会場近くのホテルも一泊一万円が平均値段。しかもしょっちゅう断水する。二十日も会場周辺の宿舎は午前九時まで断水、前日ふろをあきらめた泊まり客たちは朝の洗面もできず汗とほこりまみれ……。

暑い上にこれでは、さぞ大変なことだったろう。まして断水がちではかなわない。私などは間違

6910回（昭和50年7月22日）

いなくこの亭主と同じ反応をするだろう。

亭主は縁台で涼みながら、会う人ごとに海洋博の物価高を嬉しそうに吹聴する。③まで、相手は変わっても亭主の言うことは同じである。家のなかで聞いていた細君は、とうとう我慢できなくなり、人のいないのを見計らって窓から顔を見せて、亭主に注意する。彼女の表情の険しさは思いがけないほどだから、よほど亭主の無邪気なところが癪《しゃく》にさわるらしい。おまけに細君のセリフがよくできている。「うちは行かないみたいに思われるじゃないのッ」とは、つまり細君としては「行くかもしれない」ないし「行くつもりである」というのであろう。自分が見物にいく立場なら、喜んではいられないことだから、細君の言い分はもっともだ。しかし、行くつもりなら、こんなに険しい表情にはなるまい。細君は細君の流儀で亭主と同じく無邪気であるらしく、それと知らずに見栄に苦しんでいる。それは沖縄の炎天下、押すな押すなの盛況を歩きつかれて、あげくに風呂にも入れなかった日本人の味わった苦痛に通じている。

海洋博のさえない初日のスケッチを借用して、貧乏夫婦のあいだの屈折した感情的交流を表現しているのかと思えば、どうやら海洋博覧会を徹底的にこき下ろしているだけかもしれない。どちらの解釈でも作者としてはいいのである。

さて、この作品には、四半世紀の長い時間を隔てた後日談がある。平成一二（二〇〇〇）年一〇月二四日の朝日新聞で、この海洋博覧会のシンボルだった人工浮島「アクアポリス」が解体のために上海に向け出航したことが、写真入りで取り上げられている。本来なら「夢のあと」始末はひっそりと行なえばいいところだが、公共事業見直しの機運の高まるなか、その一環として反省をこめて記事になったのだろう。同じ日の「天声人語」もこの後始末を取り上げ、開幕当時からシンボルの評判がよくなかったことを記し、次のようなことを書いている。

本土復帰を記念したこの博覧会には、公共事業が沖縄経済の「起爆剤」として注ぎ込まれた。しかし、景気は一時的なものでしかなく、やがて倒産、失業が続出。「自爆剤」と批判が浴びせられた。……十分な準備もないまま、山を削り、海を埋め立てた結果だった。アクアポリスは閉幕後も公開された。が、入場者は年を追って減り、経営難に陥る。……閉鎖されたのは七年前、管理してきた第三セクターも破産し、最後は海洋博公園内の案内地図からも消えていた。夫婦の屈折した感情的交流と同じく、「兵《つわもの》どもの夢」も永遠に繰り返され、漫画家のうさん臭そうな表情の晴れるときは来ないのだろうか。

●アメリカからのニュース／ロッキード事件（一）——7060回（昭和五一年二月一四日）

田中金脈問題の追及がうやむやになって八カ月が過ぎ、そろそろ人々がそれを忘れかけたころ、米国から突然とんでもないニュースが飛び込んでくる。いわゆるロッキード事件の発端である。この作品から次項を除く以下三つの作品は、いずれもこの事件が明るみに出た最初の数カ月のあいだに起きたことをあつかっている。この間、『まっぴら君』はことあるごとにロッキード事件を取りあげて批判を続ける。

周知の事件であるしインターネット上にも情報は多数あるから、ロッキード事件そのものについては作品との関係で必要な部分を除いて触れない。新聞の第一報は、二月五日の夕刊である。「ロ

7060回（昭和51年２月14日）

ッキードがワイロ商法」「児玉誉士夫氏に二十一億円」の見出しで、米国上院外交委員会の多国籍企業小委員会が四日の公聴会で暴露したロッキード社の賄賂攻勢が報じられている。気のせいか、第一報を取りあげる新聞は、全容を測りかねてあつかいに窮しているように見える。これを端緒に七月二七日の田中角栄元首相の逮捕、八月中に自民党代議士二名の逮捕まで展開することになるが、この作品の時点では、まだ政府高官の名前は出ていない。もっぱらこの作品にも名前が登場する右翼の大物児玉誉士夫と、ロッキード社の日本における総代理店である商社の関係者が取り沙汰されているにすぎない。

この作品は一見したところ『まっぴら君』には珍しく、背景に金持ちに対する貧乏人の妬み心があるように見える。加藤芳郎は作品の動因に妬み心など利用したことはない漫画家だったはずで、それだけにこの漫画は目をひいた。

作品の制作に初動を与えたのは、一二日朝刊の一面に報じられた「児玉氏、証言はできぬ／脳血せん再発の恐れ」という見出しの記事、および翌一三日朝刊の一面に「児玉氏から聴取不能に／主治医、往診後に発表」の見出しの記事などであろう。例によって病気を理由に出頭を拒否と思いたいところだが、ほぼ事実にもとづく所見であったようだ。これらの記事によれば、児玉は四九（一九七四）年の七月末からこの主治医に診てもらっており、血圧の変動が激しくかなり不安定な状態にあった。ただし児玉が死亡したのは昭和五九（一九八四）年一月だから、危険な状態の病人にしては、その後かなり生き長らえた（児玉ルートの裁判はそれにより第一審の結審を待たず公訴棄却）。

1では貧乏な独身男は気持ちよく酔って、すでにできあがっているようだ。そろそろ寝ようと押入れからせんべいブトンを引っ張り出す。ロッキード事件を報じるテレビニュースでも見ていたのか、先ほどからこの男は、児玉誉士夫に比べてわが身を振り返っていたらしい。自分の貧困を他人事のように眺め、ご機嫌である。蒲団に入って、念頭を去らない右翼の大物に呼びかける。本当は彼は寂しいのだが、それは忘れている。コダマさんに比べれば「今夜もグッスリねむれそう」と考えて、「オヤスミナサイ」と当てつけがましく呟く。きっと次の瞬間には、高いびきをかいていることだろう。

「二級酒のんでカップヌードル食べて、せんべいブトンしいて、コダマさーん、オレ今夜もグッスりねむれそう……」。このセリフは、たとえ貧乏でも清廉潔白だから安心してぐっすり眠れますと言いたいらしい。重体の病人を前にして、それがどのような犯罪者であれ、この貧乏人が味わう幸福感や満足感は、いくらなんでもさもしくはないか。しかも、作者は全面的にこの独り者の貧乏人に肩入れしているように見える。

これが、正気のフルシチョフ首相をあつかった2708回や山賊の登場する6171回の作品を作った漫画家の作品だろうか。もちろんこの二つの作品にかぎらない。この作者の晴朗なとらわれない精神を明かす作品はいくらでもある。そのなかにあって、この作品は異色に見える。

実はこの作品にも、空腹のあまり白鳥のタマゴに目が眩《くら》んだ男（466回）を造形した作者が顔を出す。ひょっとしたら、この独身男は、かつて「白鳥のタマゴ一個ほしいな……」と呟いた当人かもしれない。作者は、私がまさしく卑しさを感じて嫌ったと同じところで、この独身男を救い出し、彼に積極的に意味を与えている。もちろん作品制作の動因に妬み心はない。わかりやすい作品だとは思えないが、466回の作品と同じく、ここでも作者は誤解を恐れず意志的に作品を組み立てている。この作品の背後には、間違いなく性根の坐った漫画家魂がある。それは下品館（6565回）で講演する人物を造形した漫画家であり、洗練が精神の衰弱と必ずしも同道しないことを示した人物である。

それでは、この貧乏な独身男が体現するのはどのような意味だろうか。この男の自分自身に関する現状の肯定は、あくまでもコダマさんとの関係のなかで相対的におこなわれている。ところが作者は、両者を絶対的に拮抗させようと意志する。それは作品を自律させようとする加藤の意志と別のものではない。つまり、ほぼ二十年前の作品において、ソ連から帰国した将校に敢えて空腹を抱えたように見えるみすぼらしい男を対置したように、ここでは、常人には想像もできない巨額の報酬を受け取る右翼の大物に、せんべいブトンのなかで丸くなって眠る独り者の貧乏人を対置する。作品の全体は、作者の意志は、コダマさんが寝られようと寝られまいと、重病であろうと健康であろうと、この男にも健やかな熟睡を与えるのだ。

繰り返すが、両者を拮抗させようとするところに、作者の意志がはっきり現われる。それは実際には、無残な荒廃に一輪の花で対抗するようなものだ。加藤の感じているのは漫画の無力かもしれないが、それに対する信頼は少しも揺るがない。それこそ漫画家魂でなくてなんだろう。ここではその信頼と意志を信じるよりない。④のあとに聞こえてくる高いびきこそこの作品の眼目なのだ。それを信じなければ、作品は卑しげに見えることだろう。なかでも作品と作者を短絡的に結びつけて理解しようとする傾向があれば、卑しげな印象は避けられない。

夕刊読者はこの作品で「コダマさーん」という呼びかけを聞いたとき、昨日の今日だから児玉誉士夫を連想するだけではない。貧乏人に対置されたコダマさんとして、作品構造の必然から児玉誉士夫を連想する結果になる。しかも、その構造の必然は、作者がコダマさんを児玉誉士夫と敢えて結びつける必要を感じていないことと矛盾しない。いっさいを眼中に置かずに、この作品をもって対案とするのだ。

天地ほどにもかけ離れた経済力の二人の男を拮抗させようとする意志の背後には、作者の次のような考え方がある。長くなるが引用させていただく。

儲かる儲からないの問題じゃない。稼ぎだけで自分の職を考えるというのなら、ぼくなんかとっくのむかし、八畳間で生活していた時代に漫画家をやめちゃってる。何がずっとぼくに漫画をかかせたかっていうと、「ざまあみやがれ、できたぞ、この漫画をおもしろくねえって言うやつは許せねえ」といった喜び、この喜びなのだ。長男はコーヒーを入れながら、同じような気持ちを抱いているはずだ。

話が金儲けのことで、

「競馬やったら儲かっちゃって。おやじさん、三千円買ったら、穴で七万円だよ」

と言われたって、

「ああ、そうかい、よかったね」

と返事するくらいで、感激なんかありゃしない。ところが、コーヒーの話をしていて、

「ごちそうさん、うまかったよ、とお客さんが言ってくれたときは本当にうれしいね」

というような話を聞くと、

「うーん、それだよ、おまえ、人生ってのはそれだよ」

という話になる。(『父から学んだこと父として教えること』五二一〜五二二頁)

言うまでもなく、この作品において、作者は貧困を正当化しようとしているのではない。143回(五一一頁)の作品を思い出してもいいだろう。これらの作品を理解するためには、人生の浮沈と人生そのものを混同しない精神が必要だ。「二級酒のんでカップヌードル食べて」楊枝で歯をせせっている独り者が、それをわきまえているかどうかは分からない。しかし、この作品の全体は、そ

れをわきまえた精神が作り出した世界なのである。

次の作品も上記のような文脈でこそ正しく理解できる。ここにも白鳥のタマゴに目がくらんだ男の遠い反響がある。貧乏人の男たち二人は、７０６０回の登場人物と同じく「二級酒のんでカップヌードル食べて」「せんべいブトンしいて」熟睡するだろう。ここでは、１４３回の作品よりも貧困はさらに複雑な意味を付与されているように思われる。それは作者よりも社会が大きく変化してしまったからである。白鳥のタマゴをほしがる男を心中に持ち続ける漫画家は、この点に関するかぎりかなり頑固である。

●すっかり定着した中流意識――８７９６回（昭和五八年九月六日）

これは、昭和三三（一九五八）年から総理府が毎年実施している「国民生活に関する世論調査」（無作為抽出の一万人が対象）の調査結果を報じる、前日五日の朝刊の記事にちなむもの。見出しには「《中流意識》すっかり定着」「八割、将来も楽観」とある。「戦後政治の曲がり角ともいわれる不安定な時代。賃金、物価、税金、子供の非行と身の回りも心配ごとだらけ。それでも国民の九割が中流意識を持ち、八割が将来の生活がいまよりよくはなっても悪くはならないと見ている……」というやや皮肉な口ぶりで書きおこして、生活実感、生活の先行き、生活の充実感などの調査結果について概略を報じている。

「自分の生活程度をどう見るか」という「生活実感」の項は、「中の中」が一番多く五五パーセント、「中の下」二七パーセント、「中の上」七パーセントで合計が八九パーセント、これに対して

「下」七パーセント、「上」一パーセントだった。８２６８回の項で引用（三〇九頁）したように、新聞社がおこなっている同様の調査とはレベルの分け方でかなり違った印象になるものの、この当時、傾向的には日本人が総中流社会の幻想を抱いていたといえるだろう。

作品は最後のコマに来るまでテーマが分からないけれども、この作品の面白さは、まず、打てば響くように名乗りをあげる男が現われる②で感じる驚きにある。これだけでも、定着した中流意識を驚かすに十分だ。

「やい貧乏人出てこい!!」「なんだなにか用か!?」この荒々しい喧嘩腰のやり取りは、作品を見終わってわかることだが、それなりに必然性をもっている。だからこそ、作品の後半は一転して親密な真情あふれる対話になる。この対照も作品を面白くしている。が、作品の核心は、やはり④にある。④にきて一挙に貧乏人たち少数派の実在が表明されるのだ。彼らに対置される中流意識の所有者たちは、この作品では漫画の世界の外に追い出されている。

「中流意識」という言葉は、画一的で横並びを好む日本人といった観点から皮肉に語られることが多いけれども、ここでは、「中流意識に定着」してしまった人々に対する皮肉ととる必要はない（もっとも総理府の自画自賛を皮肉る視線はある）。この作品は、貧乏を賛美するのではないし、なにより、この貧乏は欠乏や不足を意味しない。実在する少数派（貧乏人）の表現において、加藤にとってなにより問題だったのは、進歩や発展とは無縁の世界にある「オンボロ人生」の気取りのなさ、屈託のなさ、身軽さ、爽快さ等々であった。「オンボロ人生」が過去になった以上、彼はそれらを理念的に意志している。この作品の面白さもつまらなさもそこにかかっている。

8796回（昭和58年9月6日）

やい
貧《びん》乏《ぼう》人《にん》
出てこい!!
なんだ
なにか
用か!?
ガラッ
ホントに
貧乏なの?!
ああ
自慢じゃ
ないが
よかった!
みんな中流意識に
定着しちゃって
さみしくて
さみしくて
そうか
そうか
さみしくなったら
いつでもこい!!

「中流意識」の持ち主たちが、進歩の神話を信じない世界を軽蔑するなら、作者は彼らを憎むだろう。16回（三七頁）の作品を思い出してもいい。なるほど書割りのような文化住宅や薄っぺらなビルディングから、現代の日本は大きく変化した。だからといって、書割りの舞台を右往左往していたまっぴら君より、現在のまっぴら君が進歩したわけでも利口になったわけでもない。認識の進歩を精神構造の進歩と混同するのは危険だとレヴィ＝ストロースは書いている。人間の中身は百年や千年で変わるものではない。自然は人間によって脅かされて変質しつつあるようにみえるとしても、依然として今でも自然である。自然が脅かされ変質しつつあるとすれば、それは人間が脅かされ変質しつつあるのだ。人間は鏡に映った自分自身の姿を見ているにすぎない。貧乏人の少数派に

は、高層ビルや自動車の大軍に幻惑されない漫画家の思想が託されている。彼はスタンダールにならってTO THE HAPPY FEW（幸福な少数者へ）と書き添えてもよかったかもしれない。

現実から一歩退いているとしても毅然とした態度の作品から、醜悪な人間模様を直視した作品に戻ろう。次の作品は、ロッキード事件の文脈でおきたものの、政界を揺るがしたこの事件そのものとは直接的な関係のない挿話にもとづいている。二十九歳の俳優が特攻隊スタイルに身を固めて小型飛行機で児玉誉士夫邸に突っ込んで自殺したのである。

●小型機突っ込む／ロッキード事件（二）――7092回（昭和五一年三月二四日）

「なーんだ焼けたけど彼は無事だったのか、ナーンダ」とはあきれたセリフで、初見のときは④の説明にもかかわらず驚いた。これは、7060回（二六二頁）の作品でも述べたように、作品と作者を切り離さなければ『まっぴら君』の正しい理解ができないことを、逆説的かつ端的に示す作品というべきだろう。

事件は二三日午前十時頃におこった。当日の夕刊は、「児玉邸に小型機突っ込む」「炎上、操縦の俳優死ぬ／児玉無事」と一面トップで報じており、もくもくと吹きあげる煙を前に消防士が消火活動をしている写真が掲載されている。

この作品は二四日の夕刊に掲載されたから、したがって、④で「おとといの事件」と言っているのは、この「☆おことわり」自体を虚構あるいは無意味にする巧妙な二重否定を包んでいる。つまり、この④自体が作品の内側にある。ここで突然作者が顔を出して弁明したわけではない（そのつもりなら、作者は「きのうの事件」と書かねばならない）。

ここに切り離すことによって結びつける仕組みが端的に示されている。言い換えれば、1から3までは、4の発言に従えば、「新タイヤキ君」の一場面であって、右翼の大物の自宅に神風特攻隊を真似て突っ込んだ事件とは関係がない。おととい二二日の別の事件を連想できる読者がいれば、その人は別にして、あとは読者が自由に作品について思いめぐらすのだ。

作者がこれほどまでに作品の自律性にこだわっているのを見るのは、驚きでないことはない。このこだわりは、現実の凝視を直接的には証明しなくても、それなくしては不要なものだ。作者は、体験的に、作品の自律へのこだわりが、世相の凝視へのこだわりと別のことではないのを熟知して

7092回（昭和51年3月24日）

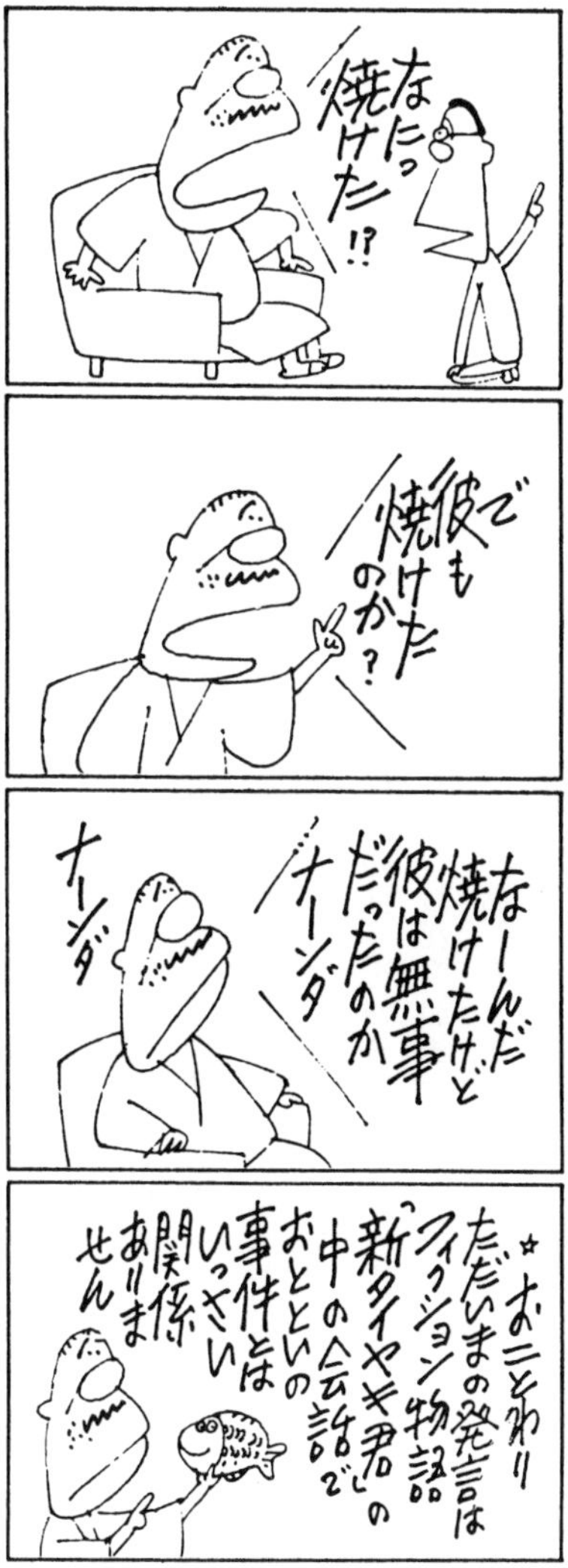

いる。それは、漫画作品の制作によってのみ証明されるものである。

その作品において、加藤芳郎は自己主張をしようとは思わない。自己主張を突きつめてゆけば、児玉宅に飛行機もろとも突っ込んだ若い俳優と同じ羽目になることを作者はよく知っている。自己主張を前提とすれば、この俳優の行為を潔しとする論理が幅を利かせる結果になるだろう。特攻隊スタイルで自殺したこの俳優の行為こそ、自己主張の戯画だ。加藤はこの俳優にはまったく興味を示さない。それはそのまま、自己主張になど一顧の価値も置かないこの漫画家の態度を語っている。彼はあくまでも常識をわきまえた漫画家として、作品の世界を作者の世界から切り離して提示する。結果として個々の作品は、社会のなかでそのつどおこなわれる加藤の発言そのものである。

常識ある漫画家にしては、少々エキセントリックな作品だろうか。それとも、もっとエキセントリックでもいいと思う読者もいるだろうか。すでに触れたが、「☆おことわり」は③までを弁明するだけでも、新聞漫画としては破格に思われる。私には、他人の無事に落胆する男を登場させる外見にもかかわらず、それ自体も作品内部にあっておおげさで漫画らしい芝居を仮構し、ロッキード事件のどろどろした深奥を読者の脳裏に焼きつけようとする。口封じのために他人の不幸を願う人物を登場させた皮肉とともに、この逆説的な作品の構造も、痛快さを形成している。それに作品の刃は、読者をもひやりとさせる方を向いている。

国会の証人喚問は、国会の無力さと証人の厚顔さで世人を唖然とさせたものの、それを除けば収穫らしい収穫はなく、もっぱら米国議会の追及のおかげで得た資料がたよりの捜査が続けられていた。証人喚問二日目を迎えたばかりの二月一七日の時点で、早くも朝日新聞朝刊は「自民に楽観空気、野党追及へ」「材料不足明らか／予算案審議急ぐ必要／中曽根幹事長」と見出しを掲げて、国会の国政調査権の弱体ぶりに懸念を表明している。読売新聞も「私語交わす委員も／午後の喚問だらけ気味」と腹立たしげである。

それはともかく、ロッキード事件の徹底究明を掲げた三木内閣は、アメリカ側提供資料の使用目的を捜査と裁判に限定した取り決めに調印する（三月二四日）。その結果、資料の提供がおこなわれて捜査が軌道に乗った五月中旬に入ると、自民党内部は三木おろしの策動に動揺しはじめる。

次の作品は、三木首相誕生の「生みの親」でもある椎名副総裁を中心におこなわれた三木おろしの動きをとらえて皮肉ったもの。

●三木おろし／ロッキード事件（三）――7135回（昭和五一年五月二〇日）

焼鳥屋のおやじは客の話を聞いていたわけではない。しかし、ふと耳に入って団扇の動きがとまる。次の瞬間に、おやじは思わず抗議の声をあげてしまう。そして、こんな客にはうちの焼き鳥は食わせたくないとばかり、場所を変えるべく屋台をひいてさっさと立ち去る。屋台が移動してしまった後に残った客は、なんと田中角栄を中心に大平正芳と椎名悦三郎のそっくりさん三人。憮然とした表情で焼き鳥の串を持って、こちらを振り返る。三人に気づいた、一部始終を目撃した酔っぱらいのセリフがいい。

椎名副総裁を代表とする田中角栄護持派と三木首相の暗闘については省略するが、この作品はそのような執拗な政治工作の動きをにらんで作られたもの。視点の移動に不自然さがあって、すべてを目撃した酔っぱらいの位置が曖昧さを含んでいるが、そこに犠牲を払ってでも話の全体を明快に仕立てる必要を作者は感じたようだ。特に④で三人をこの向きで提示すると、彼らの顔をちらりと見る形になるため、かえって印象が強く、「あ、まさか?? オレ今夜悪酔いしてるなあ」のセリフとあいまって相乗的に効果をあげている。これは似顔絵に興味のない加藤らしい構図で、この構図と酔っぱらいのセリフが、焼き鳥屋のおやじの義憤を支えている。

　位置関係の疑念の追及は措くとして、腹を立てたおやじが屋台をひいて立ち去ったあとに、酔っぱらいと向かい合うところに三人がこちらを向いて坐っている場面を想像してみればいい。作品として私たちが見ている④の印象の意味は明らかだろう。なにも元首相を中心として陰謀が図られた証拠はない以上、もともと「悪酔いしてる」男の妄想であるという偽装が必要である。ちらりと見た気がするのでなければならない。そのような偽装または偽装の配慮こそ、それが妄想でないと作者が信じていることを明示する。

　この逆説は、『まっぴら君』には固有のものだ。本来「きのうの事件」とすべきところを「おとといの事件」とするのと同様である。これは名誉毀損で訴えられるのを作者が懸念しているからではない。そんな懸念はとんでもない話で、むしろ作者は、まっぴら御免をこうむりたい話から、自分の作品を救い出したいのである。だからこそ、作品の自律は、作者にとって必至の課題なのだ。

　瞥見の効果は、似顔絵の拒否とも通じている。三人の人物は、どこまでも『まっぴら君』の登場人物であって、かなわぬこととはいえ、作者としては得体の知れない実在の人物とはできれば無縁でいてほしい。読者が自分の笑いを振り返ってみれば、それは諷刺によっておこるのではなく、作者の自立させようとする意志に関わっておきていることに気づくはずだ。つまり「オレ今夜悪酔いしてるなあ」の一言に喚起される笑いは、諷刺をバネにして、そこから飛躍し、私たち個人の内部で創作の再構成に関わることで生まれている。

ともあれ、三木首相の粘り腰はあっぱれなもので、なんとか政権を維持して政変による捜査の中断を回避し、七月二七日の田中角栄元首相の逮捕にこぎつける。しかし、八月中旬に田中角栄が保釈されると三木退陣要求はさらに激化するが、首相は世論の支持を背景に解散をちらつかせながら、年末の総選挙までなお政権を維持する。読売新聞が一〇月下旬におこなった全国世論調査では、自民党の内紛にもかかわらず三木内閣の支持率は前回調査（同年三月）より五パーセントあまり持ち

7135回（昭和51年5月20日）

直して三三パーセントになっていた（一一月二日朝刊）。この調査結果を報じる一面のリードには「ロッキード事件の真相解明については、かなり進んだとみる人が増えており、これが《灰色高官》の扱いに不満を残しながらも、三木内閣の支持率回復につながっているようだ」とある。

次の作品は、なにか事件を取りあげて直接的に皮肉る作品とは趣を変えて、ひねりを利かせた作りになっている。のどかな作品など作りたくても作りようがない世相だから、作者はこの叩き売りのおやじののどかな文句を懐かしがっている。

●刑事被告人の立候補／ロッキード事件（四）——725 2回（昭和五一年一〇月二二日）

「ケッコー、ケだらけ、ネコハイだらけ」、これでは文句がのどかすぎて客がさっぱり寄りつかない……果物の叩き売りをするおやじの独り言は、それだけでも、漫画の読者がほっと一息つけるイメージではなかったろうか。作者が自分の作品の現状に自戒を込めて、などと考えたら逆であろう。それはこの作品の前後の作品をいくつか見てもすぐにわかることだ。

この当時、来る日も来る日も諷刺や皮肉を利かせた作品を発表して、加藤はうんざりしていたのかもしれない。まことに背景の世相をある程度思い出して作品集の第九巻を見ていくと、この漫画家の奮闘は見事なものである。まして、我関せずの澄ました風潮のなかでは、自分の仕事とはいえかなりしんどいものがあったことだろう。そんななかにあって、この作品は幕間狂言のような雰囲気をもつ漫画らしい漫画に仕上がっている。

ここでは3に示されているように三つの題材に触れている、というより題材には事欠かないことが、③で直接的に示されている。題材には事欠かないけれども、たまには「ケッコー、ケだらけ、ネコハイだらけ」などとのどかなセリフで漫画もいいだろうと言うのだ。

その題材を列挙すると、まず「北京秋天」とは、周恩来（この年一月八日没）と毛沢東（同九月九日没）亡き後の権力争いが、ついに文革派首脳の逮捕（その第一報は一二日夕刊で英国の新聞のスクープから伝聞として報じられたもの）で終幕を迎えたことを指す。「東海地震」の震源は、五日朝刊の社会面に「東海地震ありうる」の見出しで報じられた記事など。同記事によれば「四日午後の参院予算委で、地震の予知と行政の体制の問題が取り上げられ、参考人として出席した浅田敏東大理学部教授は《東海地震は、あす起こっても不思議ではない》と注目すべき発言をした」とある。

7252回（昭和51年10月22日）

「新潟三区」は、時期的に見てこの作品制作の直接的初動を与えた記事にちなむもので、二〇日朝刊一面トップに「《ロ事件》真っ向否定」「田中、立候補の意思を表明／献金受けていない」と縦横に見出しを組んで報じられた、田中角栄の立候補宣言を取りあげている。結局、刑事被告人の立場にある元首相は、この年一二月五日におこなわれた第三十四回衆院総選挙では、新潟三区から立候補し、十六万八千票という大量の票を獲得してトップ当選を果たした。ちなみに二位は社会党の国会議員で五万四千票。対立候補たちは田中の収賄を攻撃して大量の不確定票が出ることで選挙区内が不安定になるのを嫌ったというのだから、話にならない。ただし自民党は大敗して、その責任を取って三木首相が退陣し、福田赳夫が総裁に指名され、一二月二四日、辛うじて過半数を制して第六十七代の首相に選出された。

●円高——７５３３回（昭和五二年一〇月二九日）

作品の背景から見ていこう。前日二八日の夕刊一面トップに「円続騰／東京も二四〇円台に」「米、英の動き反映」と縦横に見出しを組んで、急ピッチの円高傾向を報じている。社会面では「明暗つのる円高旋風」「ガックリ零細輸出／ガスは《タンカー単位》の得」と具体的にその影響を報じている。作品は、この記事中で触れられたオモチャ業界を取りあげたもの。すでに円が二桁を経験してしまった昨今とは隔世の感がある。この当時、日本の輸出業界はドルの下落を憂慮しながら為替差損の生じる危険を覚悟で耐えていた。

笑うどころか死活問題の世相を取りあげて、それを漫画作品にする作者の肝っ玉には脱帽する。

この作品に比べれば、権力者たちの厚顔をこき下ろしたり笑い飛ばすのは、ずっと気楽に思えてくる。大幅な為替差損を抱えてがっくりきているオモチャ屋さんが題材と知って、④まできて私たち読者は自分の笑いをどのように収拾するのだろうか。作者は、危機的な状況にあるオモチャ業界をからかったわけではない。ロッキード事件を取りあげた作品の笑いもこの作品の笑いも、頰の筋肉が緩むという点で違いはないとすれば、笑いとは、なんと懐の深い不思議なものだろう。

そもそも、実際のところこの作品には笑えないと異議を唱える読者がいたとしても、私もそれほど異存はない。しかし、この作品にユーモアを認めない読者は『まっぴら君』の読者ではない。まじめにオモチャ屋さんの窮状を考えてしまえば、笑うどころではない。なるほど、その通りである。

7533回（昭和52年10月29日）

しかしそんなことばかりしていては身がもつまい。不幸は至るところにある。私たちは、他人の窮状を笑うことができなければ、いざ自分の番になったときにそれを凌《しの》ぐこともできないし、自分の窮状を笑えなければ、他人の窮状に同情することもできない。作者がこの作品で求めるのは、そのような笑いであろう。それは冷笑や嘲笑とは別のものである。

とは言っても、零度で水が氷ったり、氷が溶けたりするのに似て、違いは微妙だ。冷笑や嘲笑は、水が氷る零度であって、それは周囲から奪うことしか考えない。この作品の笑いはそれとは逆に周囲に心を開いて、外に向かって流れ出すだろう。この作品から喚起される笑いは、一種のはじらいを含んだ共感にもとづいている。共感はいつでも目を合わせるとはかぎらない。むしろこともなげに目を逸らす共感もある。

一ドル当たり二〇円以上もの差損が出て、がっくりうなだれているオモチャ屋さんを思ったら、[1]から[3]までの動きをするオモチャを作者は思いついたらしい。このオモチャのぎこちない動きは、やはりおかしい。誰より、オモチャ屋さんこそ、それを理解してくれるだろう。作者はそれを信じているようだ。[3]までを見て、笑いを慎んで微笑になるか、苦笑になるか、それは人さまざまだろうが、そこで自然に湧いて出た微笑や苦笑を理屈をつけて揉み消すには及ばない。それがどんな舌触りを残したか味わってみれば、共感が、社会のなかで生きる私たちの、まさしく存在証明に等しいことに思い当たるはずだ。

●東京サミット——7728回（昭和五四年六月三〇日）

東京で二八日と二九日の両日にわたって開催された第五回の先進国首脳会議、いわゆるサミットをあつかったもの。と言っても作品は、ご覧のとおりサミットには一顧も与えないかのような外見になっている。

サミット開催に合わせてその前に日米首脳会談をおこなうために、二四日夕刻にカーター大統領一行が来日した。新聞は、それを取りあげた二五日の朝刊から、日米首脳会議とサミットのことでもちきりだったから、新聞を丁寧に読んでいた読者は、④のセリフには苦笑せざるをえなかったことだろう。③と④の間にあるズレは、東京サミットの話題を離れても、今でも読者の苦笑を誘うだ

7728回（昭和54年6月30日）

7724回（昭和54年6月26日）

けの力を十分にもっている。この力は、自己批判を忘れがちな新聞や流行を追いがちな私たち読者を問う作品の構造に由来している。

新聞は「家族外交　迎える大警備」（二五日朝刊）と題して、カーター大統領一家のための過剰な警備を批判している。この点に関しては、カーター大統領も「日本側の警備状況に不満を述べ」（二七日朝刊社会面）たほどだったし、「市民生活、置き去り」（二六日夕刊）と題した記事があるほどだから、かなりひどかったようだ。

しかし新聞の過剰報道に、新聞自身は気づいていない。それについて現在形で新聞の内側から批判したのは、おそらく『まっぴら君』だけだろう。二六日の作品（7724回）では、はっきりと新聞のあり方に疑問を呈している。

この作品に初動を与えたのは前日二五日朝刊の、過剰な警備に関する報道だが、その過剰な警備は、この翌日二七日の作品で取りあげられている。つまり作者は、新聞を読んで記事に直接反応する前に、過剰な警備を報道する新聞自体を見つめ直したことになる。

果たして、過剰だったのが警備ばかりでなかったことを、新聞は自覚していただろうか。「（確かに）ついとる!!」と紙面を思い浮かべて嬉しげな大物容疑者は、新聞批判をしているつもりはさらさらないが、もちろん読者はただちに理解したはずだ。

7724回に比べると、今回の作品の新聞批判はあからさまではないが、作品は新聞の批判にとどまらない奥行きのあるものに仕上がっている。

記事に身が入りすぎたのか、新聞を読みながらラーメンを食べていた客が、箸の動きを止めて「おわったなぁ」とつぶやく。店の表を任された女房は、食事が終わったのだと気を利かせてどんぶりを下げた。客は慌てて、なんだなんだとどんぶりを取り返す。ラーメン屋の女房は、東京サミットの警備のものものしさは知っているし、ようやく会議が終わったのも知っているから、それなら終わったのは「東京サミットのことか…」とまたまた早合点の知ったかぶりをする。ところが、客はサミットの顚末を報道する新聞記事を読んでいるとばかり思ったのに、その口から洩れたのは、今年も半分終わったなというため息のような感慨だった……。

ラーメン屋の女房の早合点と知って、2の客のセリフに読者はまず笑いを誘われる。しかし、笑いをさそう男の慌てぶりは、ほんの前座にすぎない。3で私たちは、女房の独り言に、確かにものものしい警備体制のサミットが終わって、各国の首脳たちがそそくさと帰っていったテレビのニュースを思い出す。なるほど、それかと、男が新聞を読んでいたことと思いあわせて読者は推理する。ところが、4で男の口から洩れたのは、さっぱりサミットとは関係ない個人的な嘆息だから、私たちは女房とともに、拍子抜けして男の顔を眺めるばかりだ。

2の笑いも、店の女房の知ったかぶりに対する3の笑いも目くらましにすぎない。4で作者がするりと身をかわして逃れ去るのを感じて、私たちはやられたとばかり苦笑する。サミット、サミットと騒いでいたけど、大した会議でもないじゃない、会議は踊るの口じゃないの……と言わんばかりの諷刺も、もっともだと内心思う。その諷刺は、作品のなかに書かれていることではないし、私たちの内発的な考えめいている。サミットを詳細に取材した新聞記事を何日も追いながら、森のなかで木を見ないような理解をしていたのかもしれないと、私たち読者を驚かすに十分な作品というべきだろう。

「石油軍縮時代」と題して特集された三〇日朝刊の解説記事から、東京サミットが「日本にとって何であったか」少し引用する。

「戒厳令の予行演習の中で行われた豪華で陰気なお祭り」と社会部記者は答え「本邦初演、米欧政治家のしたたかなる実演ショー」と外信部記者はいう。そして経済記者は「サミット終わって、憂うつな公約残る」ととらえている。

お祭りにせよ、実演ショーにせよ、「憂うつな公約」だけはしたようだ。その公約とは、石油輸入量の自主的な規制のことで、産油国に対抗して石油消費を抑制しようとサミットの首脳たちが申し合わせたのである。おりしも、サミットに対抗するように、サミットに合わせてジュネーブで石油輸出国機構（ＯＰＥＣ）の総会が開催されており、総会は原油価格の大幅値上げを決定し、いよいよバーレル当たり二〇ドルの時代を迎えるからだ。この一年後には三〇ドルにまで高騰する。東京サミットは、いわゆる第二次石油ショックの真っ只中で開催されたのである。

●「あるまじき行為」――８０００回（昭和五五年一〇月一五日）

私には、この書道塾の先生が加藤芳郎その人に思えて仕方がない。そう思うほどにおかしくてくすくす笑い出してしまう。「こうなったらわしもやるッ!!」と、腹立ちまぎれにこの漫画家も何度

8000回（昭和55年10月15日）

口にしたことだろう。そうは言っても「あるまじき行為」をではない。遠慮会釈のない世相批判をやるというのだ。他人の顔と言わず塀と言わずバカ、バカと大きく書きなぐっていくのは、世相を見守る作者自身の戯画でなくてなんだろう。

作品の背景には、亭主の素行調査を細君から依頼された探偵社の所長と従業員が盗聴器をしかけて逮捕された事件や、窃盗事件の女性被告に交際を強要した簡易裁判所の判事などの新聞種がある。大学教授のハレンチ行為もある。弾劾裁判を逃れるために町長選挙に立候補した判事の第一声を苦々しげに報じる一三日朝刊の社会面には、脱税指南をした税務署員の収賄事件もある。「あるまじき行為」は、最後の収賄事件を除けば、すべて男女関係のトラブル絡みである。

作品に戻ろう。「こうなったらわしもやるッ！」と書道塾の先生が発心《ほつしん》して実行に移したのは、あたり構わずバカ、バカと落書きすることだった。これは「あるまじき行為」には違いないが、ひどく子供っぽい振る舞いだから、いったい何をするのかと期待した読者を裏切ること甚だしい。作者が③までと④の間に設けた落差は、「なんかひとつ迫力に欠ける」という隣人の感想にはっきり表明されている。私たちがこの作品に漏らす失笑は、看取した落差と④のセリフが一致するところからも来るのだろう。「同感、同感」と賛同するわけだ。その意味では、作者は意図した読者の笑いを得ている。

しかし冒頭にも書いたように、作品の構造はこの表面的なストーリーにとどまらない。これだけでは、確かに子供じみて迫力に欠けている。作品を支えているのは、この漫画家の自己批評であって、作品には作者の全体験の裏打ちがある。

この漫画家は、世相という池の縁に立って、愚行を犯して池から飛び出してしまった魚にバカと書いたレッテルを貼ることを仕事にしているのではない。自分の職分を踏みにじる判事の愚行を弾劾するのも、大学教授の子供っぽい欲望の表現をひそかに叱るのも、税務署員の脱税指南をこき下ろすのも、原稿を読みあげるだけの答弁で済ます首相の無力を批判するのも、ものものしい警備のなかで踊った先進国の首脳をからかうのも、どれもこれも、この漫画家の仕事ではない。彼の仕事は漫画作品を作ることである。漫画家自身の戯画で読者の笑いを誘うのは、権力に憑かれた政治家をこき下ろしたり、どこかの判事の厚顔さを笑い飛ばすのと、自律した作品のなかでは違いがあるべきではない。違いがあるとすれば、それはただ作品が失敗しているからである。

社会におこるさまざまの出来事を見守っていれば、しばしば不愉快を通り越して腹立たしくなることがあるに違いない。私たち読者にしても新聞を眺めていれば経験することだ。そこで腹の立つままに漫画家が作品を作っていったとしても、あいにく良い作品はできない。かといって腹立たしさを我慢して、切れ味鋭く、てきぱき調理すればそれでよいというものでもない。それだけなら、必ず退屈になる。読者だけでなく当人もだ。手当たり次第あたりの雑草をなぎ払い、まわりをずたずたに斬り捨てて、さて自分の周囲の荒涼とした光景に得意になるかそれとも落胆するか、どちらにせよそのような切れ味の鋭さは、徒労に終わるに決まっている。いつまでたっても傍目《おかめ》八目《はちもく》の退屈さに気づかない威勢のよさや鋭利さは、見ていて味気ないものだ。見渡すかぎりバカ、バカと書かれた光景を見て、気持ちが晴れ晴れすることはあり得ない。バカと顔中に大書された隣人に、怒られるどころか「なんかひとつ迫力に欠けるなあ」とつぶやかれては、先生も参ったことだろう。

肝心の一点がまだ残っている。四コマ漫画の本当の迫力が、どのようなものかという点である。それが実現されているかどうかは措くとして、この作品が目指すものこそ本当の迫力であると作者が考えているのは、構造的に明らかであろう。切れ味鋭く斬って捨てるのが、迫力なのではない。そんなやり方は、あたり構わず、バカ、バカと大書して歩くのと似ていると作者は考える。まことに顔中にバカと大書されながら、「迫力に欠けるなぁ」とつぶやける隣人にこそ迫力があるというべきで、鉢巻姿の書道の先生にはない。作者は、本当に迫力ある作品とは、一見そうは見えない作品だと言いたげに見える。かと言って、ユーモアがねじり鉢巻きした頭から生み出されることはないと言いたいのかどうかは分からない。それが笑いの対象となることは多々あるのはもちろんだとしても。

●通り魔事件――8195回（昭和五六年六月一九日）

血相を変えて包丁を突き出した男が、うずまきに突進する①を見れば、当夜の新聞を開いた読者はただちに、二日前の夕刊から連日にわたって報道されていた無惨な通り魔事件を思い出したはずである。犯人は自分とまったく関係のない行きずりの女性や幼児ら四人を殺害し、二人を負傷させた。

この事件を少し詳しくたどってみよう。まず一七日の夕刊一面トップに「通り魔、幼児ら2人刺殺」「通行の主婦を人質」と縦横に見出しを組んで、中華料理店にたてこもったまま警察官とにらみあった状態の通り魔事件が報じられている。夕刊の締切りまでに事件は解決せず、翌朝の一面トップで解決が報じられた。「ろう城の〝通り魔〟逮捕／覚せい剤歴持つ元すし店員」「死者、母子ら4人に／人質主婦7時間後、救出」と縦横に組んだ見出しでおおよその経緯はわかるだろう。同じ一面中央に「子持つ人うらやましくて／就職断られムシャクシャ」と中見出しがある。

母親と乳母車のなかにいた一歳の赤ん坊、母子が二人して迎えにいった幼稚園帰りの三歳の姉、ほかに通りがかりの主婦一名が刺されて死亡した。覚醒剤をほぼ一年前にやめており正常だったと、犯人は自供している。自分の不利になる嘘をつく必要もないから、おそらく幻覚はなかっただろうが（ただしこの作品掲載日の新聞は、覚醒剤の尿反応が出たため、最近まで覚醒剤を使用していたはずだと推論している。しかし、その後この点に関して犯人の自供に虚偽があるとする報道はない

8195回（昭和56年6月19日）

（毎日新聞、昭和56年６月17日）

し、翌年一〇月二二日におこなわれた論告求刑でも、紙面から判断するかぎりその事実は出ていない。いずれにしろ）、薬物の作用も手伝って精神の荒廃が進んでいたと思われる。

　襲われたのは女性と子供、しかも一歳の赤ん坊は何度も突き刺されて即死している。手が滑らないようにさらしを巻いた、刃渡り二二センチの柳刃包丁が凶行に使われた。関連記事は事件発生の翌々日、つまり作品掲載当日一九日の社説まで続いていたから、読者にとってはまだ生々しい事件だった。

　一七日の夕刊に、事件発生後一時間足らずのうちにヘリコプターから撮影した検証中の現場写真がある（近くの中華料理店に犯人は人質を取って立てこもったばかりだというのに、すでに事件はファイリングされようとしていた）。歩道に投げ出された園児の鞄、おびただしい血の流れた跡、取っ手に買い物袋を結んだまま転倒したバギーなどが、不意に襲ってきた災厄を物語っている。

　しかし写真では、むしろそれらを覆うように広がるくっきりした樹影が目をひく。久々の梅雨の晴れ間だったのだろうか。親子三人づれは初夏の陽射しを浴びて歩いていた。言うまでもなく、三人はこれみよがしに幸福を自慢していたわけではない。それどころか、有名な小説の冒頭にあるように、幸福なんてみな似たりよったりで、どこでも見かける街頭風景だったはずである。しかし、犯人の憎悪をかきたてるに十分なだけ、間違いなく幸福だった。そう思えばいっそ犯人が不憫である。

漫画家は、一片のユーモアさえあれば起きなかった事件を前に、誰の目にも許しがたい殺人者を救い出そうと心を砕いたらしい。殺人者個人の救済が問題ではないが、被害者や残された家族に同情する立場は社会面の記事にゆだねて、作者は二十九歳になる元寿司職人の気息を身近に感じながら、一見すると漫画家の本分を忘れたかのように独自の世界を作りあげようとしている。

それでは、作者はどのようにしてこの通り魔を救済しようとしたのだろうか。読者は、1にあるうずまきを、覚醒剤による幻覚の表現だと思ったことだろう。ところが2に移ってからうずまきはタイムトンネルだと注記が入る。もちろん、幻覚でないとは言っていない。1と2の無駄のない進行が巧みである。そして奇妙なことに、タイムトンネルを抜けた先は「オンボロ人生はなやかなりしころの時代」だった。

「オンボロ人生」とは、加藤が昭和二九（一九五四）年七月から『まっぴら君』と平行して『サンデー毎日』に連載した、乞食たちを主人公にした漫画のタイトルである。ゴミ戦争（143回、五一頁）の項でも触れたように、朝鮮戦争の勃発による特需で、加藤が連載を開始した当時、すでに数字のうえでは日本は戦前並みの生活水準を回復していたから、『オンボロ人生』という作品が設定したオンボロかげんは、当時の読者の生活実感を反映したものではない。

作者の言葉によれば、『オンボロ人生』に乞食を登場させたのは「力みすぎ、背のびしすぎ」を警戒したためで、作者としてはそれ以上の格別の意義づけを必要としていない。単行本『オンボロ人生』（コダマプレス刊）から作者の言葉を少し引用する。

その当時ボクたち同僚のあいだでよくやる手は、アイデアに困ったとき最後の切り札としてコジキを登場させるのです。コジキを出せば、とにかく楽に一枚漫画ができあがっちゃうのです。「これだ！　一番楽な手でいこう」……こうしてその年の七月第一週号から、空想コジキ漫画「オンボロ人生」は気楽な形で、サンデー毎日にスタートしました。

コジキがなぜ切り札なのかはしばらく措くとして、作者みずから「空想コジキ漫画」と断っているところからもわかるように、『オンボロ人生』は、発表当時すでにノスタルジーあふれる世界だったらしい。上記の単行本しか私は見ていないから、三百回以上にわたって連載された全体を見通した意見ではないが、溌剌として明るい線と楽しげなリズムは、『まっぴら君』を凌ぐだろう。

作品に戻ろう。柳刃包丁を突き出した男は、みずから意志して幻覚に向かって飛びこんでゆく。そして現実とは決定的に異なる世界に踏みこんでしまう。それがどこであるにせよ、彼はみずから現実を逃れた。その結果、どうしたことか、悄然としてムシロに坐っている乞食の前に出てしまった。いかにも漫画然とした③のイメージに注目しよう。背を丸めて顔を伏せた神妙な乞食は、つまはじきにされて一人で社会を敵にまわした通り魔とは対照的である。しかも画面の隅に凶器を示して、元寿司職人の視線で眺めた光景であることを暗示している。

ここにある「オンボロ人生はなやかなりしころの時代」という文句は、読者に自分の旧作『オンボロ人生』についての知識を要求してのことではない。作者には作者の思いがあるとしても、とりあえず「はなやかな」オンボロ人生が言葉の矛盾でない世界を眼前にしているのだと、作者は断っているだけである。ボロをまとった土管住まいの人物たちは、第二次世界大戦に敗れた後の困窮した時代を偲ばせると同時に、かたくなにそこに踏みとどまっている。私たちは3に、照明を浴びた舞台のような華やかさを読み取れるだろうか。母子づれの放った幸福に劣らない幸福に満ちた世界だと信じられるだろうか。

読者は、犯罪者と視線を共有させられ、作者の口上を聞き、多かれ少なかれ犯人と同じく困惑する。私たちはもちろん、幸福な母子づれを見るとムシャクシャして柳刃包丁を振り回した男にとっても、それが華やかであったり幸福であったりするとは考えられない。幻覚かと思ったらタイムトンネルで、出たところは「オンボロ人生はなやかなりしころの時代」だった……読者の判断を迎えつつ3まで巧みに誘導するこの経緯こそ、まず作者の狙ったことであろう。

それは漫画作品らしい登場人物を配しているものの、少々真剣すぎる過程かもしれない。3まできて、読者は当惑することはあっても面白がることはないだろう（たとえ舞台効果が利いているとしてもだ）。まして通り魔と視線を共有させられることになろうとは思ってもいなかったはずである。ここに読者に対する漫画家の悪意を感じる人がいたとしても、あながち誤解とばかりは言い切れない。しかし、加藤にはそのつもりはない。漫画家の悪意を感じるためには、一方に元寿司職人をアウトローとして固定的に捉える視点が必要だが、作者にはそのような視点ははじめからないのである。そこにこそこの作品の眼目がある。

③までの経緯にもかかわらず、④で呆然と立ち尽くしている通り魔に、読者は共感しない。乞食の批判がましい言いぐさも共感を妨げるが、なにより相手が感情移入の余地のない犯罪者だからである。漫画家が周到に計算した否定的な反応において、読者は柳刃包丁を手にした通り魔と同じくひょうし抜けしたのではなかったか。「うらやましくない」からというより、作者に梯子を外されてしまったからだ。しかし、理由はどうでもいいので、読者も④の外側で通り魔と同じ表情をしているということが肝心だ。作者は孤立していた通り魔に新聞読者と同じ光景を見せ、同じ反応をさせることで、私たちの世界に連れ戻した。それが作者の通り魔に与えた慰藉《いしゃ》なのであろう。

社会からつまはじきにされた犯罪者を、新聞読者といっしょにひょうし抜けさせた③と④の絵のなかにこそ、この作品は集約されてくる。「うらやましくないもんだからひょうし抜けしてやがら」という乞食の屈折したセリフに、作者の思想が表明されている。乞食は、今日まで君たちは羨望をばねに生きてきたはずではないかと、通り魔に言いたいらしい。通り魔に言いたいにもかかわらず、この④のセリフを彼に面と向かって言わなかったのはなぜなのか。

実は乞食が通り魔を面と向かってからかっても④はそれなりに成立したはずで、その場合、土管のなかから毛虫のように頭を突き出した仲間は不要である。その方が構図はずっとすっきりしたのに、乞食は背後の仲間にこのセリフを言う。ここで作者は通り魔殺人者だけでなく読者もおいてきぼりにして、自分の考えを追いはじめているように見える。四コマを数秒で通り過ぎる夕刊読者の習いを甘受しながら、四コマで表現できないことはないと信じて、作者は孤独に表現を練りあげている。

タイムトンネルをくぐった先の世界のぼろをまとった乞食たちは、アイディアに困ったあげくに「最後の切り札として」登場したのだろうか。私にはむしろ、この作品の乞食たちは、思いつくアイディアをかたっぱしから捨て去った末の切り札として登場したようにみえる。

この作品の全体を改めて見てみよう。通り魔は包丁を突き出して、日常を切り裂いて駆け抜けた末に乞食と鉢合わせした。作者は通り魔に乞食を対置させて、あとは何もしたわけではない。ここにはストーリーもない。見慣れた日常、住み慣れた環境を保留して、漫画家は通り魔にひそかに問いかける。相手が乞食なら君はどうしただろう。この質問は、漫画家ならではのものである。

それにしても、一切の虚栄が意味を失って、社会を前に平伏した乞食の境遇は、それ自体ではユーモアとは無縁であって、まったく笑いを誘わない。いわば絶対零度のような状態である。それは漫画家にとってもけっして親しい世界ではない。「コジキを出せば、とにかく楽に一枚漫画ができあがっちゃう」とすれば、それは彼らが一般的な社会人に比べて相対的に虚栄から自由で、私たちの虚栄を簡単に暴くからだ。しかも、だからといって社会的に無力な乞食は私たちを傷つけない。そのかぎりにおいて、乞食は漫画家の親しい友人であるにすぎない。読者は通り魔の案内で乞食の前に連れてこられた。そして面くらいとまどう。通り魔が日常性を切り裂いたおかげで、読者がかろうじて見ることができた世界である。

しかし乞食と私たちのあいだには接点がない。乞食が背後の仲間に話しかけて、面と向かって通り魔をからかわなかったのは、両者のあいだには死者の世界と生者の世界ほどにも決定的な断絶があると作者が考えるからであろう。タイムトンネルをくぐったあとでは、私たちはその世界に一指

も触れえないのだと考えても同じことだ。両者の懸隔に比べれば、親子の三人連れと元寿司職人のあいだの隔たりなどないも同然である。

ここで乞食仲間として「白鳥のタマゴ一個ほしいな……」と力なく呟いた男の登場する作品（466回）を思い出してもいいだろう。そこでも、アイディアを捨て去ったあとの切り札として、乞食然とした男を登場させていたように思われる。これらの乞食たちは、漫画の世界の住人として一方で無邪気な笑いをふりまきながら、他方では悲哀とふてぶてしさとまがまがしさも放っている。④のセリフは仲間に対して言われることによって、その聞こえよがしの言い方によって、乞食の無力を明らかにすると同時に、そのまがまがしさも遺憾なく放射している。そこにあるのは当てつけがましい拒絶なのだろうか。それとも、ひそかな断固とした拒絶なのだろうか。どちらにせよ、読者は通り魔と同じ世界で、乞食とは別世界の住人として当惑を余儀なくされる。作者は切り札の使い方を心得ている。

作者は、乞食の世界にいるのではない。さもなければ、『まっぴら君』を描くまでもないだろう。まっぴら御免をこうむりたい心情は、読者と同じ世界の住人として、読者とともにこの世界の矛盾を経験していなければあり得ないのである。ここに乞食が意味するのは、『オンボロ人生』に登場する乞食たちの無邪気や楽天とは異なり、『まっぴら君』の世界の果て、あと一歩を踏み出せば奈落へ転落するかのような限界、ナンセンスの闇のきわであって、その意味でこそまさしく「切り札」なのである。

おおげさな言い方になったが、これは作者がよい漫画作品をものするときに、例外なく味わう生みの苦しみのなかで達するぎりぎりの限界であろう。社会の矛盾がすべて解決される日は来ないだろうし、漫画家の仕事のタネが尽きることはないのだが、自分の仕事に打ち込むほどに、作者は単純な形をした生の絶対的悲哀とでもいうものに出会わざるをえない。そこで愚痴をこぼしたり、涙を流したり、立腹していいのなら話は簡単だ。それを直視しつつ軽やかに何気なく、人を笑わせるために腐心すること。作者が乞食に出会う場所は、そこと決まっている。

この通り魔殺人犯は、東京地裁において求刑から二カ月後の昭和五七（一九八二）年一二月二三

8557 回（昭和57年10月23日）

日に、求刑通り無期懲役の判決を受け、控訴期限の翌年一月六日まで手続きをとらなかったため、刑が確定した（昭和五八年一月七日朝刊）。求刑が行なわれた日の夕刊は、この無惨な通り魔事件を再び大きく取り上げ、死刑が求刑されなかった意外さを、残された人々の反応を中心にまとめている。このときにも、漫画家はこの通り魔について思いをめぐらして、８５５７回（前頁）のような謎めいた印象の作品を作っている。

果たして菊人形師は、どんなつもりで菊でかたどった通り魔殺人犯のさらし首を造形するのだろうか。作者の複雑な心情は、ほとんど読み解きがたい。「うっぷん晴らしのご要望」に応じて「あのヤロー」の首をさらすと見せて、漫画家が獄門にさらしたいのはその「ご要望」なのだろうか。作者の真意はつかめないけれども、その密かな心情のなかに、四コマ漫画の枠を越えた８１９５回の作品の残響を聞いても間違いではないだろう。

●キノコ狩り――８２６４回（昭和五六年九月二九日）

長靴姿でどっかりと石に腰を下ろしたキノコ売りの男の態度とセリフが堂々としていて、夕刊を開いた読者は失笑せざるをえなかったことだろう。いま突然の思いつきで言うのだが、「直売／とりたて漫画」と題して、作者も毎夕こうして漫画を売っているのかもしれない。「中には下痢・吐き気で苦しむものもまじってる」可能性は大いにある。

背景となった記事は、二六日、二七日の両日にわたって朝刊に掲載されている。まず二六日は、「キノコの秋ご用心」「一見シメジ、実は〝毒〟」と縦横に見出しを組んで、東京版が二三日と二四日に起きた三件の毒キノコ事件をまとめている。このうちの二件は、おすそ分けにあずかった上司や隣人が一緒に中毒している。二七日は「キノコおすそ分け、中毒騒ぎ／七軒十五人、次々腹痛、おう吐」の見出しで社会面に掲載されている。こちらはおすそ分けの規模が大きくて新聞種になったようだ。救急車が出動したところ、サイレンの音を聞きつけて隣り近所から、うちも実は腹痛で、と届け出が相次いだらしい。

漫画を見てから記事を読むと、おすそ分けで中毒した隣人たちの表情を思って、笑いを抑えられないから不思議である。どの事件も、キノコ取りに出かけておすそ分けするほど収穫してきた善人は老人ばかりで、この作品のように、一人や二人食べさせたいのがいるからとて、安易に買い求め

8264回（昭和56年9月29日）

たものではない（らしい）。

加藤は、事件の一つの解釈としてこの作品を作ったのではない。記事をヒントにさっそく悪事を思いついたのである。はっきり言えば、作者は新聞紙上で悪事を働いた。この作品の面白さと強さはそこに由来している。④に見るとおり、公言をはばかることを、太いキセルをくわえたまま言わせるあたり、心理家としての加藤もけっして侮れないし、それどころか、巧みなセリフとキャラクターの配置で心理的な読みの深さが作品を面白くしているのだが、それらの心理的な読みが作品を成立させているわけではない。どれほど逆説的に聞こえようと、この作品の全体は、本質的に心理的であるより倫理的である加藤の面目が躍如としている。

大きな立て看板を出し、しょいこにいっぱいのキノコを摘んで、でんと構えた①のキノコ売りには、悪事を働く後ろめたさはさっぱり感じられない。それでも、通りがかりに自動車を停めた若者の方は、二日続けて毒キノコ中毒の報道を読んだばかりだから、キノコ売りの態度が立派でも、本当に大丈夫かどうか聞きたくなるに違いない。それはいいのだが、この若者のセリフも口調も弱々しくて、要らぬ邪推をしたくなってくる。邪推をしないのは漫画のテンポが速くてその暇がないからだ。意外なことにキノコ売りは、「さあどうかなあ」と耳を疑うような返事で、大丈夫と請け合うどころではない。

私たち読者がまず笑うのは、②のこのキノコ売りの言いぐさであろう。相手を窺って語尾を伸ばしているようにもみえるし、相手の出方など委細かまわず傲然と言い放ったようにもみえる。いずれにしろ、最初の一言で若者は見透かされてしまったようだ。すっかり若者を呑んでかかっている。

3では「下痢・吐き気で苦しむものもまじってる」と明言する。その上で「食べさせたい人」がいるでしょうとばかり、客に勧める。「食べさせたい人」がいなければ、キノコ売りに笑われかねない。「(決心をつけて、いっちょう) いきますか」と言葉巧みに若者をそそのかす手腕は、ただ者ではない。漫画の世界とはいえ、読者はあきれてキノコ売りの顔を見てしまう。さらにあきれたことに、どうやら客の方もその気になって、買っていこうという雲行きだから世の中は恐ろしい……。

作品は、若い客が、「俺のことかい。そうだな、俺だって一人や二人いないことはないよ」と言いたげな表情をしたところで、しかしそこまで明らかにせずに終わっている。作品の構成上は、サングラスの若者が、この直売のキノコを買っていくかどうかわからない。この未確定の終了は、鮮やかな漫画の技法だが、その前に何より漫画家の節度なのであろう。最後までふざけてしまっては、『まっぴら君』でなくなってしまう。

ただし、この未確定の状態は、作品の未確定を意味してはいない。作品は、若者の判断のはっきりする一歩手前で断ち切ることによって、確定している。強引な切断が作品を中断した印象を与えないのは、それどころか、作品として完結した印象を与えるのは、結果的には、反社会的な行為をいっさい弁明しないキノコ売りの潔さのためである。作者がつまらぬ弁明をしないから、キノコ売りの言動は、完結して漫画の世界で実在性を得ている。と言うより、むしろキノコ売りのおかげで漫画の世界が実在性を得ている。その結果、まさかと思いつつ、読者は、突然、現実に引き戻される。頬には笑いを貼りつけたままだし、キノコ売りの最後の言葉がまだ耳に残っている。

だからといって、作者は、読者の道徳性を試したわけではない。肝心なのは、この点である。作者が心理家ではなく、倫理家だと言うのもこの点にかかっている。

突然足元に崖っぷちが口を開けるようなこの作品の構造は、読者の心理を試すに等しい外見を呈しているが、実は思弁的、分析的に作品を見ていくから、読者が自分の心中を覗くようななりゆきになるだけである。そのなりゆきはすでに作品から離れているし、そこで毒キノコを食べさせたい人を思い浮かべて、読者が自責の念にかられたり不快になるとしても、作品の関知するところではない。この事態は、可能性としては考えられないことではないし、資質的にそのような世界に迷いこみやすい読者もいるだろうが、この作品の一気呵成のユーモアは、そのような事態を一笑に付してしまうだろう。「お客さんにも一人や二人食べさせたい人いるでしょう⁉︎」とは、もともと漫画家の鮮やかな目くらましにすぎない。

つまり個々の心理を問わずに人間全体を見ているから、この漫画家を私は倫理家だというのである。ベルクソンが言うようにユーモアは分析的な精神の所産だとしても、笑う方もその分析を直覚する必要があるにしても、ユーモアは全体的な精神相互の働きかけである。笑いの対象となるのは細かい部分ではなく、その部分を部分とする全体としての対象である。滑稽な表情を笑うとき、個々の目鼻立ちの不細工を笑うのではない。あとで一部分の異様さを再認識することはあるとしても、まずなにより、それらが全体として不調和であることを直覚的に笑うのだ。というより、そもそも笑う行為が直覚的である。

この作品を契機として露見した心理を、その心理の所有者の精神状態とみなすのはばかばかしい。この作品が潔く切断して捨てたのは、笑い飛ばして見せたのは、それらのぐずぐずした思案、何でも出てくるに違いない心理そのものである。
数日後に作られた作品（8268回）でも、反道徳的な世界が完結した作品世界として表現されており、今回の作品と似た印象を与える。

●大国日本はきらわれ者？――8267回（昭和五六年一〇月二日）・8268回（一〇月三日）

西独バーデンバーデンで九月三〇日に開かれた国際オリンピック委員会総会（ＩＯＣ）において、昭和六三（一九八八）年の夏季オリンピック開催地決定の投票がおこなわれ、立候補していた名古屋市が韓国の首都ソウルに大差で敗れた。一〇月一日から二日にわたりそれにまつわる記事が新聞を賑わし、作者はそれらの記事に応じて、二日、三日と二回続けてこの投票結果をめぐって作品を作った。二作を並べてみると、別人の作品のように違っている。

二回にわたって作品制作の初動を与えたところをみると、かなり漫画家の関心をひいたことは明らかだが、投票結果に対して直接の反応を示した二日の作品から判断すると、新聞の騒ぎ方にこそ漫画家は興味をひかれたのかもしれない。三日の作品では、作者はすでにオリンピックのことなど眼中にないようだ。

オリンピック招致運動に敗れた事実が起こした波紋を、紙面からやや詳しくふり返っておこう。一日の朝刊一面トップに「'88五輪　名古屋敗れソウルに／52対27票の大差で／招致運動　行政主導が弱める」と三行にわたる見出しで紙面の半分近くを割いて報道されている。スポーツ面でも見開き二ページにまたがって「甘い読み崩れた名古屋」「〝新顔〟熱望つかめず／経験頼みの招致統一性欠く」「深夜の体協ショック」と関係者の談話を集めて数字データの分析を詳しくおこない、さらに社会面も「幻に終わった'88名古屋五輪」「顔もひきつる招致団」「《どんな活動した》市議団からバ声も」とかなり激しい見出しを掲げ、開票直後の招致団の表情と地元の反応を詳しく報じている。

同じ一日の夕刊は、総合面ではソウル、東京、バーデンバーデンを結んだ三元座談会で名古屋敗退の原因を探り、あわせてソ連、フランス、メキシコなど数カ国のジャーナリズムの論調を紹介し、対社会面では一夜明けた名古屋の表情を取り上げている。翌二日は「名古屋はなぜ落選したか」を社説で考察し、夕刊でも「大国日本は、きらわれ者?」の見出しで閣議で出たという「深刻な反省論」を報じている。

上記の記事中で紹介された「ル・モンド」紙の報道にもあるように、世界各地での開催が原則である以上、このときすでに東京と札幌で夏季と冬季のオリンピックを開催した経験をもつ日本が初めてのソウルに敗れたのは、今からふり返ると当然のこととしか見えない。むしろ一方にそのような客観的情勢があるなかで、今しがたたどったような過敏な新聞の論調の推移が見られること自体、毒キノコを食べさせたい人を思い浮かべてしまった自分をふり返って、ぐずぐず思案にひたるようなわざとらしい愚かしさを感じないわけにいかない。

まさに日本人は自分にふさわしい反省をしたにすぎないのだろう。対日借款のある身でオリンピック開催でもなかろうとばかり経済大国ヅラして、オリンピック精神の原則を無視して振る舞ったのだとしたら、大差で負けるのももっともなことであった。

二日の作品は、新聞の騒ぎ方を知ってから見れば異色に見えないことはない。清水次郎長の子分で、生まれも育ちも尾張名古屋の桶屋の鬼吉を登場させて、募金してソウルを応援しようというのである。日本を世界のきらわれ者として考察した翌日の作品とはがらりと異なる爽快なできばえで、この作品を制作しているとき、翌日の新聞の論調は作者の視野になかったように見える。しかし、表面ご祝儀と見せて、鬼吉に自分自身が入るつもりの棺桶を担いで登場させるあたり、作者の思案は驚くほど深いのかもしれない（その深さは、加藤が若年の頃、ラジオから流れる広沢虎三の浪曲に聞きほれていた父親の姿までさかのぼるのだろうか）。大死一番、我執を忘れて気持ちよくソウル開催決定を喜びたまえ、と言いたいのだろう。だとしたら、ぐずぐずした反省はとっくにお見通

8267回（昭和56年10月2日）

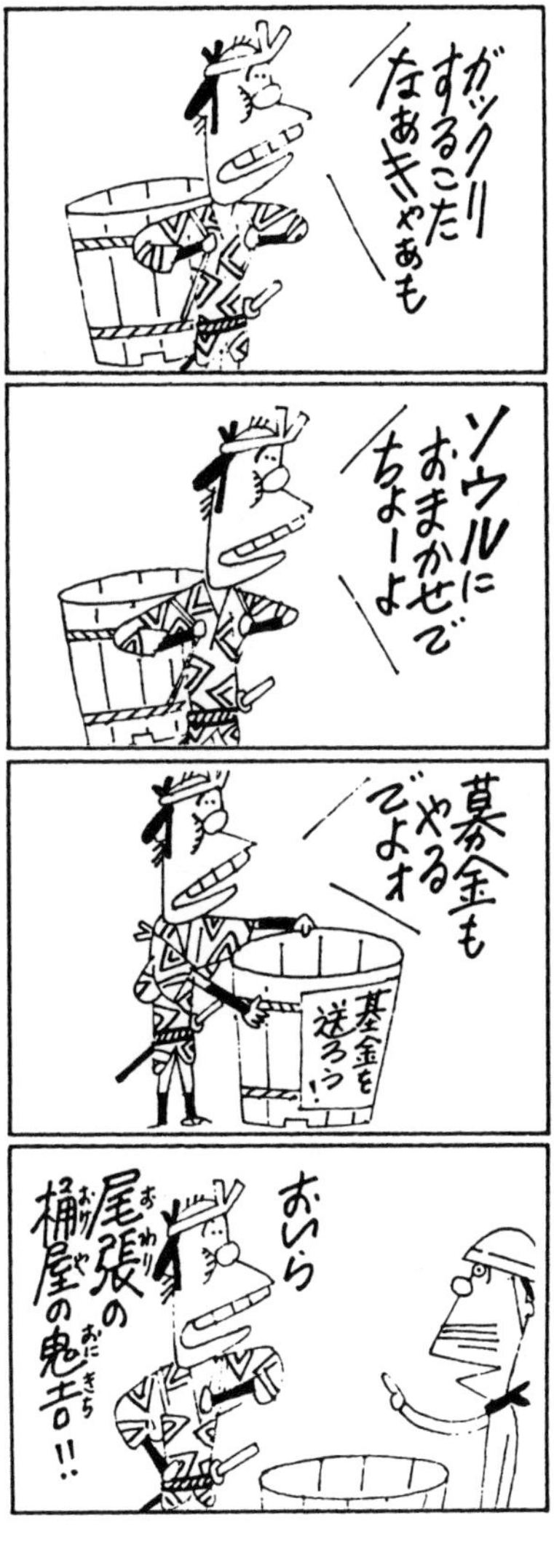

しなのかもしれない。

ともあれ文句のないご祝儀作品だから、結果的には、翌日の作品の背景にある世相に対する作者の見事なアリバイになっている。まったくのところ、このような晴朗な作品から看取される精神が誘致をしていれば、あるいは名古屋で開催されることもあったかもしれないし、そうでなくとも利口ぶって反省などするより、気持ちよくご祝儀を届けることができるだろう。

三日の作品も前回取り上げた８２６４回の作品に劣らず、漫画の世界が独立して、作者に何の弁明もないのがいい。作者の堂々としていることといったら、例のキノコ売りにそっくりである。そう言えば、今回も下痢・吐き気で苦しむ読者が出ないとはかぎらない。

８２６８回（次頁）の作品が掲載された三日は土曜日。秋のすがすがしい空気のなかで新聞を読もうと、公園に散歩がてら出てきた経済大国日本の戦士も多かったことだろう。その読者一人一人に、名古屋敗退のニュースは反省を強いたのだろうか。

この作品に登場する和服姿の頭の薄くなった人物もそんな一人であった。思わず呟いた[1]の和服男の口調も表情も内省的である。確かに、忸怩《じくじ》たる思いがあったようだ。しかし、それはそっと内心にしまっておかねばならない。弱点はどんな些細な弱点であれ、断じて他人に見せるものではない。これまでそうやって、日本の経済発展に寄与してきたのだ。隣りで聞きつけた見ず知らずの男にあいづちを打たれても迷惑である。ちらりと横目で隣りの男を値踏みした和服男の表情は、すでに警戒心に身を固めている。おもむろに新聞をたたみながら、隣りの男を冷然と見下して拒絶する。その反応は、弱点を見られてしまったと感じた分だけ威丈高になったにすぎない。当然ながら、隣りの男から嫌悪と反撥が放たれる。それを確認すると、悠然と立ち上がって帰途につく。笠の雪と同じで反省も自分のなら軽いものと言いたげである。それは、「中の下以下の」影の薄い男の視線を背後に感じたために見せた、精一杯の虚勢だったろうか。

いずれにしろ、和服男は反省に資格を要求することによって、その特権意識をむき出しにした。反省は水泡に帰して、これまでどおりの自分であるほかはなかったようだ。ここにある作者の諷刺は辛辣を極めていると言えるだろう。できあがってしまったもの、しなやかさを失ったものに対する作者の嫌悪は鮮やかに表現されている。

読者は③までくれば、作品の流れが飲みこめるから、和服男の新聞をたたむしぐさとセリフに苦

8268回（昭和56年10月3日）

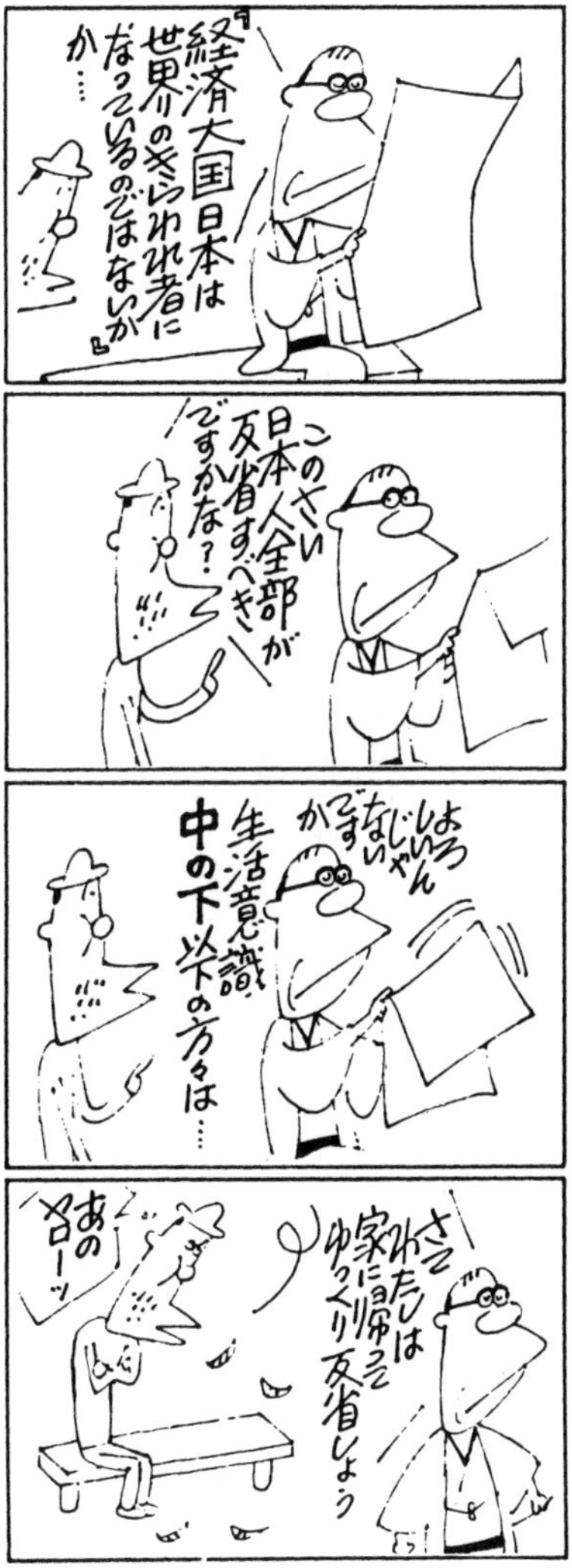

笑をもらすことだろう。新聞をたたむ和服男の悠然とした動作を、読者は身体感覚的にまるで自分の筋肉の動きとして感じてしまうかもしれないし（ただしこれは男性だけだろうか）、どこかではっきり見たことがあると、記憶のひきだしを開けてみたくなるかもしれない。

この男が、もったいぶって言うセリフには漫画らしい誇張がある。言い換えれば、漫画らしいしかけが設けられている。しかし、その誇張はどこかで誰でもがやりかねない誇張であって、漫画にしかない不自然なものではない。漫画家は人性を模倣しただけである。彼はどこにでもあって、しかも私たちがそのために見逃しているものを表現して見せた。作者が定着した和服男の応対は誉められたものではないし、彼の態度には一片のユーモアもないのに、読者は苦笑を禁じ得ない。

私たちが何気なく苦笑するとき、その笑いの精妙さに驚かないのは、まさに笑いの持つ徳として何より先に挙げるべきである。笑いは笑いの精妙さを当然のこととして、普通は意識の表面に上らせない。確かに③で笑いの対象になっているのは、ある些細なしぐさをして、あるセリフを発した和服男の全体であって、彼のしぐさやセリフ自体ではない。「中の下以下の方々」を代表する影の薄い男が、しぐさや言いぐさではなく、それを表現した和服男の全体を憎悪するように、読者は和服男の全体を笑う。

さて、この作品は和服男を笑って終わりと言うわけにはいかない。影の薄い男のこともある。④の和服男に表現された特権意識を笑うために、いわば引き立て役にすぎないとはいえ、影の薄い男の憎悪も描かなければならない。いや、影の薄い、それだけに執拗な憎悪も笑いの対象だ。見るからに影の薄い男であるのは、それが「低所得者」にふさわしいとともに、作品の主題から離れた周辺的な存在だからである。言い換えれば、作品造形上の計算であると同時に、生活意識が「中の下以下の」男をこの作品で笑っては酷だから、という実際的な配慮である。

毎日新聞の実施している世論調査によれば、昭和五七（一九八二）年四月時点で、「上」と「中の上」の階層意識をもつ人の割合は二三パーセント、残り七七パーセントが「中の下」以下の階層意識をもっている（昭和五七年四月二一日朝刊）。したがって単純に考えれば、このとき新聞読者の八割近くが影が薄い男の立場である（ただし、この数値は総理府の世論調査とはかなり異なる。こちらの調査では「中の中」が設けられており、これを機械的に「中」の上下に折半しても「中の下」以下の合計は六割にしかならない――昭和五六年九月二八日朝刊）。しかし「あのヤローッ」と和服男を憎悪する読者はまずいないだろう。これを憎悪ではなく嘲笑の対象にできたのは、漫画家の手腕であり、笑いの力のおかげである。

かくして、オリンピック開催地の候補に名乗りをあげた名古屋市がソウルに大差で敗れた事実から、作者は経済大国ヅラして嫌われ者の日本を鮮やかに表現して見せた。特権意識とそれに対する憎悪を、弁明も解説もせずに読者の前に投げ出すことで、作者は作品世界を完結している。

弱点を覗き見られてしまったと信じた男の防衛反応を描きながら、作者は心理的なドラマを作り上げたのではない。ユーモアを四コマのなかに封じこめようとする作者の造形意志は、結局、分解できない全一な人間を見据えている。前項で述べたことが、この作品にも当てはまる。のらりくらりといくらでも自分に弁明できる心理的人間を、この作品は表現しているのではない。そのような人間が告発され、断罪されている。笑いこそが、笑い飛ばすことによって告発し、断罪し、解決する。この和服男は漫画家の設けた試練に耐えられなかった。加藤を倫理家というゆえんである。

●「侵略」と「進出」／教科書問題（一）——８４９９回（昭和五七年七月二八日）・８５００回（七月二九日）

教科書問題を取り上げている８５００回の作品を考えるために、数冊の関連資料を読んだ。多くは教科書の執筆者であると同時に教育の現場をあずかる教師や大学教授の手になるものである。彼らの真摯さと実証的に教科書問題を論じる態度には、頭が下がる。しかし、大いに勉強させていただきながらこのようなことを言うのは、あつかましい話だとは承知しているつもりだが、私はその真摯さに、気持ちの疲れる堅苦しさを感じないわけにはいかなかった。

それらの関連資料を読んだ後で、『まっぴら君』の８５００回（三一三頁）の作品を眺めていたら、隣りの８４９９回（三一五頁）も目に入った。それほど面白い作品とは思えなかった作品が、それどころかつまらないと思っていた作品が、不意に私のなかに押し入ってきた。こちらは漫画家精神が横溢している。どこまでも真摯な人々にはとんでもない作品としか見えないかもしれないとしても、実はそこに作者の捨て身の漫画家魂がある。

恒例化していた教科書検定結果の報道は、この年はほぼ一カ月前の六月二六日朝刊から始まっている。三大紙の一面の見出しを挙げると、毎日新聞「教科書統制、一段と強化」、読売新聞「高校教科書　厳しい検定」、朝日新聞「教科書さらに《戦前》復権へ」と、どれも検定の強化を強調している。

毎日新聞の記事から少し引用する。

検定は詳細を極めた。特に日本史では一冊で最高六百カ所以上、平均でも三百―四百カ所に教科書調査官の意見が付され、まる二日間、十四時間近くにおよぶ著者、編集者と調査官の激しいやりとりもあった。事実の誤り、不確かな資料の訂正も少なくないが、全文削除、書き換え、文の追加も随所で行われた。

素人や門外漢の記述ならいざ知らず、ベテラン教師や、その道一筋に研究している大学教授が執筆しているのだから、検定による意見の量だけを見ても、その凄まじさは想像できるだろう。執筆者が教育に対する熱意の点で、検定調査官に優るとも劣るはずのない人々であってみれば、すでにこのような状態自体、かなり不自然である。

加藤はこの時点では、漫画にとりあげていない。この年の教科書問題報道に関しては、ここにとりあげた二つの作品しかない。つまりキャンペーン開始後一カ月が経過した時点で『まっぴら君』に登場している。作者がとりあげる気になったのは、教科書問題が外交問題に発展して、簡単に終息しそうもなくなったからである（中国で問題になったと報じられた時点でただちに作品にしている）。さもなければ、『まっぴら君』の作品にはならなかった可能性が高い。

8499回の作品からもうかがえるように、作者は必ずしも教科書問題をそれほど重大視していないし、おまけに、そこには沈黙しているに越したことはない問題も潜んでいる。もともと加藤は、教育に占める学校の役割をそれほど高く評価していない。教育を学校に閉じこめてしまう必要はない。まして教科書に閉じこめてしまうなど論外だ。社会も家庭も同じ比重で教育に参加していなければならない。いや否応なく現に参加している。それがおそらく加藤の考え方である。

この昭和五七（一九八二）年六月の教科書検定報道が問題化したのは、文部省の検定結果が中国、韓国の反撥を招き、外交問題になってしまったからで、さもなければ前年と同様に、教科書検定問題の報道は一部の人々の憂慮をよそに、うやむやに忘れられてしまったことだろう。8500回の作品に描かれているように、文部省が「侵略」を「進出」に書きかえさせたという報道は、日本が過去の歴史を塗り替えようとしていると、中国や韓国などに端的に訴えかけたのである。

二つの作品に初動を与えた記事として、ただちにこれと指示できるような記事は見つからなかったが、8499回の作品を作るに当たって、漫画家が響きあうものを感じたと思われる大学教授の談話が、二七日の読売新聞夕刊にある。

8500回の作品は一カ月前に発表されたとしても不自然ではない内容である。しかし、土用の丑の日が視野に入っているから、やはり二八日朝刊の社会面に報じられている「教科書問題／開き直り文部省」「《侵略》を直したのは著作者の勝手!?／《民間発行》と責任転嫁」と縦横に見出しを組んだ記事あたりを見ながら考えた作品であろう。この作品のすぐ下には、「ウッシッシ、百円うなぎ／銀座に行列」と題して、写真入りで丑の日の話題が報じられている。蒲焼きを食べおわって満足そうに客が楊枝で歯をせせっている1は、この日が丑の日だから、それだけで多くの読者の親近感を誘う。

上記二八日の記事は、文部省が厚顔なきれいごとの理屈を並べて恬然としているというだけの話で、8268回の和服男ぐらいしか、この理屈に納得するものはいない。時の文部大臣が、首相に検定制度を説明した後の記者会見で、「著作者は民間だから、（文部省が）ここをこう直させた、ああ直させたというのは当たらない」と力説したというのである。

数百カ所に意見を付しながら、書き換えを要求していないと言うのであれば、文部省の検定は異様な徒労である。見出しになっているように、これは「開き直り」の形式論にすぎないから、教科書問題をまじめに考えている教育者は、あいた口がふさがらない思いであったに違いない。文部省のこのような調子の対応に業を煮やした中国側は、「不真面目」だというかなり強い調子の批判をおこなった（二八日夕刊）。内政干渉にならないように配慮しつつ、中国側は日本の対応を注意深く見守っていることがうかがえる。

以上のような経緯を踏まえた上で、８５００回の作品から見ていこう。[1]の蒲焼きを食べおわっ

8500回（昭和57年7月29日）

たループタイの男の満足そうな目から察すると、蒲焼きは大変に旨かったようだ。何を考えているのかと思ったら、もっか新聞紙上で騒いでいる教科書検定問題だった。嬉しそうな表情は、どうやら、うな重が旨かっただけでなく、「食い逃げ」する堂々たる口実が見つかったためらしい。

この作品の面白さは、丑の日にからめながら、問題になっている二つの言葉を、関係をそのままに別の二つの言葉に置き換えた、その手並みの鮮やかさである。つまり言葉遊びの面白さである。その言葉遊びによって、文部省の理不尽な見解は一蹴されている。王様は裸だと言った子供のような直言というべきだろう。ここで意識的におこなわれている混同こそ、漫画の本領である（すでに村山連立内閣の公式見解によって、日本による侵略はいちおう謝罪までされているわけだから、いまさら文部省の見解の非を鳴らすのはやめる）。

順序は逆になったが、８４９９回の作品を見よう。数秒で歩いてすぎてゆく四コマ漫画の読者の習いを甘受しつつ、漫画家はまるでそれを逆手にとるようにして、表現を練りあげる。よくよく見れば、この作品の背後に隠れた作者の潔さと漫画家精神は、羨望に値する。

この作品を制作するに当たって、漫画家の気持ちに響きあうものがあっただろうと推察される談話とは、二七日読売新聞の夕刊に掲載された会田雄次京大名誉教授の発言である。しかし、加藤はこれを読んでいないかもしれないし、この談話が作品の制作に働きかけたと私は主張するつもりはない。直接的な関係はないが、この作品を理解する助けにはなるはずである。氏の談話を全文引用する。

たとえば一部の国の教科書では、日本に関する記述は悪意に満ちていてむちゃくちゃだし、日本を悪者に仕立てた映画を作っているところもある。中国も日本もお互いにカッとしないで、言うべきは言い、聞くべきは聞いた方がいいと思う。かつてはわが国の教科書にも、ロシアが満州に「進出」、日本だけが「侵略」という極端な表現のものもあった。今はその反動で、行き過ぎがあるのではないか。ただ、今の文部省の「進出」は、僕はムリだと思うが――。

加藤は、①の出だしから十分に目配りして言葉を選んでいる。「だいたい教科書なんてものは」……この出だしの挑発的で乱暴粗雑な口調は、注意深い加藤の愛読者なら、それだけでニヤリとしたに違いない。そうでなくとも、②まできてケレン味を装う芝居だとわかるしかけになっている。作品全体が芝居仕立てなので、作者自身はすっかり身を隠している。かといって、作者はまったく

8499回（昭和57年7月28日）

韜晦《とうかい》しているわけではない。本心も包み隠さず示している。

芝居は徹底しているから、「だいたい教科書なんてものは」「お上の都合のいいように作られるんで……」などと下手な脚本ではない。「いいかげんでセコイのが多いんじゃないンすかね〜」とくる。日本はいい国だと子供たちに信じさせようと、胃に孔のあきそうな努力をしている文部省の担当者は、②のセリフに目を剝いて激怒するだろう。いやきっと漫画家の下らなさを嘲笑するのだろう。公正な論理を装った権力に押し切られた教科書執筆者たちは、加藤を信じる目で見直せば、この漫画がわかるはずだが、やはり文部官僚と同じ嘲笑を返すかもしれない。

問題は、加藤にとって日本の教科書の現状が「いいかげんでセコイ」ものであるかどうかではない。加藤はそれについては、口をつぐんでいる。しかし、教科書が原理的にそのようなものになる可能性があることはわきまえておくべきだと、ひそかに、しかしはっきりと、言っているように思われる。

この8499回の作品にあるのは教育一般に対する不信ではない。作者はそれほどアナーキーではない。作者の心底にあるのは、文部行政にもとづく学校教育の全体、「教科書」という存在に代表される教育に対する不信である。その不信を裏返してみれば、それは文部行政に対する期待とその責任の大きさを語っているのだが、文部省の幹部が「教科書検定制度は文部省のイノチ」（八月九日朝刊）などと思い込んでいるとしたら、それを理解するのは不可能だろう。

上述のような観点から次の作品を見れば、制作の奥底の動因をつかむのはさほど難しくないはずである。ここでも漫画家は、学校教育に対して健康かつ漫画家らしい視線で不信を表明している。

これは作者に生得的な資質であって、作者は衒《てら》ったり、力んだりしているわけではない。

●教科書会社の献金／教科書問題(二)――8235回(昭和五六年八月五日)

この作品は、上記の二作品よりもほぼ一年前のもので、教科書会社の自民党文教族に対する政治献金が発覚して騒ぐ記事によっている。作品の背景を少し紹介しておく。いずれも前日八月四日の朝刊と夕刊からである。

朝刊一面に「教科書会社が自民に献金」「偏向批判の昨年、倍増」と縦横に見出しを組んで、文教族の議員二十名に総額千六百万円(夕刊では二千四百万円に修正)の個別献金がおこなわれたことが報道されている。発覚したのは、自治省が三日に公表した「五十五年政治資金収支報告書」にもとづいて新聞社が調査した結果である。社団法人「教科書協会」の会長にインタビューした記事が、社会面に掲載されている。「公表されるとは……」と驚きながらも、会長は悪びれずに率直に語っている。夕刊では副会長が、抗議に訪れた文化人や労組に釈明しているが、ここでも記事の騒ぎ方に比べて、落ち着いた率直な対応が目をひく。

教科書問題を考える人々にとっては、やりきれない事件だっただろうし、この作品を見た教科書会社の人も教育者も辛い思いをしただろうが、ここでも加藤の心底には、過信しないために不信を手放すまいという気持ちがある。この作品は、教科書に代表される教育行政に痛烈に皮肉を浴びせているものの、同時に教科書を尊重する気持ちが表現されていることは、虚心に見ればすぐにわかる。

8235回（昭和56年8月5日）

私も子供の頃、「本を踏むとバチが当たる」とか「本を跨ぐとオチンチンが腐る」とか、しばしば親に言われたのを覚えている。書物を大切にせよという戒《いまし》めは、教育、教養、高学歴を神聖視し、それにあこがれ続けてきた日本人の気持ちの表われであって、この作品は、そのような戒めを今さらのように思い出させてくれた。

あいにくここでは、この戒めは、古びて使い方のわからなくなってしまった道具に似ている。作者は故意にしたことで、ここにこの作品のユーモアがある。④で股ぐらを石鹸だらけにしている子供は、神聖なものを跨いでしまったのでオチンチンが腐らないように慌てて洗っているようにもみえるし、昨日の今日であるから、不浄なものを跨いでしまったから洗い清めているようにもみえる。

作者は両方を表現したのであって、漫画家の健康な不信が、そこに過不足なく表現されている。

父親それとも祖父が、語気強く叱れば叱るほど、教科書の置かれた現状、あるいは少し誇張して言えば、手段として利用される教科書というものの本質的な不安定さが印象づけられる仕組みになっているわけだ。その不安定さが④の子供の表情に浮かんでいる。「こらーっ」と大声を出す父親それとも祖父の背後には、作者の怒りや不快感が潜んでいるのかもしれないが、それもこれも健康な不信を手離すまいとする意志が根本にあればこそである。

正確に表現することはできなくても、子供たちは、教科書に世のしがらみが絡みついていることを、親の表情や教師の何気ない言動からしっかり察していることだろう。無償教科書をありがたがる校長の祝辞をそのまま何の留保もなく、すべての子供が受け入れるとはかぎらない。そこにせちがらい処世を見もすれば、私利私欲を謀る愚かさも見抜いているに違いない。ただそれと表現できないだけである。そのレベルでこそ否応なしに現実の教育はおこなわれている。

なお、前に引用した会田雄次京大名誉教授の談話に見られる考え方も、加藤の教科書観も——すなわち教科書を孤立した一国内の立場で作成したり利用したりする場合に必至の懐疑的立場も——方法的にはすでに乗り超えられている。教科書問題を論じる著者たち（暉峻淑子氏、永井清彦氏ら）によれば、すでにドイツでは教科書作りの具体的作業のなかで、近隣諸国とお互いの歴史記述を擦りあわせて、一致点、妥協点を見出す努力がおこなわれているという。

日本と韓国のあいだでも歴史教科書に関して同じ試みがおこなわれることになっていたはずだが、この話はその後どうなったのだろうか。一国史観によって歴史が矮小化されてきた過去を見直す機運がある現在こそ、韓国や中国と日本海、東シナ海を囲む地域の歴史事実を——第二次大戦時の史実に限らず——共有できるようにするよい機会であろう。

●学校の荒廃——８６５０回（昭和五八年二月一九日）

この作品の直接の引き金は、一六日の朝刊に報道された先生が生徒を刺した事件である。いつもなら翌日か翌々日に関連する作品を発表している作者が、今回は珍しく三日後に発表している。想像するに、作者は関連記事を読みあさりながら、プランの取捨に時間をかけたようだ。

事件について少し詳しくまとめておく。一六日朝刊の社会面は「教師が生徒を刺す」「校内で、殴りかかられ／ポケットから果物ナイフ」と縦横に見出しを組んで、紙面を半分近く使ってこの事件を報道している。帰宅しようとしていた教師に校内暴力で補導歴のある生徒二人が、玄関の泥落としマットを振り上げて殴りかかった。このとき教師はもっていた果物ナイフで生徒一人の胸を刺し、十日間の軽傷を負わせてそのまま逃走し、実家を訪ねたあと、父親と一緒に自宅へ戻ったところを逮捕された。

教師は「外見はガッチリしたタイプだが、生まじめで地味なタイプ」とある。この描写は作品にも反映されている。果物ナイフを所持していたことについて教師は「自宅で果物をむくため給食用のナイフを持って帰ろうと思った」と供述している。しかし、この事件に関連して「あるベテラン生徒指導担当教諭の分析」を取材しており、その記事には「いつか《やってやる》の心理も」と中見出しが付けられている。教師の供述と照らし合わせれば、どうやら彼がナイフを所持していた理由に疑問符がつけられているあんばいである。

本当のところ、ナイフは襲われたときの護身用だったとはっきり供述してもよかったのだ。そのような率直な表明がはばかられる世の中はどこかおかしいという気がする。それはともかく、夕刊に続報があって、一夜明けた問題の中学校の様子と、教師の供述を報じている。そこから少し引用する。

留置されていた調布署から町田署へ着いたが、移送の車内では終始うつむいており、車が町田市内に入ると「もう町田ですか」とポツリ。十五日夜は「よく眠れなかった」といい、生徒を刺した理由を「なぜって、こわいからです。学校は本当にこわい場所です」と、ぼう然とした

8650回（昭和58年2月19日）

表情で答えたという。

町田市は東京のベッドタウンとして当時飛躍的な発展を遂げた地域で、事件のあった中学校は、町田市のなかでももっとも生徒数の多い都内有数のマンモス校。荒れた学校の典型として、この事件の前から知られていたようだ。翌一七日の東京版には「緊急校長会も具体策なし」の見出しで続報がある。なかに指導主事の「つっぱりの対象として、××先生のおとなしい性格が格好だったのではないか。無抵抗な者に攻撃を集める点で、横浜の浮浪者殺しと共通している」という注目すべき発言がある（横浜の浮浪者殺しとは、十人ほどの中学生グループが浮浪者を次々に襲って三人を死亡させ、十三人を負傷させた事件。今回取りあげた事件の四日前、一二日に報道されている。中学生たちは、浮浪者に殴る蹴るの暴行を加えて面白かったと自供している）。刺した教諭と襲った生徒のうち一人が、一七日にそれぞれ身柄送検と書類送検された（刺された生徒は後日書類送検）。同じ日に同僚教諭の嘆願書が提出され、この日の夜遅く処分保留のまま教師は釈放された。……以上は、一八日の夕刊までの記事をたどったもので、加藤はここまでの経緯をつかんで作品を制作した。

作品を見る前に、参考までにもう一つ新聞から引用しておく。テーマを設けて事件の原因を探る「記者の目」という特集記事が、半月ほど経過してからこの事件を洗い直し、先に引用した指導主事の見すえていたことを詳しく報道している（三月三日朝刊）。

先生たちはなかなか、この問題に触れたがらなかった。やっと取材に応じてくれた女の先生は「見て見ぬふりをしたのは確かです」とキッパリといった。……別の教師は、××が他の教師にとっての〃防波堤〃だったことを認めた。「生徒たちの暴力が、××先生にほぼ集中していましたから……」。

校内暴力は、教師一人ひとりの問題であり、教師が連帯して対処しない限り問題は解決しないと思った。声を大にして言わせてほしい。「先生、もうちょっと、しっかりして」——。

見て見ぬふりは限界まで達していたようで、事件のほぼ一カ月前に、同じ生徒に××が職員室で襲われて十日間のけがをしたときには、××が倒れるまで他の教師は制止しなかったという。

暴力が学校組織の基本単位である組（＝クラス）と結びつくと、『まっぴら君』の常連であるヤクザの属する暴力団（組）を容易に連想させるから、校内暴力にちなんだ作品に、ヤクザまたはチ

8060回（昭和55年12月27日）

ンピラが登場するのは不思議ではない。その意味で８０６０回の作品は、今回取り上げた作品の先駆けといえる。

電車のシートに腰を下ろした二人のヤクザは、しばし上目使いに自分たちの前に立った乗客を値踏みしている。前に立った乗客は、よほど凄みのある人物らしい。二人で相談の上、声をかけることになったようだ。そこで初めて、彼らの前に立った乗客が紹介される。二人よりさらに派手な傷だらけの顔である。なるほどヤクザたちにとっては、気がかりな人物であろう。

これでわかるように、すでにこの事件の二年以上前から教師受難の時代が始まっていたのである。

８６５０回の作品に戻ろう。無口な思いつめた教師と、彼の話に耳を傾けるいれずみ師の表情や雰囲気が、何度見ても笑いを誘う。悠然とかまえて、さも感に堪えないといった趣の③のセリフも見事である。作品は読者の関心をたぐり寄せつつ、鮮やかに完結している。④まできて一挙にその背景の事件と作者が作品に託したことを読者が覚《さと》る、驚きに似た認識作用は、一種の知的快楽であり、事情の呑みこめぬまま注視してきた読者が、笑いを巻きおこす原動力となっている。

実は④の対話は、笑いを巻きおこすしかけであるばかりではない。教師の返事は教師自身に自覚を促しているので、作品が完結すると同時に、教師の内心では思いつめた気持ちに解決ないし決断がもたらされている。ここで教師の感じるささやかなカタルシスと、読者に巻きおこる爆笑のあいだには、おそらく必然的な繋がりがある。だから現実の事件から教師像を借用しているとしても、事件を起こした教師一個人の戯画と考えるには及ばない。事件を我がこととして感受したすべての読者の内面に迫っているはずだ。

1から3までは、追いつめられ思いつめて生徒に果物ナイフを振うまでの教師をなぞっている。とすれば4の背景には、ナイフを生徒に突き立てた瞬間が潜んでいる。4で起こる爆笑と、ナイフで生徒を刺して教師にやってきた破局感は、心理的な機制に類似点がある。「わかる気がするなあ～」とつぶやくいれずみ師は、この事件に至る教師の心中を思った作者自身だ。作者は、この四コマの絵のとおりに、事件をおこした教師と膝を交えている。

4のいれずみ師の問いは、教師に自覚を促し自分を改めて選び取らせるが、といっても、作者（それともいれずみ師）は、ナイフなど振うなと若い教師をいさめたいのではない。彼らはそんな野暮は言いそうにない。そもそも「記者の目」の言う「見て見ぬふり」をする世界では、護身用ナイフを持ちたくもなるではないか。問題は、ナイフを振うことの善悪ではない。ナイフを振うかどうかなのだ。この点では、8113回の作品（次頁）をさきがけとして挙げることができる。

ここには、テレビの前に坐り込んで股旅物《またたびもの》のチャンバラ場面を食い入るように見つめる中学教師が登場している。この作品は、その二日前の朝刊に「《先生は殴られる前に殴れ》／教育長、体罰肯定の答弁」という見出しで報道された、京都市教育長の発言を報じる記事にもとづく。新聞の論調は「懲戒はできるが、体罰を加えることはできない」とする学校教育法、および「肉体的苦痛を与える懲戒」を禁じる通達を戦後民主教育のバックボーンとして、教育長の発言に批判的である。

新聞のきれいごとの建前論は、どこまでも管理者の視線である。作品は、中学教師の誤解を偽装しているものの、老人夫婦が無邪気な笑顔で拍手を送る相手が誰かは明らかではないし、彼らの表情からしても、作者がこの教育長の発言に共感を示していることは読み取れる。

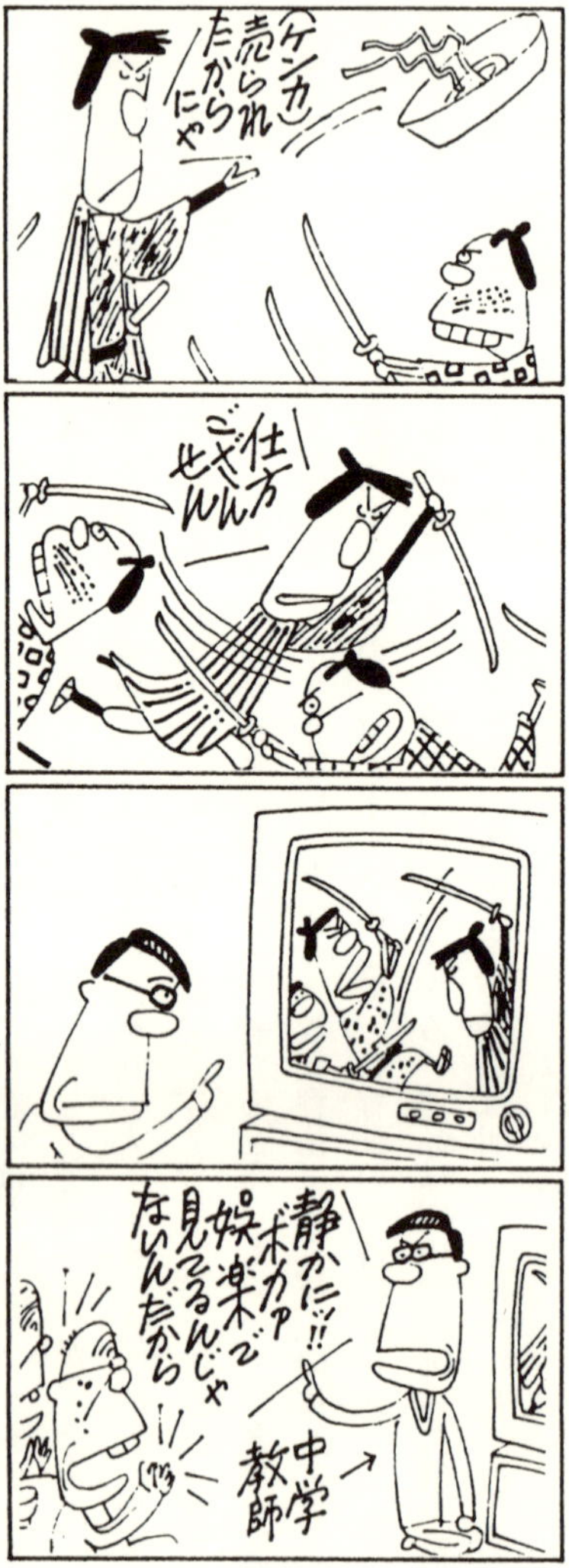

8113回（昭和56年３月９日）

この作品自体は、体罰否定一辺倒に疑問を呈しているだけだが、教育において体罰を肯定するか否定するかが本質的な問題とは思えない。体罰の否定まで問題を単純化してしまうのは、教師にとっても生徒にとっても不幸なことである。これは、がんじがらめにされた教師だけでは解決不能に違いない。

８１１３回に比べると８６５０回の作品は、ずっと陰影に富んでいる。この漫画作品は、ナイフを振うか振わないか決断する、いわば尾根を歩いている。背中いっぱいに刺青をしたい教師の暗い情熱は、病理的な分析対象ではない。教育行政のなかで管理された教育者たちがこうむる圧迫と病理が問題なのではない。加藤は良くも悪くも還元的なものの見方とは無縁である。現状を直視しつつ、そこで選びとるべき行為こそ問題だ。先生がナイフを振り回すなんて論外だと無前提に考えない点で、作者は生徒を刺した教師に同情的である。

私は空想する。ナイフを手にした教師の本気の顔を見て、初めて生徒は自分のことを理解したのではないかと。突き刺されて、生徒は初めて教師を理解したのではないかと。「くりからもんもん」を背中いっぱいに彫れば、2年3組の担任も人が変わることは間違いない。ちょうどそんな変心が、事件の渦中で生徒にやって来たのではないかと。それと同時に刺した教師にも、背中一面に刺青を彫ったような変心が訪れたのではないかと。作者がそんな想像をしたのではないかと。

先に言及したヤクザや股旅をあつかった作品が投げかける問題は、本質的には体罰を肯定するか否かではない。堪忍袋の尾を切らす旅がらすの臨機の決断こそ肝心なことで、その場その場の当事者（生徒と教師）の判断あるいは意思の疎通（体罰の行使も意思の疎通になりうる）が決定的なのではないだろうか。教師の教育に対する熱意を疑うに及ばないとすれば、体罰を必要と判断するか不必要と判断するかは、生徒と教師の共同かつ臨機の決断に帰着する。なにか妙な知恵をつけられた生徒こそ気の毒だと私は思う。問題があるとすれば、現場を知らない遠いところから、些細な点に至るまで画一的かつ機械的に管理できると信じている管理体制の方なのだ。そこには、子供の浅はかな復讐をうのみにする親まで含まれるかもしれない。

教科書問題を論じる資料を読んだ際に見つけた素晴らしい一節を引用して、この項を終わりにしよう。これは「日本の教育改革への足がかりを求めて」「ドイツやオーストリーの教育事情をひんぱんに見て歩いた」暉峻淑子氏の著書（『教科書検定――私の体験』岩波ブックレット）からの引用である。

「どうしたら教育をよりよいものにできると思いますか」と私がたずねると、「教育の全責任を現場に委ねることでしょう。中央の管理や命令で動かされているかぎり、教育は、けっしてよくならないものです」

と、ある教頭は答えた。

なお引用した新聞記事中の××は生徒を刺した教師の姓。ここでは不要なので引用に当たって伏せた。

●ゴールデンウィーク――8984回（昭和五九年五月八日）

この年のゴールデンウィークは四月二八日が土曜日、五月六日が日曜日のため、土曜から休みの会社員には九連休という豪華な連休の可能性もあると、四月二八日夕刊は、公園の乗り物に乗って歓声を上げる母子らの写真を掲げて報じている。

この人情味あふれたヤクザの登場する作品は、前日七日の夕刊にのった子供の自殺にちなむものと思われる。「母子家庭少年飛び降り？」「連休どこへも行けない／マンションから転落死」と縦横に見出しを組んで社会面のトップに報道されている。断定はできないが、おそらく自殺と思われる転落死をしたのは、母親が半年前に父親と別居し、母子四人暮らしの中学一年生の長男。自宅から二キロ離れたマンションの四階手すりから落ちた。目撃者の話では、「手すりにまたがって足をブラブラさせながら沈みきった表情で考え事をしているうち転落した」という。この日の朝も母親にどこかへ遊びに行きたいとせがんだ。両親とそろってどこかへ遊びに出かけるのが、この少年の願いだったのだろう。

作者はこの薄幸の少年から、連休中どこへも外出せずに家でぶらぶらしているサラリーマンを思いついた。何の根拠もないから私の空想としておくが、このサラリーマンに作者は母子四人と別居している父親を見ているのかもしれない。そうだとすれば、タタミの跡のついているのもわきまえずに、自分に納得できない顔つきで歩む2の男の表情には少しの不自然さもない。

実際のヤクザの世界も同じかどうか知らないが、『まっぴら君』の常連であるヤクザは、顔にある傷を自分たちの位階の標識にしているらしい。くりからもんもんを彫りたいと願った教師の登場

8984回（昭和59年5月8日）

する８６５０回の項でも触れた８０６０回（三二三頁）に登場するヤクザたちも、教師の顔の傷が派手なので「おみそれいたしやした」と挨拶している。選挙公報に顔を埋めてうたた寝していたために顔中にインクが転写された家人を見て、顔の傷が売り物の押売りがびっくりして逃げ出す作品もあった（９５７５回）。

ここに登場するヤクザは、傷の数から見るかぎり、ほどほどのヤクザらしい。その代わりまことに思慮分別に富んでいる……と言いたいところだが、これは誉めすぎであって、そう見えるのは、単に彼らが顔の傷に敏感だからである。言い換えれば『まっぴら君』に登場するヤクザは、相手の顔の傷によって人間を判断しているのだ。今回登場したヤクザにしても、すれ違ったサラリーマンふうの頬についたタタミの跡を、最初は刃傷沙汰の痕と間違えたのである。

作品を見よう。ここに登場するヤクザも派手な切り傷を勲章代わりに頬につけているから、すでに見慣れているにしても、それでも1で、私たちは否応なく大きな切り傷に目をとめる。2では、網目模様のついたサラリーマンの頬と、ヤクザたちの頬傷が間近に並べて提示される。両者の素朴な類似性こそ、この漫画のポイントである。しかし、私たち読者はそれとはっきり自覚しないまま、彼らの前を通り過ぎる。注目したのは、背後の舎弟を制止した兄貴分の動作だけだ。それについて、3がすぐに応じるものの、疑問は解消されないまま、最後のコマに至る。

派手な出入りのなごりかと思ったら、タタミの跡だった。そうとわかってヤクザが直感したのは、このサラリーマンが「連休中ズーッとゴロ寝していた」ということだった。そこから、次の動作とヒューマンな一言までは必然的でもなければ、一連のものでもない。その直感とこの動作この一言のあいだには、飛び越えなければならない断絶がある。ヤクザはそんなサラリーマンにいらだって、ケチをつけることもできたはずだ。タタミの跡だとわかってヤクザがとった振る舞いは、はや2で明らかになっていたが、私たちはその意味を了解できなかった。4まできて、ヤクザの言葉によって疑問は氷解する。疑問の解けた嬉しさは、その一言に人情味があふれていたために感じた嬉しさと重なって、それをいっそう確かなものにするだろう。

しかし、そのヒューマンなセリフに感じる嬉しさは、この作品のうわべにあるものだ。作品の根底にあるおかしさは、本当は前述したとおり顔の傷に敏感なヤクザの認識方法にもとづいている。一見して刀傷と思ったのは、実はタタミの跡だった。彼のヒューマンな一言「おだやかに通してやりたかったのさ」は、まずなにより、つかの間にせよ顔についたタタミの跡に、仲間ないし同類を見た者のセリフなのである。顔の傷こそ、彼らにとっては人間の世界を秩序立てて理解する標識なのだ。

もう一度、1に戻ってヤクザたちをよく見てみよう。彼らの信じる尺度を受け入れることができるならば、彼らは何と迫力があって生彩に富んで見えることだろう。それは実際の暴力団とは関係のない尺度かもしれないが、『まっぴら君』の世界では、日常的で世間的な見方を覆す別の尺度でありうるのだ。このコマも作品の全体も、別の尺度の存在を信じた漫画家の手になるものであることを、私たちは直覚するはずである。それは漫画に対する信頼と言い換えてもいいものかもしれない。

この漫画家は、社会と自分の作品の調和を作品そのものによって達成しようとしている。それは自己満足に堕す危険を常にはらんでいるが、それを克服するかどうかは個々の作品にかかっている。私たちはこの作品の[2]で、作者の見守る現実の世界が漫画の世界と出会い、両者が調和するのを目の当たりにしている。それは驚くほど表面的でプリミティブな方法によってだが、読者がこのコマに微笑むことができれば、作者はすでに調和を達成したも同然ではなかろうか。そのとき、私たちは別の尺度に従って、タタミの跡に目をとめ、日常性のささやかな転覆をおこなっているのである。タタミの跡を頭から格好が悪いと思うだけの人は、ここでは問題外である。

Ⅴ　昭和六〇年代（一九八五〜一九八九）

●社会党——９５８１回（昭和六一年七月九日）

戦後すぐのころに一時期政権を担当したこともある社会党だが、宿命的な左右の対立を内包したまま増減を繰り返しつつ、党勢はゆるやかに凋落の一途をたどった。自民党と連立して政権を担当したあと、衰亡の縁に追いこまれたのは周知の事実である。

加藤は機会あるごとに、この政党の非力を皮肉る作品を作っている。ここで取り上げる９５８１回（三三七頁）もその一つで、史上二回目の衆参同日選挙で惨敗を喫したときの作品。昭和六一（一九八六）年七月六日に第三十八回衆議院総選挙と第十四回参議院総選挙が同時におこなわれた。新分野の確定したことを報じる七日の夕刊一面の見出しには、「自民、空前の三百議席／中曽根《続投論》が急浮上」「社会惨敗、八十五に転落」とある。自民党は結局、追加公認も含め空前の三百四議席を獲得し、社会党は改選時百九議席から八十五議席へと激減した。

作品の制作に当たって作者が参照できたのは八日の夕刊までだから、一応そこまでについては、フテ寝を思わせる記事を三大紙から探したが見つからなかった。どれも選挙結果の分析と首相の続投に焦点を合わせているだけで、惨敗を喫したとはいえ、まさか野党を代表する政党のフテ寝を思わせる記事はない。作者は、報じられた記事の一部に目をとめて臨機に制作したのではないらしい。作品のできばえも、永いこと社会党を見守ってきた漫画家の時間的な積み重ねを感じさせるものである。

七月八日までについては、フテ寝を思わせる記事はなかったものの、この作品の発表から一カ月以上が過ぎた八月一八日の社説が、否応なくこの作品を思い出させる。表題は「これで社党再建できるのか」とあって、選挙敗北後の「惨敗ショックから、いまだに立ち直れず、無気力状態にある」社会党の現状を叱咤している。惨敗の責任をとって石橋委員長が辞任、それを承《う》けて委員長選挙がおこなわれることになり、八月一一日に立候補の受け付けがあった。しかし候補者が現われず、立候補受け付けを二週間延長する羽目になった。この間の事情をここに示す９６０３回の作品がからかっている。立候補者が現われるどころか、どんな相談にも応じるはずの便利屋さんすら、先手をうって逃げてしまった。

同工異曲の作品が、この時点から三年以上前の都知事選にも（８６４０回、五八年二月七日）、その次の都知事選にもある（９７４９回、六二年三月一四日）。いずれも人材を得ずに、戦う前から敗

9603回（昭和61年８月21日）

北している社会党の現状が皮肉られている。ワンパターンだと漫画家を非難すれば、その苦情は社会党にもっていけと切り返されるだろう。イデオロギー過剰で「手あかのついた議論」(石橋委員長)を平気で蒸し返すのが生きがいの手合いがいては、人材が逃げてしまうのはやむを得ない。もっとも、こんな言い方は酷であって、何があろうと譲れない原則があると信じた一部の人々の真情は、彼らに対する選挙民の支持があるかぎり、彼ら自身にもどうすることもできなかったのだろう。

すでに社会党という名称は過去に繰り入れられてしまったし、いまさら社会党の時効になった無策を暴くのが本旨ではないが、今回の作品前後の経緯をかいつまんでもう少したどっておく。今しがた言及した三作品のなかの8640回と今回の9581回のあいだに、社会党の大きな方向転換がある。それまでのイデオロギー優先の党の綱領的文書(「日本における社会主義への道」)を、現実に即した内容に変えたのである。昭和六一(一九八六)年一月二二日にようやく採択された新宣言により、それまで三十年以上にわたり堅持してきた階級政党としてではなく、国民政党として社会党は再出発することになった。

かくして迎えた衆参同日選挙だったが、すでに見たように社会党は惨敗した。それでも、党内左派の主だった論客が何人か落選したことも手伝って、毎日新聞社がおこなった社会党の全国都道府県本部および支持団体書記長アンケートによれば、惨敗の原因として党の方向転換自体が俎上にのせられることはなかった。むしろ、それは党再建の道筋をつけるものと理解されていた。国民政党と看板を変えても、労組依存の階級政党的体質からの脱却が思うにまかせない状態では、惨敗もやむを得ない。

このアンケートの回収結果を分析する七月二五日の朝刊には、「あふれる危機意識」「地域にも基盤を」「この機逃したら改革できぬ」といずれももっともな文言が並んでいるのだが、今回の作品にもあるとおり党自体はフテ寝を決めこんでいるありさまだから、どんな相談でも応じる便利屋さんにすら、社会党の委員長だけはカンベン願いたいと断られる始末である。ただし、人材のなかったわけでないことは、この委員長選挙で登場した土井たか子氏を見ればわかるだろう。きっぷのいい、見るからにチャーミングな初の女性党首の出現で、社会党は一時期持ち直す。

フテ寝とはふてくされて寝ることと広辞苑にある。自分の思いどおりにならないからといってヤケっぱちになって、行動することをみずから拒否した状態である。それは1からすでに十分に描き

9581回（昭和61年7月9日）

こんである。1と2のイメージから読者の看取できることはかなりある。作者がわずか四コマの小さな空間に示す配慮、その小世界に傾注する努力は、羨望すべき熱意にもとづいている。

まずわかるのは、この男が外界からやってくる音信を待ち望んでいるわけではないらしいということである。待ち望んでいる人物なら電話を枕許にもっていくか、配線の都合でこの位置より延ばせないなら、寝ている頭と足の位置を逆にするに違いないからだ。だとすれば、むしろ逆にこのパジャマ男は、外界を足蹴《あしげ》にしてウチにこもりたいのだと判断できる。電話が耳元で突然鳴りだすのを嫌う人は多いだろうが、電話を枕許に置くことは、不精者ならすぐに考えつくことだから、少なくとも不精者ではないと考えてもよいだろう。

かくして、視点は枕に近接せずに、やや退いた位置となり、パジャマ男の全体が視野に入ることになった。漫画の舞台が整ったといえる。読者が間違い電話におこされたパジャマ男に意地の悪い歓びを感じたり、淡い同情を感じたりできるのも、パジャマ男の全身が演劇的な動きをするからだ。

2になると、笑いの要素がはっきり入ってくる。また1の場面に後戻りすることを、読者はただちに思うからだ。無意識の動作は、それが繰り返されるとしたら、無意識におこなわれるために前回とほとんど同じ動きになるだろう。繰り返しを、ベルクソンは古典喜劇の常套的手段だと書いている。生きた肉体に強いられる機械的動作が笑いを誘うわけだ。

しかし、作者は切りつめられた小世界を無駄に使うわけにはいかない。読者は2から1を再び連想する。作者にとっては、それだけで十分だ。1と2と3に描かれたパジャマ男の姿が、一連の動作だと考える必要はない。言い換えれば、電話は二度かかってきただけだと考えるには及ばない。

そのあいだに電話はじゃんじゃん鳴ったかもしれない。男はせっかく寝ているところを、何度も芝居じみた動きで電話に出なければならなかったかもしれない。②で入ってきた笑いの要素に、もちろん作者は自覚的だが、それが作者の狙うところではない。作者の狙いはもっと遠いところにある。

③ではとうとう寝るどころではなくなって、坐りこんでしまった。ここで初めて、間違い電話が社会党にかけたつもりの電話だと読者は知る。当時の状況のなかにおけば、社会党に対する思い入れや理解の深浅に応じて、読者はこれだけで爆笑したり苦笑したりできたかもしれない。

作品がここまでなら、社会党に対する熱い期待とそれを裏返した厳しい叱咤激励で、電話のベルは休む間もないと考えることもできる。しかしこの作品は、社会党の機関紙に掲載された漫画ではない。機関紙がみずからを、パジャマ姿であぐらをかいた男の姿に擬することができるくらいなら、惨敗はないだろう。あと一コマあって、オチがつく。その④を導く作者の手腕は見事で、たたみかけて誘導する巧みさときたら、脱帽するほかはない。というのは、④のオチが、オチというには少々高級すぎるオチであって、パジャマ男は、フテ寝などしていてはいけないと重々知りつつ、フテ寝している。この男の独り言から、私たちははっきりそれを理解する。

同時に、パジャマ男が外部世界と関わるその関わり方、結びつき方にけげんな気持ちがかすめる。当たり前のことだが、たとえ「昼間からフトンかぶってフテ寝なんか」していたとしても、間違い電話をしてくる人々がそれを知っているはずはないからだ。この作品の面白さの核心は、パジャマ男のこの不合理な推論を、私たちがほとんど不合理と思わずに受け入れるその自然さにある。「そうか！」と気づいた男の心の動きを妥当なものとして、一瞬おいて理解できる読者自身の判断こそ、驚くべきではないか。私たちの判断が一瞬遅れるのは、この推論の外見に上述の不合理があるからというより、ただ単に私たちがこのパジャマ男ではないからである。私たちが失笑したのも理由はそれだけだ。パジャマ男がその不合理を当然の如く受け入れたように、読者である私たちも、彼のひらめきを自然なものとして受け入れる。「そうか！」の一言は、まさしく私たちの心中に響きわたる。

このオチには、偶然を偶然のまま放置せずに自分の運命に転化せずにいられない、人間の一般的性向が表現されている。私たちは、ちょっと視点を変えて自分の周囲を見回すだけで、偶然がごろごろしていることに気づくだろう。自分の正しいと信じた判断がご都合にすぎなかったり、自分の審美眼にかなったと信じた愛用の品々すら、私たちに無関係の偶然にすぎないではないか。もちろん、私たちはそのような視線を維持することには耐えられない。自分の過去を必然と感じる同じ視線で、目につくすべてを運命に変えようとする。パジャマ男も同じことをしている。彼は、間違い電話を間違い電話のまま放置せずに、自分の怠惰を責める道具に変えるのだ。

ここでは、その表現だけがこの作品の狙いというわけではない。実は、そのような私たちの一般的性向を巧みに利用して、作品はまったく別のことを私たち読者に納得させてしまった。端的に言えば、私たち読者は漫画家の目くらましに騙された。はいと言って渡された表書きには、少々とまどったにしてももっともなことが書いてあったのに、その裏には、必ずしも了承したとはかぎらないことが書いてある。だから、私たちがこの作品に笑うとき、自覚しているかどうかはともかく、騙された自分と騙した漫画家の手腕に笑うのだといっても、それほど間違いではない。

裏には何が書いてあったか。言うまでもなく、社会党がフテ寝しているという作者の判断だ。そうと知って笑えるのは、漫画とわきまえていればこそである。さもなければ、腹を立てる御仁もいるに違いない。実際に腹を立てて抗議した人物がいないともかぎらない。

『まっぴら君』の笑いは傍若無人の哄笑たりえないし、生々しい愛憎とは無縁である。としても、精妙さの点では瞠目に値する作品が多数ある。今回の作品をその例としてあげても、異論はないと思われる。精妙さは小道具の電話の使い方に端的に表現されている。この作品でも、私たちはせいぜい苦笑するばかりであろう。しかし、今回の鳴り続ける間違い電話には、人と人とが理解しあうために必要なもっとも確実で絶対的な道が、最小限にせよ（つまり、とても慎ましい方法で）想定されている。それが間違い電話であるところにこそ、漫画の面目が躍如としている。

人間は日々どんどん変わっていく。ベルクソンの言うとおり、「刻々に変化していかねばならぬ。変化するのをやめるということは、生きていることをやめることになる」（林達夫訳、岩波文庫）からである。パジャマ男はそれを知りつつフテ寝にしばし自分を忘れていた。間違い電話をいいことに「そうか！」と気づいて起き出せば、すべては一変する。自分のみすぼらしさに耐えつつ、自分の生命の変化に賭けて、努力を重ねることが可能になる。それは決して漫画にならない。加藤が漫画の背後に見すえているのは、いつでもそのような世界である。

●双羽黒と清原選手――9628回（昭和六一年九月二〇日）

これほどあからさまではないとしても、つい自分の意見に身が入って、説教したい当人を前にしたような口調になってしまう酔っぱらいはどこにでもいるものだ。行きつけの酒場や小料理屋で1と2に似た光景を見たことがある人はたくさんいるだろう。愚痴や悪口を垂れ流す酔っぱらいよりずっとましである。しかし、ここではその酔狂ぶりをとやかく言うには及ばないだろう。腰の低い店主に代わって登場した細君が、ふがいない横綱に替えて、この年プロ入り一年目から四番打者として新人離れの活躍をした清原選手を話題にすると、説教男は素直に脱帽しているからだ。

そもそもだらしのない新横綱に関して説教男の言うことは、まことにごもっともで、作品の制作に初動を与えたのは、おそらく掲載日前日の双羽黒の相撲そのものや(旭富士にまったくいいところなく敗退したと翌日の記事にある)、休場を伝えるテレビのニュースであろう。それが九月二〇日の朝刊に「お手軽綱とり…いきなり試練/双羽黒休場へ」の見出しで報じられている。夕刊の続報では「双羽黒が入院、休場/《首が…》要は心?」と見出しにある。この続報は、今回の『まっぴら君』の作品を囲むように割り付けられている。どちらも写真入り。秋場所六日目まで終わったところで三勝三敗、新横綱が不成績を理由に休場するのは「異例のケース」と朝刊にある。はっきりと表面には出ていないものの、全体の論調に精神面のもろさを指摘する気配がある。

作者には予言をする気持ちはないが、二人のその後の軌跡を見れば、この作品は予言めいている。この年、入団一年目の清原選手は長島茂雄選手の記録した二十九本を抜いて、新人最多本塁打三十一本のタイ記録(昭和三一年大洋球団入団の桑田選手とタイ)を樹立し、打率も三割四厘、一流打者の証明「三割、三十本塁打」を高卒新人として初めて達成した。プロ入り一年目の最終打席はサヨナラ安打、朝日新聞は「まるで影の演出家がいたかのような……フィナーレ」で「清原株　天井知らず」と感嘆している。さらに広島カープとの対決となった日本シリーズでも活躍した。この年、西武ライオンズは、一引分け三連敗の後、四連勝するという日本シリーズ史上、昭和三三（一九五八）年の西鉄ライオンズ以来の快挙を達成している。

清原選手が巨人相手に日本シリーズの勝利を確信して九回二死の守備中から涙を見せるのは、翌六二（一九八七）年のことである。この時は、私もテレビで観戦していて、巨人相手の勝利を確信して涙を抑えることのできなかった清原選手の心中を察して、突き上げる激しいものを感じたのを覚えている。プロ野球入団前のドラフト会議で、意中の球団である巨人に一位指名されるものとばかり思っていたのに、巨人は高校の同僚桑田選手を指名し、清原選手との交渉権は最終的に西武が

9628回（昭和61年9月20日）

獲得した。巨人打倒を果たした清原選手の涙には、野球ファンならずとも心を動かされたはずである。

一方の双羽黒は、この昭和六二（一九八七）年の暮れ、親方に日頃の生活態度を諭されている最中に激昂し、親方夫人や後援会名誉会長の制止を力で振り切って失踪したあげくに角界から姿を消した。それまでにも、付け人の集団脱走など問題をおこしており、横綱の自覚どころか成人した社会人としての自覚にも欠けては相撲どころではない。幕内の優勝経験が一度もないまま第六十代横綱に昇進し、在位わずか八場所、二十四歳三カ月という横綱最年少で廃業した。興行優先の相撲協会や教育を忘れた親方にも責任があると、昭和六二（一九八七）年大晦日の朝刊は厳しい口調で論じている。

作品に戻ろう。読者は①や②でも失笑するだろう。それは酔って顔を赤くした男にふさわしくないセリフだからだ。酔いが回って顔が赤くなるのは、酒による生理現象であり、すでにそれだけで、しらふの読者を前にしては笑いを誘う可能性がある。四コマ漫画がカラーだったら本当にこの絵だけでも失笑物だ。しかも彼が言うこととときたら、その場に似つかわしくない大層なことである。職場で上司に説教された意趣返しを酒場でしているかのようではないか。そこにも笑いを誘う機械的な動き、外面的な模倣を思わせる動きを読者は看取するだろう。私たちが笑うのはご当人の無意識で自動的な動きそのものである。

しかもこのとき、先に述べたように、彼はいわば身の丈にあわない道徳という衣装をまとっているからますますおかしい。だぶだぶの背広を着て裾を引きずって大人たちの前に現われた子供のようだ。この酔っぱらいは、ベルクソンの「精神的なものが本義となっているのに、人物の肉体的なものに我々の注意を呼ぶ一切の出来事は滑稽である」という定義を地でいったのである。

3でがらりと方向転換する。作者の狙う笑いは、ベルクソンのいわゆる「変装」や「物まね」の単純な笑いではない。客に調子を合わせて、説教される双羽黒の役をやっていた店主の背中をつついたのは彼の細君らしい。男二人のささやかな芝居に割って入り、何食わぬ顔で酔っぱらいにビールを勧めるあたり、したたかな細君だ。

彼女の方向転換は、不甲斐ない横綱ではなく、大物の清原選手を取りあげる。バッターボックスに入ると一年生選手らしからぬふてぶてしい雰囲気を放ち、非難の余地がない成績をあげている好男子だから、清原選手が相手では事情が一変する。自分の説教口調に酔っていた酔っぱらいにはどうも具合が悪い。ここに検討すべき問題が二つある。ひとつは中断された酒臭い喜劇に関してであり、もう一つは、4にある笑いの質に関してである。

まず中断された喜劇について考えてみよう。3にある喜劇の中断は、先に論じた1と2の滑稽さを浮き立たせるのに効果をあげている。それどころか、実は3がなければ1と2の笑いは成立しない。だから正確に言えば、喜劇が中断されたのではない。中断があって初めてそれが喜劇とわかったのである。3こそが、突然に酒臭い寸劇を中断することで、先行する二コマの性格を決定し、普段なら見えないはずのそのおかしな断面を露わにする。なにも店主に代わって細君が割って入るのばかりが中断ではない。時には、たとえば第三者の私たちが首を回して酔っぱらいのお説教を目にすることも中断の作用でありうる。そんな視線に気づいてつまずいたり、方向転換を余儀なくされる説教男も、しばしば目にするところである。

では、細君が「話題かえて西武の清原でいきましょうか」と応じる④では、私たちは何を笑うのか。酔っぱらいは正直に脱帽している。彼が、アルコールに負けてばかりいるわけでないのは、この態度が逆証している。この正直な酔っぱらいと反対に、酔いが回ったなと思わせる反応こそ、酒場でよく見かけるところではないか。早い話、気が大きくなって、わが身の非力も省みず「なあに、清原もまだまだヒヨコだよ」なんぞと言い出す酔っぱらいの話である。

こうして大いにあり得た光景と比べてみればわかるように、外見とは異なり、ここでは私たちは、この酔っぱらいを嘲笑しているのではない。私たちは、酒に負けなかった酔っぱらいに、拍手の代わりに嬉しい笑い声を送る。それは同時に、「できる」細君に対する賛辞と共感の笑いでもある。それはさらに、心がけのよい、素質だけに頼らない清原選手に対する賛辞である。

④に登場する二人の男女の会話や態度のうちに、機械じかけとは反対に自発的な意志と判断によってみずからを乗り超えていこうとする人間的な努力を認めて、読者は嬉しくなる。それにあずかって力となるのは、ある若いプロ野球選手の華々しい活躍である。

●アジア大会の金メダル数——9638回（昭和六一年一〇月三日）

韓国の首都ソウルで開催された第十回アジア大会にちなむ作品。二十七カ国から四千八百人の選手と役員が集まり、この年九月二〇日から一〇月五日までおこなわれた。開会を報じる九月二一日のスポーツ面の見出しは、「《浮沈》かけ日本ＧＯ」となにやら悲壮な雰囲気である。中国や韓国のスポーツ界が隆盛に向かっていることは、すでにわかっていたようだ。
この作品の制作に初動を与えたと思われる前日一〇月二日の朝刊には、「前日韓国に一個抜かれた金メダル数は、日本五十二個、韓国五十七個と、その差は広がった。トップの中国は、日本が第五回バンコク大会で作った大会最多の七十八個にあと一個と迫る七十七個を獲得した」とあり、それに続けて写真入りで、日本のお家芸柔道が韓国に金を奪われて「暗雲の出足」となったことが報じられている。

この金メダル数は、大会を一二日目まで終えた時点のものである。以下に言及する記事は、この作品の制作に当たって作者の参照できないものだが、行きがかり上、大会最終日について報道する

9638回（昭和61年10月3日）

六日の朝刊から金メダル獲得数の最終結果を抜き書きすると、中国九十四個、韓国九十三個、日本五十八個（ちなみに前記のバンコク大会の金メダル合計数は百四十個、今回のソウル大会はその倍近い二百七十個に増えている点を考慮する必要がある）。

同じ六日の紙面にある特派員座談会の囲み記事は、「日本選手はもっと気概を」という見出しで大会全体を総括している。記者たちの発言を読むかぎり、この見出しから看取されるところとは違って、三位に甘んじたことはそれほど悲観すべきこととは思えない。中国や韓国は国の熱の入れ方が違って、強化策も充実していれば、選手には高額の年金の魅力もある。会社に気兼ねしながら年休をとって出場する日本選手とは、同じレベルで比較できないからである。まして、健康増進も含め大衆スポーツの育成に力点のある日本では、エリート養成に主眼を置いた中国や韓国のスポーツ政策はあり得ないとなれば、いまさら金メダル数に目の色を変える方が愚かしいだろう云々……。

ただし、ハングリー精神など微塵も感じられないのは、日本が豊かになりすぎたためだろうかと、この作品と同じ視点から一言きちんと苦言が入っている。重ねて断っておくと、担当記者たちのこの座談会は今回の作品より三日後に発表されたもので、この作品の制作に関わっていない。

負け惜しみを巧みに利用して、作品は、簡潔、的確に仕上がっている。この作品を眺めて癪にさわらないような読者は、たとえ中流の上を自認していなくても、やはり薬屋に行って「悔しい気分になるクスリ」を買い求めるべきだろう。いつのまにかすっかり飽食日本の住人らしくなってしまっている可能性が高いからだ。一方、癪にさわってそっぽを向きたくなった読者も、薬局に行く必要はないものの、やっぱり飽食日本の重症患者の可能性が大きい。

今回の作品では、笑っている男の登場が作者一流の目くらましとして作用し、私たち読者は面白くもおかしくもない顔つきで漫画の世界を進んでいくことになるだろう。私たち読者の顔は、薬局店主の表情にそっくりのはずだ。どうやら[2]で笑っている理由は明かされているらしいのだが、どうも笑える話ではない。薬局の主人でなくとも、「で何がおかしいの」と問いただしたくなる。「飽食日本のツケが回ってきた」というのにヘラヘラ笑っていられるのは、あからさまな負け惜しみでなければ、まさに自分が飽食日本の申し子であることを暴露しているようなものではないか。

作品の印象は、くどいほどに念入りだ。それはこちらに納得できない理由で笑う笑い声がうるさいから感じることだが、他にも蛇足とも思えるようなセリフ（「高くてもいい！　中流の上だから」）があって、それがひどく押しつけがましい。それもこれも作者の計算のうちである。漫画だというのに憮然として納得いかない気持ちのまま、読者は作品を見終わる。[3]ばかりでなく[4]にある店主の表情も、やはり読者のものである。読者が笑えるのは店主の表情であって、それは振り返って見れば自分の憮然とした表情にほかならない。「いったい、この作品（この男）は何のつもりか……」、誰しもそう思わずにはいられない。やはり、問題はそこにあるだろう。

8268回（三〇七頁）と同じくここでも「中流の上」が槍玉に上がっている。階級的偏見は作者にはないと前に書いたが、こうなると取り消す必要があるかもしれない。というのはよけいな心配であって、作者の熟練した漫画作法と現実感覚は、当然のように作品世界を現実から切断している。問題の人物の実在性が、「悔しい気分になるクスリ」の実在性によって虚実のあいだにくらまされてしまうからである。

負け惜しみは、それを言い募るほど、強く根深いくやしさを明らかにする。つまり負け惜しみを言えば言うほど、あるべき状態、あってほしかった状態の不在が露わになる。ここでは、男は笑えば笑うほど、自分を否定する羽目になる。そして最後に自己否定を仕上げる一言「高くてもいい！中流の上だから」が来る。ここで虚ろな笑い声の響き続ける四コマの世界は内側に向かって崩壊し、金メダル数が問題でないことは、構造的に明らかになっている。それはある自動的な自壊運動のきっかけ以上ではなかった。作者にとって、撃つべきは初めから「飽食日本」なのであって、笑う男の全体的な否定は、飽食日本の全体的な否定である。

おりしも、日本はバブル経済の根源となったといわれるプラザ合意を五カ国蔵相会議G５で取り交わし（昭和六〇年九月二二日）、危うい世界に踏み込んで、株価がやがて二万円台に入ろうとしていた。戦後最大の好景気と言われた「いざなぎ景気」を超える大型景気は、この昭和六一（一九八六）年の一二月から始まると、ある年鑑には書かれている。そのバブル景気については、以下の作品で触れることにしよう。

●ＮＴＴ株――９７５２回（昭和六二年三月一八日）

バブル景気たけなわのころに作られた、今の停滞した日本経済と隔世の感を抱かせる作品。作品を見れば、何をあつかっているかはすぐにわかる。昭和六〇（一九八五）年四月一日から日本たばこ産業とともに民営化された日本電信電話株式会社（ＮＴＴ）の株が上場されて、一カ月が過ぎた当時の作品である。民営化された第一日目の朝刊によれば、明治三（一八七〇）年に工部省として発足、百十五年の歴史を持つ独占的電気通信事業で、資本金七千八百億円、従業員三十二万人弱、昭和五八（一九八三）年の総資産が十兆円あまりのマンモス企業である。

ＮＴＴ株は、今回の作品の作られた昭和六二（一九八七）年の二月九日に上場された。額面五万円に対して売り出し価格が百十九万七千円（二月一日朝刊）。それがこの作品の作られた三月一六日ないし一七日当時で、なんとほぼ三百万円と目を疑うような数字になっていた。売り出して一カ月あまりのあいだに価値が二・五倍に増えたわけである。

「空前の財テクブームに拍車をかけるこの怪物株」（二月九日夕刊）に対する投資家のフィーバーぶりをたどるのは省略して、三月に入ってからのＮＴＴ関連の記事を少し拾ってみる。まず、三月二

9752回（昭和62年3月18日）

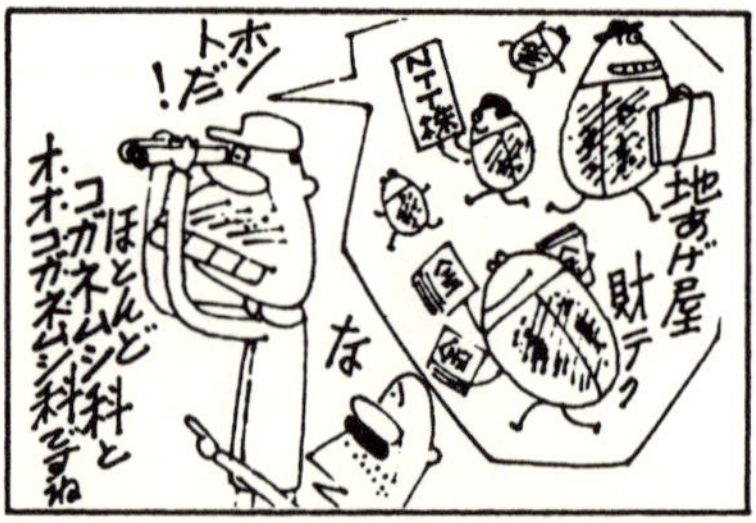

日夕刊の記事から引用しよう。「《NTT株狂騒曲》続演中です／笑った!!悔しい／4週目に」の見出しで、高騰を続ける株価とそれに一喜一憂する投資家の姿を伝えている。

この記事によれば、上場された百九十五万株のうち百万株以上が一株株主、つまり模様ながめの投機的な利食いをねらう株主の手にあった。四日の夕刊では、すでに三百万円の大台にのせたと報じられている。一〇日朝刊にある、署名入りで毎週掲載される「記者の目」という解説記事では、「何かおかしいNTT株狂騒曲／カネがカネ生む風潮　行く末は?」「よく似た例に《満鉄株》／自戒したい庶民投資家」と縦横に見出しを組んで、警告の解説記事が出ている。

今回の作品に初動を与えたと思われる一七日朝刊の「記者の目」では、「政府手持ちのNTT株四十兆円」「一部を減税財源に充て売上税を凍結しては…」と題してかなり虫のいいソロバンをはじいている。その下には「大恐慌前夜にそっくり／いまこそ歴史の教訓に学べ」と題して、同じく署名入りの批判的な解説記事を配してバランスをとっている。

新聞はNTT株について一月末からこまめに報道しているのに、加藤は今回の作品まで一度もとりあげていないといってもいい。歯切れの悪い言い方をしたのは、9742回にNTT株と書いた札をもつ虫が、地あげ屋虫や財テク虫に混じってたくさんの虫のなかに見えているからだが（右上）、そこではNTT株は正面きってとりあげられていない。その作品も今回の作品もかなり複雑な心情を隠しており、「飽食日本」や「金満日本」が問題だとしても、毒はあからさまとは言いがたい。

それは「飽食日本」を取り上げた前項（9638回）の作品とて同じで、なにも作者に辛辣な視線が失せてしまったわけではない。「白鳥のタマゴ」を望む気持ちは依然として持ち続けていよう。辛辣でありさえすればよいなら、むしろ作者には簡単であっただろう。作者の求める作品は、もっと困難なところにあった。ここでは捨て去った着想がどれほどたくさんあったかを想像してみるのも無益ではない。バブルの弾ける前の世相を知っていれば、辛辣であること自体はそれほど難しくないのはわかるはずだ。世相がそれほどに狂騒する一方で、バブル景気に縁のなかった人も批判的な人も、大勢いたに違いないのだから。

またしても僧侶の登場する作品である。6433回（二三七頁）に登場した如才ない僧侶や、6471回（二四三頁）に登場した猛々しい僧侶に比べると、ぐっとろうたけた僧侶が現われたのは偶然だろうか。それらの作品からすでに二十年以上が経過しているのである。どんな経験を積んだか知らないが、この作品のような僧侶になっている可能性は大いにある。

今度は「諸行無常」ではなく「人間本来無一物」ときた。大喝一声、気合いを入れたかと思ったら、内心値上げ幅に気が気でなかったのか、思わず知らず「株！」と口走ってしまう。しかもこの高僧ときたら、さすがに年季の入り方が違うらしく、「じゃなかった。訂正、訂正」とまるで動じる気配がない。この俗っぽい失敗に、参会した商店主然とした男は、どうやらすり寄っていって話しかける気持ちになったようだ。それに対して、またも「にくい」返答が返ってくる。利食いするつもりなら、持っているだけですでに五百万円を超える利益になったわけだから、「ホンノ3株よ」には、漫画でなければ思わず目をむく人もいたはずである。

僧侶は喝と言うべきところを株と言い間違えた。この失言は、彼が三株所有すればこそだ。これは合理的な判断だとしても、それだけなら作品は理に落ちて、少しも面白くない。しかし、ここにこそ、ひねりを利かせたこの作品の面白さが隠されている。読者があからさまな毒を作品から感じないとしても当然で、漫画家の制作する手つきは巧妙を極めている。その巧妙さはどこかで、悟りきったこの僧侶と重なり、僧侶を作者自身の投影と思わせる。作者と見まがう影を笑い者に仕立てる巧妙さが、僧侶のリアリティを生み出している。

それでは、隠されているひねりはどこにあるのだろうか。この作品は、理に落ちるのっぺりした構造の外見にもかかわらず、意味的には大きな屈折を孕《はら》んでいる。それが作品を作品たらしめ、理に落ちたと見える作品を救い出している。その屈折は、「人間本来無一物」などと唱えながら、内心では株の値上がりと売り時にやきもきしている僧侶にある。

これは見易いことだが、それだけではない。僧侶がその事実を明かす失言にまったく悪びれないことこそ、この作品を痛快にしている。肝心な一点はそこにある。この僧侶に多角経営で財テクに忙しい堕落した宗教法人を見たい人もいるだろうが、たぶん、作者には興味のないことである。ここでは庶民投資家の熱狂ぶりすら視野に入っていない。そんなことは、いまさら「世の中ホンにただごとじゃない」などと言って逃げ出すのも無駄だから、双眼鏡で遠望してあきれただけで済ませているわけだ。

作者はこの僧侶を肯定的に描いていると言っても間違いではない。ただし、一方で人間が本来は裸で生まれてきて裸で死ぬことを信じ、もう一方では、自分の株の値上がりが気がかりで言い間違いもし、両者の共存を少しも恥じない僧侶としてである。これは、いうまでもなく、政府推奨の株を購入してどこが悪いと開き直っているのではない。肩身が狭い思いをしたときには肩身を狭くして生きてきたように、そんな必要がないのであれば、伸び伸び生きようとするのは当たり前のことにすぎない。バブル景気に浮かれる世相に対して批判的な意見を持つことと、その時代を精一杯生きようとすることは、矛盾しない。私たちは、どのような形であれバブル景気の世の中を生きてきたのであって、バブル景気の世相を含む世界を享受したのである。

作者は、拝金的な世相に辛辣な視線をもっていなかったわけではない。そんな視線に大した価値をおかず、もっと別の視線を求めている。高名な批評家の口ぶりを借りれば、作者が年をとって行く道と世間が年をとって行く道とは、抗いがたく交錯している。作者の成熟と言ってもいい。漫画家にも成熟はある。それを忌避する漫画もあっていいだろうが、成熟を堂々と求める漫画があっても不思議はない。この作者は、その成熟のなかにこそ、かつてTO THE HAPPY FEWと題したかもしれない作品の数々を、今もなお秘めている。

●黙禱――9887回（昭和六二年九月一八日）

ご覧のように今回の作品には、素材となった出来事や事件の一見して分かるような標識は見当たらない。この作品が目に留まったのは、阪神大震災の記憶が蘇ったためで、さもなければ作品集を見直していた私は、おそらくこの作品を見逃しただろう。

言うまでもなく作者は、大震災を予言するつもりでこの作品を作ったのではない。作者は予言に興味はない。問題はあくまで現在のことだ。作品の背景にはバブル経済たけなわの乱脈な世相と、拝金的な風潮がある。それに対して作者が提示した作品の一つがこれである。私は、作者が特別この作品によりをかけたとか、力こぶをいれて作った傑作だなどというつもりはない。作品はいつものようにさらりと投げ出されている。

作者はバブル景気に眉をひそめ、苦虫をかみつぶすような表情で生活していたわけではない。前項でも触れたように、まっぴらなのは、バブル経済に踊る世相だけはない。苦虫をかみつぶした表情で生活するのもまっぴらだ。この作品はやはり新聞記事の報道によって生まれたものである。ではそれらの記事はどのようなものだろう。

毎年六千人の老人が自殺しているという「高齢化問題シンポジウム」の基調講演（横須賀基督教社会館館長　阿部志郎氏）も（一五日）、「《敬老の日》に背いて／七十一歳焼身」も、ささやかな店舗兼住宅の借家でクリーニング店を経営する男性が「一億六千万円で立ち退け」と地上げ屋に札束攻勢をかけられているという記事も（一六日）、五歳園児の誘拐殺人も（一七日）、作者は一瞥をくれただけのようだ（日付はすべて新聞掲載日）。

まず作者の目を釘付けにした記事は、一六日朝刊の対社会面にある「両手で頭かばい全身丸めた人骨」と題した写真入りの記事である。写真はかなり鮮明に見出しにあるとおりの人骨の姿を示している。記事から引用する。

約千六百年前、地中海で発生した大地震のため一瞬のうちに崩壊したキプロス島の古代ローマの港町クーリオンの発掘調査現場から、ほぼ完全な形の人骨が見つかった。……両手で頭をかばい、全身を丸めるようにした人骨の写真が、逃げる間もない災害だったことを物語っている。クーリオンの悲劇をもたらした大地震は西暦三六五年に発生。被害の規模は、同七九年にポンペイを埋没させたベスビオ山の噴火に匹敵するとみられている。人骨が見つかった室内からは、アヒルをかたどった凝ったデザインの黄銅製ランプや、かまどに載ったままの黄銅製ポットなど貴重な遺物も多数見つかった。

引用した発掘現場の状況の描写が私たちにとってある種の力をもつとすれば、阪神大震災やその

9887回（昭和62年9月18日）

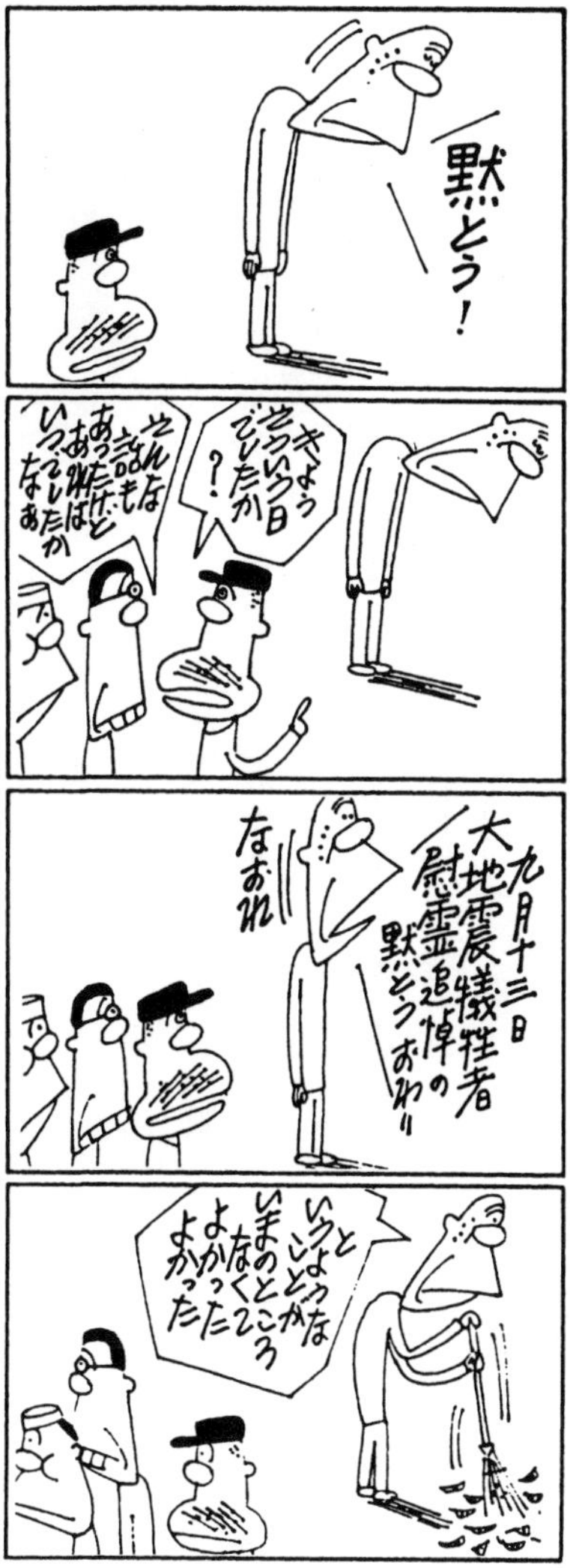

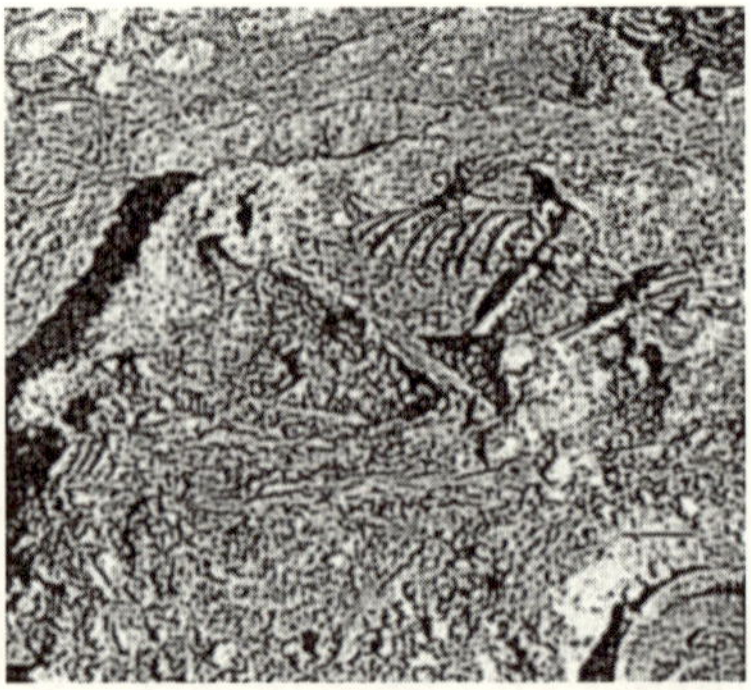

（毎日新聞、昭和62年９月16日）

後に頻発する大地震の記憶が消え去らないためであろう。それにしても、この記事の掲載された紙面を前にした当時の読者が、この描写にどれほど気持ちを奪われたか疑わしい。

しかし加藤は違ったはずだ。冬眠したままの姿勢で化石となった古代ローマ人の遺骨の写真。おそらくそれは、この漫画家の視線を釘付けにするに十分な意味をもっていた。それが加藤にとってどのような意味をもつか、これは考えるに値する。

さて、千六百年前の震災だけでは、この作品に結実することはなかったようだ。批評精神は、この架空にも等しい大昔の災害だけでは発揮されようがなかった。今回の作品に初動を与えた記事がもう一つある。それは、一七日夕刊一面の「岸元首相の合同葬」を報じる記事である。岸信介は空前のデモ隊に取り巻かれた国会を舞台に昭和三五（一九六〇）年に日米新安保条約を成立させた、妖怪とも巨魁《きょかい》とも評された大物首相である。彼はこの昭和六二（一九八七）年八月七日に九十歳で亡くなった。

加藤の作品は、元首相の内閣・自民党合同葬に参列せずに、別の葬儀に出席する意志をはっきりと表明している。「黙とう！」と唱えて瞑目する[1]の神妙そうな老人には、多少にせよこの合同葬が反映している以上、そう断言しては言い過ぎだろうか。ともかく、[3]で黙禱が何に対してなされたか明らかになる。この間の微妙な作品成立過程は、そのまま作者の円熟をあかしている。

ひょっとしたらここには曖昧さなど一片もないので、断固たる漫画家の意志が表明されているのかもしれない。それは柳田國男の言葉を借りれば、「栄達本位の人生計画」からは何としても解説し得ない漫画家らしい意志の表明であろう。しかも、作品の表面上は、その個人的な意志の表明を無用としている。3で「慰霊追悼の黙とう」を終える老人の態度は、背景の記事を知らなくても当時の世相に批判的な視線を失いさえしなければ、十分に諷刺的な姿勢を表現しているからだ。

しかし、作者を衝き動かす批評精神の円熟まで感得したければ、背景の記事を知る必要がある。千六百年も昔の古代ローマが舞台の慰霊追悼だからといって、老人が架空の絵空事と思っていないのは確かだ。もちろんそれは、漫画家の個人的体験の裏打ちがあってのことである。そうであるなら、前に書いたことと矛盾することを言うようだが、そこではすでに岸信介の慰霊追悼すら作者の視野に入っている。

先ほど保留したままになっている疑問に戻ろう。冬眠したままの姿勢で石と化した人骨は、加藤にとってどのような意味を秘めているのだろうか。地中で仮死状態になって冬を過ごす冬眠や、蓑のなかで見ざる言わざる聞かざるを決めこむ蓑虫は、加藤芳郎の偏愛した素材であって、これらは、まっぴら御免をこうむりたいと願う世相を逃れる手段だった。それは世相を見守って、漫画に仕立てようと意志する漫画家の裏面を意味する。怪奇研究所の研究員を思い出してもいい（上）。だから『まっぴら君』と題して作品としたのである。加藤にとって「両手で頭をかばい、全身を丸め」

た姿は、不幸や災厄としてよりも、自分自身の漫画表現の秘密に近づけて感受されていたことは間違いない。しかし、それだけでは身近すぎたので、作品として表現されるためには、やはり元首相の合同葬を報じる記事が必要だった。

この身近すぎたという事実には微妙なものがある。作者は、一七日夕刊で元首相の合同葬の記事を読んだときに、今回の作品が形を現わしたのを自覚したはずで、そのときには、すでに前日一六日の夕刊で見た石化した古代ローマ人のイメージは、意識下深くに沈潜していたはずだからである。その意識下深く姿を消したはずのイメージが突然現われ、動きだした。端的に言えば元首相の葬儀に注目したのは、実は加藤芳郎ではなかった。どこかに姿を消したはずの太古のローマ人の化石が、頭をかばっていた腕をのばして、新聞を読む作者の肩越しに、不意にこの葬儀を報じる記事をつかんだのだ。これで初めて、作者は震災に埋もれたローマ人の慰霊追悼をおこなえる立場になった。言い換えれば、作品は形をなした。

加藤芳郎という漫画家は、ここではあるドラマの演じられる舞台、あるいは何らかの処理のおこなわれる作業場に似ていた。これによって作者は、皮肉や諷刺をてこにして、それら自体を乗り超え、内密な表現を得た。加藤にはあえて元首相の葬儀に顔を背けて、別の方角を向いて黙禱したつもりはない。金満日本に対する諷刺すらも、結果的な外見にとどまる。珍しく①から登場する読者代表それとも野次馬は、老人の一人芝居を黙々と眺めることによって、諷刺の外見を得るために大いにこのドラマに与《あずか》っているけれども、彼らにはもっと積極的な意義がある。

石と化した骸骨《がいこつ》が、腕をのばして元首相の葬儀を報じる記事をつかんだというのは、比喩ではない。作者が新聞を開いて作った舞台ないし作業場そのものだったということ、これも比喩ではない。今回の出来事は、今回かぎりの話ではない。土に埋もれて石と化した表現意志が、新聞紙面から読者の私にも見えたから、こうしてわかりやすい形で論じることができるようになったものの、いつだって作者は作業場となるために新聞を開く。『まっぴら君』の作品制作に初動を与える記事をつかむのも、それを作品に仕上げるのも、加藤芳郎と呼ばれる漫画家と言っておけば大過のない何物かなのだ。だから本当の表現は、私たちが信じているほど自由な表現ではない。ましていわゆる自己主張などというものは、どれほど自由の発露に見えようと、世間のしがらみにからめとられた右《う》顧左眄《こさべん》したものにすぎないと言った方がよい。

冬眠も蓑虫も、永いこと加藤につきまとってきた題材だった。しかし、一六日の夕刊を開いたとき、こんな形で装いも新たに不意に姿を現わすとは、作者は思っても見なかっただろう。出会いはいつもそうしたものである。果たして準備があったかなかったか。いずれにしても虚心に私心なく出会いを受け入れなければならない。それ以外の方法では、私たちは自分に出会えない。自分に出会えなければ、他人にも出会えない。私心なく出会いを受け入れればこそ、三人の読者代表にしても、黙ってわが身をふり返りつつその場を立ち去る。

この作品は一芝居うつ老人だけが問題なのではない。最初は何事かといぶかしげにとりざたする三人の野次馬は、ここでは単なる目撃者ではなく、彼らが黙って立ち去る④こそ作品の中心にある。そこに作者の、読者にたいする感謝を見ても間違いではあるまい。しかしそれは感謝というより共感、互いに耳をすまして心事を聞き分ける静かな一時と言った方がいいかもしれない。

立ち去った読者代表あるいは野次馬には、作者自身も含まれる。作者は自分を舞台に演じられた表現意志の劇を見守ったのである。出たとこ勝負の場当たり主義などといえば、いい加減で適当な態度としか考えないのが相場だが、むしろここでは一寸先の闇に対して謙虚であることを意味する。作品の制作は、そのようにして劇を聞き取ることである。今回の作品が読者に悟らせるのは、そのような根本的な態度である。

老人の悪ふざけと思えば、三人の野次馬は腹を立ててもよかっただろう。何も言わずに立ち去る野次馬は、めいめい自分の心に真実を刻み直すのに忙しく、老人の茶化した態度に腹を立てる気はない。その意味で、三人の表情は正確に描かれている。このとき彼らにとって、金満日本に対する諷刺が何だろうか。諷刺が利いていないという批判が何だろうか。たとえ諷刺になっているとしても、それは静かに耳をすます態度が否応なくそれを思わせるにすぎない。

「人間本来無一物」であることを忘れて消費社会を満喫する人々、盛者必衰《じょうしゃひっすい》の理《ことわり》を忘れてバブル景気に浮かれている人々を婉曲に揶揄するようなこの作品の外観を否定するつもりはない。それはそのとおりだろう。しかし、作者にとってそれは自明のことだ。この作品に金満日本、バブル最盛期の日本に対する諷刺だけを見て満足している人々がいるとしたら、そのような人々には何か欠けるところがある。ひどく利口馬鹿なところがある。

＊

作者の望む出会いは、自覚せぬままに新聞を開く私たち読者が、毎日のように実行している。新聞を手にした私たち読者は、それを漫然と開くわけでもないし機械的に開くわけでもない。大事件を喜ぶ気持ちがあるわけでもなければ、憂鬱な事件続きだからといって、憂鬱な表情をしているわけでもない。記事はともかく、少なくともそこに置かれた四コマ漫画に、私たちはいつでもそのようにして出会っている。つまり、なんらの期待も不信も抱かずに出会っている。昨日見た『まっぴら君』の傑作も、今夜の作品を見て思い出すのみだ。そのような出会いは新聞の四コマ漫画にとって不幸なことではない。紙面の隅に置かれた四コマ漫画は、威儀を正した読者と出会いたいと望んだことはないし、格別難解な思想を表明する気持ちもない。その作品は、生きるために必要とされる当然の気配り以上を要求してはいない。ユーモアは、この当然の気配りとそれほど異なるものではない。ささやかなユーモアを読者に思い出させるために、だからこそ新聞の四コマ漫画はそこに置かれているとも言える。漫画作品のユーモアは、私たち自身のユーモアと照応する。

記事を読む視線は、四コマ漫画を見る視線と別のものではないし、別のものであってはならない。ユーモアは公正さとも似ているからだ。公正であるからといって、それは理由や根拠を必要とはしない。それどころか、自分が公正であるという自覚すら必要としない。ユーモアは公正さに無関心な公正さである。フロイトの「ユーモア」から引用しておく。

ユーモアには、機知や滑稽と同じく、なにかしらわれわれの心を解放するようなものがあるのみならず、なにかしら太っ腹のところ、なにかしら魂を昂揚させるようなところがある。……何が太っ腹であるかといえば、明らかにそれは、自己愛の勝利、自我の不可侵性の貫徹に由来する。この場合、自我は現実の側からの誘因によってみずからを傷つけること、苦悩を押しつけられることを拒み、外界からの傷《トラウマ》を絶対に近づけないようにするばかりでなく、その傷も自分にとっては快楽のよすがとしかならないことを誇示するのである。この最後の点こそ、ユーモアにとってまず第一に不可欠な点である。(『フロイト著作集』第三巻、四〇七頁、人文書院)

ユーモアにとって第一に不可欠な点は、新聞記事を読む読者にとっても不可欠だといえば言い過ぎだろうか。『まっぴら君』の多くの作品が目指したのは、他者に対する優越の笑いを笑わせることではなく(そのような作品もあったけれども)、「自己愛の勝利、自我の不可侵性の貫徹」を喜ぶ笑いである。外界によって傷つくことを恐れない、それどころかその傷が自分を鍛えると思えば、「その傷も自分にとっては快楽のよすがとしかならないことを誇示する」笑いである。

これは、ボードレールが「絶対的滑稽」と名づけた笑いに近い。彼は「絶対的滑稽」のなかになおも「優越感という主調観念が見出される」としたが、むしろそこには「自我の不可侵性の貫徹」を見るべきだった。なぜなら、ボードレール自身、「自分のなかに滑稽の感覚を発達させ、それを自分自身から抽出して人間同胞の娯楽に供することを自らの業と化した人々には」優越感という主調観念があるわけではないと断って、「この人々の現象は、あらゆる芸術上の現象と軌を一にして、人間存在の中に、恒久的な二重性、すなわち同時に自己であり他者であり得る力の存在する」のを示していると書いているからである(「笑いの本質について」『ボードレール全集』第四巻、一三五頁、人文書院)。優越感と「自我の不可侵性の貫徹」は、外見は似ていないことはないけれども、優越感は傷に耐えることはできない点で「自我の不可侵性の貫徹」を望むユーモア、傷すら糧とするユーモアとは決定的に異なる。

自律した作品の笑いでなければ、エゴイズムの苦味は消しようがない。作者が作品を自律させれば、「同時に自己であり他者であり得る力」は、読者にそっくり贈与されるのであって、その力こそみずからの傷を笑いながら癒すユーモアを生み出す。そこでは作者個人は問うところではない。作品の実現し得たところが問題である。

四コマ漫画に照応する私たち自身のユーモアをもって社会と向き合うために、四コマ漫画は新聞の隅に置かれている。引用したフロイトの文章をもじれば、新聞の四コマ漫画はわれわれの心を解放するようなものでなければならず、なにかしら太っ腹なところ、なにかしら魂を昂揚させるようなところがなくてはならない。四コマ漫画に必要なのは、そのようなユーモアである。『まっぴら君』は十分その任務を果たしている。

最後に、笑いを歴史的に考察した柳田國男を参照して、この作品を終わることにしよう。柳田の想定する人類初期の笑いは、私たちの知っている笑いとは比較を絶して強く激しいものである。柳田は「笑ひ笑はるるといふことが、殺し殺されるといふのと殆と同じ程度に、我々の生活に取つて重要であつた」(「吉右会記事」) 時代があったと想定している。しかし社会が拡大して、平和が必要になると、人々はやたらに笑うわけにはいかなくなった。しかも、笑いの快楽は忘れがたいものだったから、「自嘲自笑の文学といふもの」が生まれたのだと柳田は考えている。つまり、笑い者を減らしてゆくために、自嘲自笑の文学が生まれたというのだ。彼はその文学を二種類に分けている。

人を笑はせようといふ目的は雙方同じでも、一方はよく言へば己を空しうし、任務に純一なるに反して片方は是非とも自分も共々に、笑はないと承知をせぬのである。是が表現の上に大き

146回（昭和29年5月31日）

な変化をもたらすのは知れ切つたことで、……しがない暮しをする話し家すらもが、今に至るまで権助と熊さんとをつれて来て、自分は御客と共に笑ひ側に立つ様なことを言つて居る。

（「戯作者の伝統」『定本柳田國男集』第七巻、一八六〜一八九頁、筑摩書房）

この引用からうかがわれる、あるべき笑いの文学は明らかだろう。柳田はボードレールと同じところを見ている。『まっぴら君』に「御客と共に笑ひ側に立」った作品がなかったとは言わないが、作者はいつでも「己を空しうし、任務に純一な」態度で作品を作ろうとしている。捨て身で笑われ役を買っているといえば正確ではない。加藤は作品の自律を心がけて、その背後に身を隠すから。それでも表面的には、笑われ役を買うことなど少しも恐れていない。

その例として、再び146回はどうだろうか。この作品の素朴さは、いまでは読者を驚かせることだろう。少しも面白くないと文句が出るかもしれない。しかし、ここには人を笑わせることを職業とした漫画家、加藤芳郎の原形がある。水に入れると花が開く水中花は、この漫画家にとって、私たちの住む世界から切り離された、ささやかな別世界に咲く花であるらしい。私たちはそこにちゃちなけばけばしさしか見えないが、子供のころに夜店で出会ったとき、アセチレンの明かりを背景に神秘的に揺らめき、触れがたい美しさで加藤芳郎を魅了したのではなかったろうか。それこそ、加藤にとっては汲めども尽きぬ漫画の世界そのものを表現しているのかもしれない。

あとがき

　この作品を起稿したのは、ほぼ一昔前である。できあがって出版社に持ち込んだ当初こそ、通常の出版を望んでいたが、どこも相手にしてくれなかった。その後は、電子出版を目論《もくろ》み、それなりの仕掛けを施して、あちこちに持ち込んだが、こちらはほとんど門前払いだった。気位が高いにしてはあまりめげることなく（しばらく放置期間をおいては）、推敲のチャンスとばかりせっせと加筆に励んだおかげで、このたびやっと出版の運びとなった。今、最後の校正刷りを見るにあたっては、やはりいささかの感慨がないことはない。しかし、それは脇において、いくつか書きとめておきたいことがある。

　まず、新聞の縮刷版についてである。作品の背景を知るために、一時期図書館に日参して、三大紙の縮刷版とにらめっこをした。古いものは、地元の図書館になかったから、あちこちの図書館に出かけた。縮刷版の復刻版を多くの図書館で収蔵している朝日新聞に比べ、毎日新聞と読売新聞は、昭和三十年代前半、二十年代と遡っていくとかなり心細い。古いものでも、実は毎日新聞はマイクロフィルム化して、多くの図書館で見かけた。あいにく、これがひどく使いにくい。三個所の図書館でマイクロフィルムを利用したと記憶するが、事情はどこも同じだった。閲覧画面の照度にむらがある上、フィルムがかすかに波打っているため、鮮明に見える部分が限られてしまう。ビューアー上ではフィルムを前後に動かしながら何とか読めるものの、コピーにとろうものならその欠陥がはっきり露呈する。

私たちはふだん何気なく新聞を見ているけれども、見出しによって一望して、関心をひく部分に注目を集められる新聞のありようは、実にうまくできている。すでにパソコンのビューアー・ソフトには、この新聞の長所をシミュレートできるだけの性能をもつものがある。窮屈になるのは仕方がないとして、新聞の長所をほぼそのままパソコンの画面上に維持できるはずだ。昭和が遠くなるつれ、当時の雰囲気を復原してくれる新聞の資料的価値は増している。三大紙、とくに毎日新聞と読売新聞、できればほかの各地の新聞社も、ぜひ過去の新聞を紙面そのままの形でコンピュータ上で復原してくださるようにお願いしたい。検索のしやすさや収納スペースの点から考えても、少なくともマイクロフィルム化されているような古い新聞紙面については、ぜひ置き換えていただきたいと思う。

その日参した図書館で、司書の方々に大変お世話になった。分かるわけないと思いながら資料がないか問い合わせた木炭の消費量が、あっけなく判明したときには驚いた（私の無知からにすぎないが、その消費量を記録した人々はカフカ的な世界の住人か何かのようにすら思えた）。これは一例にすぎない。それやこれやで親身に相談にのってくれた司書のおかげで、かなり視野を広げられたと思っている。互いに名前も知らないその場限りの出会いがほとんどだったが、この場を借りて改めてその方々にお礼を申し上げたい。

トランスビューの中嶋廣氏にもお礼を申し上げなければならない。三島由紀夫に、編集者と作家をトレーナーとボクサーに喩えた文章がある。昔読んだものだというのに、どうしたわけかはっきり記憶に残っている。今回、その三島の意見の正しさをまざまざと体験した。ミットを構えて、その背後から殺気のこもった檄をとばす中嶋氏を相手に、もつれそうになる足を何とか運んで、時には苦しまぎれに、時には腹立ちまぎれに、ミットに打ちこむことになった。そんなふうにして、中嶋氏との間で原稿が往復する間にいただいた数々の貴重な指摘のおかげで、多面的になってずっと説得力を増したと思う作品論がいくつもある。

中嶋氏は、本書『笑う戦後史』の名付け親でもある。私は作家論、漫画論のつもりでいたのだが、彼は最初の段階から『笑う戦後史』と名付けてぐらつかなかった。作業を進めるなかで、『まっぴら君』全一〇巻につけられた「まえがき」のなかに加藤芳郎氏が「昭和史を語る中のホンノ一片のお役にでも立てられるなら本望なのだが……。」と書いていらっしゃるのを見つけ、電話をくださったことがある。電話だから表情は見えなかったが、自身『まっぴら君』の熱心な読者だったという中嶋氏は、きっと得意満面だったに違いない。

もう一点は、その中嶋氏に促されて、加藤芳郎氏に作品の使用許可をいただきにあがった日のことだ。だいぶ前に許可はいただいていたが、何年も前のことなので改めてお宅に伺った。道々、その使用許可を取り消される最悪の場合を考えておかなくては、と身構えていた。やっと出版できることになったので改めて作品使用の許可をいただきたいと手紙を差し上げたのだが、返事をいただいてなかったし、病気療養中で『まっぴら君』が休載している折りでもあったから、「最悪の場合」が意識の底にわだかまっていた。私は途中で買った病気見舞いのメロンの包みを振って歩きながら、一つは病気見舞いだけど、もう一つは誕生日のお祝い（その日はちょうど加藤芳郎氏の誕生日だった）……などと独り言を言って自分の気持ちを引き立てようとした。梅雨のさなかで、雨が降ったり止んだりしているうっとうしい日だった。

　病院から帰って眠ってしまったという加藤氏にはお会いできなかった。私はわざと約束をとらずに出かけたのである。夫人に用件をお話しして帰った。電話をくださるということだったので、私はわだかまった不安を抱えて電話を待っていた。夕方、加藤氏から電話をいただいた。かつて使用許可をいただいた時にお目にかかっただけで、電話は初めてである。名乗るなり、聞き憶えのある軽やかな口調で「おめでとう、よかったですね」とおっしゃる言葉を聞いて、私は思わず胸が詰まった。

二〇〇二年八月

高坂文雄

高坂文雄（こうさか　ふみお）
1947年、東京生まれ。早稲田大学第二文学部中退。さまざまな仕事に従事した後、現在は編集、翻訳に携わる。

笑う戦後史

二〇〇二年一一月二〇日　初版第一刷発行

著　者　高坂文雄
発行者　中嶋　廣
発行所　株式会社トランスビュー
東京都中央区日本橋浜町二−一〇−一
郵便番号一〇三−〇〇〇七
電話〇三（三六六四）七三三四
URL http://www.transview.co.jp
振替〇〇一五〇−三−四一一二七

印刷・美研プリンティング　製本・富士製本

ISBN4-901510-10-X　C1021